Sonderseiten

METHODE	Hier kannst du naturwissenschaftliche Arbeitsweisen trainieren.
PINNWAND	Hier findest du Zusatzinformationen für inhaltliche Vertiefungen.
STREIFZUG	Hier findest du Verknüpfungen mit anderen Fachgebieten.
PRAKTIKUM	Hier findest du Anleitungen zum selbstständigen Arbeiten.
LERNEN IM TEAM	Hier findest du Vorschläge für die Projektarbeit mit offen formulierten Handlungsaufträgen.
AUF EINEN BLICK	Hier findest du die Inhalte des Kapitels in kurzer und übersichtlicher Form dargestellt.
LERNCHECK	Hier findest du vielfältige Aufgaben zum Wiederholen und Vertiefen der Inhalte des Kapitels.
BASISKONZEPTE	Hier findest du fachliche Fragestellungen, die nach übergeordneten Blickwinkeln sortiert sind.

Förder- und Forderseiten

Die **Förderseiten** stellen die Inhalte des Bereiches anschaulich und sprachlich vereinfacht dar.

Die **Forderseiten** stellen die Inhalte des Bereiches komplexer dar und bieten eine intensivere Auseinandersetzung mit dem Thema.

160 Tiere, Pflanzen, Lebensr

Grundbaupl

94 Bewegung an Land, in d

Nachhaltig m

Mobilität – nicht ohne
Wir wollen beweglich se

westermann

ERLEBNIS
Naturwissenschaften
5

Ein Lehr- und Arbeitsbuch

ERLEBNIS
Naturwissenschaften

5

Herausgeber
Dieter Cieplik
Joachim Dobers
Imme Freundner-Huneke
Horst-Dietmar Kirks
Ralph Möllers
Siegfried Schulz
Hans Tegen
Annely Zeeb

Redaktion
Frauke Stockhorst
Martin Vatter

Grundlayout
und Umschlaggestaltung
SINNSALON Agentur für
Kommunikation und Design

Illustrationen
Atelier tigercolor Tom Menzel
BC GmbH Verlags- und Medien-,
Forschungs- und
Beratungsgesellschaft
Anne-Catherine Chen
Franz-Josef Domke
Wolfgang Herzig
Brigitte Karnath
Heike Keis
Angelika Kramer
Torsten Kropp
Liselotte Lüddecke
Karin Mall
Olav Marahrens
Kerstin Ploß
Ingrid Schobel
Judith Viertel
Werner Wildermuth

Fotos
Volker Minkus
Hans Tegen

In Teilen eine Bearbeitung von
978-3-507-77224-3
978-3-507-77877-1
978-3-507-77905-1
978-3-507-78000-2
978-3-507-78006-4
978-3-507-78180-1

westermann GRUPPE

© 2018
Bildungshaus Schulbuchverlage
Westermann Schroedel Diesterweg Schöningh Winklers GmbH, Braunschweig
www.westermann.de

Druck A ^{2} / Jahr 2019
Alle Drucke der Serie A sind inhaltlich unverändert.

Druck und Bindung: Westermann Druck GmbH, Braunschweig

ISBN 978-3-14-**149025**-1

Inhalt

Wie Naturwissenschaftler arbeiten

Von den Sinnen zum Messen

Welt des Kleinen – Welt des Großen

Tiere, Pflanzen, Lebensräume

Anhang

Einführung in die Naturwissenschaften

1.
Finde die Seiten im Buch, die sich mit den Methoden der Naturwissenschaften beschäftigen. Nenne die Methoden mit dazugehöriger Seitenzahl.

2.
a) Suche dir im Stichwortverzeichnis einen Begriff aus.
b) Notiere die Überschriften der Seiten im Buch, auf denen dieser Begriff vorkommt.
c) Überprüfe mithilfe des Inhaltsverzeichnisses, zu welchen Kapiteln der Begriff gehört.

3.
Erkläre den Zusammenhang zwischen den Bereichen Biologie, Physik und Chemie an einem Beispiel.

1 Leimkraut auf Vulkanerde

2 A Heiße Quellen in Vulkanlandschaft,
B geothermales Kraftwerk

Naturwissenschaft – was ist das?

Unter dem Begriff Naturwissenschaft werden Wissenschaften zusammengefasst, die sich mit der Erforschung der Natur befassen. Das Fach Naturwissenschaften besteht aus den drei Teilbereichen Biologie, Chemie und Physik. Diese hängen fast immer eng zusammen, weil sich viele Vorgänge unserer Umwelt nicht eindeutig einem dieser Bereiche zuordnen lassen.
Die Pflanzen in Bild 1 könnten zum Beispiel ohne die Nährstoffe in der fruchtbaren Vulkanasche nicht wachsen. Die Erforschung des Pflanzenwachstums ist ein Teilbereich der Biologie. Die Chemie beschäftigt sich mit der Zusammensetzung und den Eigenschaften von Stoffen, zum Beispiel von Nährstoffen. Die Untersuchung von Vulkanen ist ein Teilbereich der Physik.

Die Aufgaben der Naturwissenschaften

Naturwissenschaftlerinnen und Naturwissenschaftler versuchen herauszufinden, wie Naturphänomene funktionieren. Auch der Mensch ist ein Teil der Natur. Er verändert und nutzt seine Umwelt.
Die Ergebnisse aus der Erforschung der Natur bilden die Grundlage für Entwicklungen in Technik, Medizin und Umweltschutz. So fanden Wissenschaftler durch die Erforschung von Vulkanen heraus, dass deren Wärme für geothermale Kraftwerke genutzt werden kann (Bild 2). Naturwissenschaftler erkunden also auch, wie die Natur für den Menschen nutzbar gemacht werden kann.

Wie Naturwissenschaftler arbeiten

Am Anfang steht immer die **Beobachtung** der Natur. Daraus folgt eine Frage, die Naturwissenschaftler beantworten wollen. Sie stellen zunächst **Vermutungen** an. Anschließend überprüfen sie diese Vermutungen durch **Experimente.** Diese erfordern eine sorgfältige Planung und gründliche **Auswertung.** So können möglichst alle Bereiche eines Phänomens erforscht werden. Die Beobachtungen und Ergebnisse werden aufgeschrieben und in Büchern und Zeitschriften veröffentlicht. So können naturwissenschaftliche Entdeckungen und Ergebnisse jederzeit überprüft werden.

Eine Mindmap erstellen

Was ist eine Mindmap?
Eine Mindmap ist eine Art „Gedankenland-schaft". Mit ihrer Hilfe kannst du gesammelte Informationen zu einem Themenbereich ordnen. Du kannst eine Mindmap auch zur Weiterarbeit an einem Thema oder als Stichwortzettel für einen Vortrag verwenden. Oder sie kann zur Vorbereitung auf eine Klassenarbeit genutzt werden.
Erstellen mehrere Schüler Mindmaps zum gleichen Thema, können diese jeweils anders aussehen.

So entsteht eine Mindmap
1. Sammele Begriffe zu deinem Thema.
2. Ordne die Begriffe zu sinnvollen Gruppen. Finde jeweils eine geeignete Überschrift zu jeder Gruppe.
3. Schreibe das Thema in die Mitte eines Blattes und kreise es farbig ein.
4. Zeichne nun vom Thema ausgehend „Äste" mit den Überschriften für Gliederungspunkte in verschiedenen Farben.
5. An jeden „Ast" kannst du jetzt noch weitere „Zweige" zeichnen.
6. Schreibe an jeden „Zweig" weitere Ideen, die dir zu den Begriffen an den „Ästen" einfallen.
7. Du kannst alle Begriffe auch noch mit Bildern oder Symbolen versehen. Das hilft dir später, dich wieder an deine Ideen oder Gedanken zu erinnern.

METHODE

Begriffe zum Thema Naturwissenschaften

- Umweltschutz
- Sinne
- Planeten
- Lebensräume
- Elektrizität
- Messgeräte
- Sternbilder
- Veränderung von Stoffen
- Energiequellen
- Magneten
- Schall
- Eigenschaften von Stoffen
- Licht
- Tiere im Kompost
- Wind und Wetter

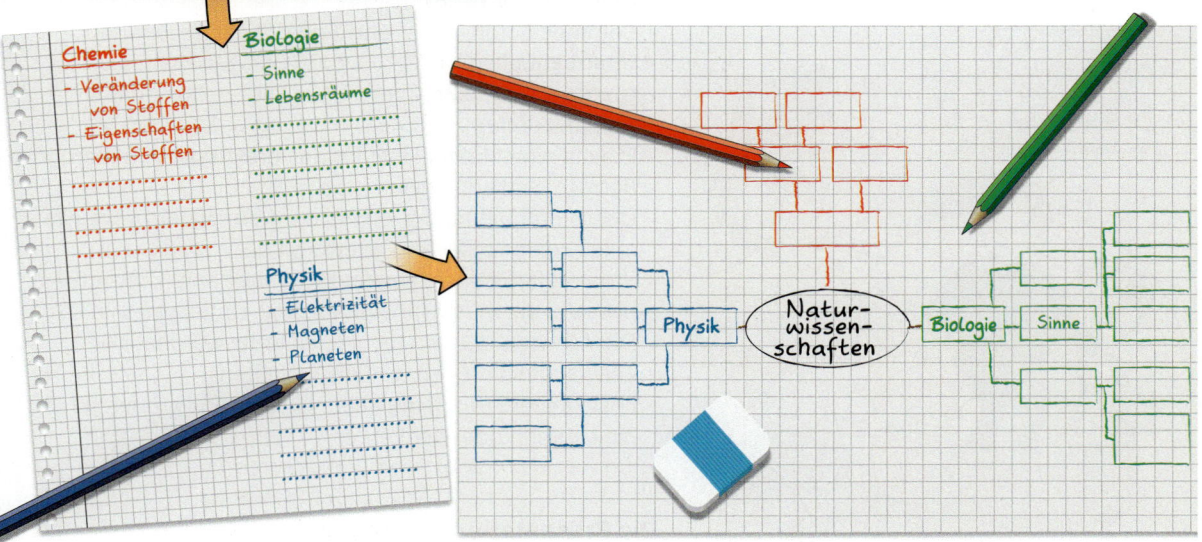

TIPP
Eine Mindmap hilft dabei
- Informationen und Ideen festzuhalten
- Ideen, Informationen und Gedanken zu ordnen und weiterzuentwickeln
- Inhalte eines Textes besser zu behalten
- etwas vorzutragen
- einen Text zu formulieren

1. ☰ Ⓐ
In der Abbildung wurde eine Mindmap angefangen. Sie ist noch unvollstän-dig. Übertrage diese auf ein Blatt Papier und vervollständige sie.

Lernen im Team

Planung eines Projektes mit der Klasse

Lernen im Team bedeutet selbstständige Arbeit in Gruppen. Dabei wird ein Projekt innerhalb eines Faches oder fächerübergreifend erarbeitet. Es läuft meistens über mehrere Unterrichtsstunden. Bearbeitet mit der ganzen Klasse folgende Punkte:

- Notiert das Thema des Projektes.
- Gliedert das Projektthema in Teilthemen.
- Bildet Gruppen, die je ein Teilthema bearbeiten.
- Trefft eine Zeitabsprache: Wann sollte jede Gruppe ihre Aufgabe beendet haben?

Planung der Aufgaben im Team

- Überlegt, welche Arbeiten in welcher Reihenfolge durchgeführt werden sollten.
- Verteilt die Aufgaben im Team. Berücksichtigt dabei die Fähigkeiten und Neigungen der Teammitglieder.
- Macht einen Zeitplan und bestimmt einen Zeitwächter.
- Wählt einen Gruppensprecher, der bei Diskussionen die Gesprächsleitung übernimmt.

Die Arbeit im Team

- Sammelt Fotos, Bilder und Texte. Nutzt Bücher und Internetquellen.
- Überlegt euch Versuche, die bei der Erfüllung der Aufgabe helfen.
- Erstellt eine Materialliste für das praktische Arbeiten.
- Befragt Fachleute, wenn möglich.
- Überprüft regelmäßig, ob bei der Herstellung von Einzelteilen keine Fehler aufgetreten sind.
- Probiert fertige Arbeiten und Versuche aus. Funktioniert etwas nicht, müsst ihr einen Schritt zurückgehen.
- Die Arbeiten müssen rechtzeitig fertig werden. Der Zeitwächter hilft, auf die Zeit zu achten.
- Löst kleinere Probleme in der Gruppe. Bei größeren hilft die Lehrerin oder der Lehrer.

Die Präsentation des Teams

- Überlegt, mit welchen Mitteln ihr eure Arbeiten am besten präsentieren könnt.
- Legt genau fest, welche Aufgaben die einzelnen Teammitglieder bei der Vorstellung übernehmen.
- Jedes Teammitglied hilft bei der Präsentation.
- Der Gruppensprecher moderiert die Vorstellung.

Die Präsentation kann stattfinden für die Klasse, die Schule, die Eltern oder eine größere Öffentlichkeit.

Aufgaben verstehen

In Schulbüchern findest du viele Arbeitsaufträge. Sie helfen dir, einen Sachverhalt besser zu verstehen, dein Wissen zu überprüfen und es anzuwenden. In den Aufgaben kommen immer wieder die gleichen Begriffe vor, mit denen ganz bestimmte Aufträge verbunden sind. Zur Lösung der Aufgaben ist es wichtig, diese Begriffe richtig zu verstehen.

TIPP
Benutze Fachbegriffe.

METHODE

„Nennen" bedeutet, dass du etwas stichwortartig aufzählst.

„Beschreiben" bedeutet, dass du etwas in ganzen Sätzen formulierst, ohne es bereits zu erklären oder zu bewerten.

„Erklären" bedeutet, dass du etwas verständlich ausdrückst und die Ursachen deutlich machst.

„Erläutern" bedeutet, dass du einen Sachverhalt durch zusätzliche Informationen veranschaulichst und verständlich machst.

„Vergleichen" bedeutet, dass du Unterschiede und Gemeinsamkeiten herausstellst. Oft eignet sich dazu eine Tabelle.

„Begründen" bedeutet, dass du einen Zusammenhang sachlich belegst und Annahmen durch Argumente stützt.

„Untersuchen" bedeutet, dass du Zusammenhänge herausarbeitest oder nachweist. Oft eignet sich dazu ein Versuch.

„Beurteilen" bedeutet, anhand von fachlichen Kriterien ein selbstständiges Urteil zu formulieren.

„Diskutieren" bedeutet, sich mit verschiedenen Meinungen zu einem Thema auseinanderzusetzen.

1. Nenne die Kennzeichen des Lebendigen.

2.a) Beschreibe, wie junge Katzen lernen, ihre Beute zu fangen.

2.b) Erkläre, warum eine Katze sich lautlos fortbewegen kann.

3. Erläutere, warum sich Hunde im Gegensatz zu Katzen leicht den Menschen unterordnen.

4. Vergleiche die beiden Gebisstypen. Welchen Tieren kannst du diese Schädel zuordnen?

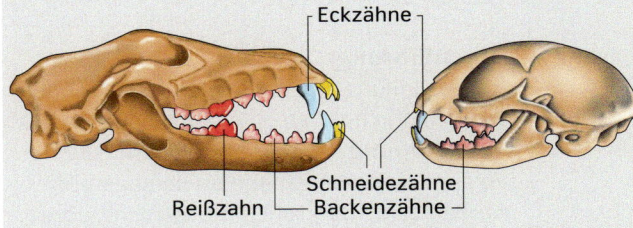

Eckzähne

Schneidezähne
Reißzahn   Backenzähne

5. Begründe, dass Pflanzen Sonnenlicht brauchen.

6. Untersuche den Aufbau einer Blütenpflanze

7. Beurteile, ob eine Pflanze ein Lebewesen ist.

8. Diskutiere die Haltung von Tieren in Zoos.

Versuche planen, durchführen und protokollieren

Problemstellung

Am Anfang eines Versuchs steht die **Fragestellung.** Bei diesem Beispiel geht es um die Frage, ob und in welchen Teilen Pflanzen das Kohlenhydrat Stärke gespeichert haben.

Planung

Jetzt ist es wichtig, dass ihr euch Gedanken darüber macht, wie der Versuch oder wie die Versuche ablaufen sollen. Hier geht es um den Stärkenachweis.

Ihr erstellt eine **Versuchsplanung.** Stellt zusammen, welche Geräte und Materialien für diesen Versuch erforderlich sind.

Erkundigt euch, ob bei dem Versuch **Sicherheitsbestimmungen** zu beachten sind: zum Beispiel Umgang mit ätzenden oder entzündlichen Flüssigkeiten. Bei allen Experimenten mit Chemikalien muss grundsätzlich eine **Schutzbrille** getragen werden.

Überlegt, wie der Versuch aufgebaut werden muss. Zeichnet für den **Versuchsaufbau** eine **Skizze,** in der dargestellt ist, wie die Geräte und Materialien gehandhabt werden. Beschreibt mit eigenen Worten, wie ihr den Versuch aufbaut.

Durchführung

Ist die Planung abgeschlossen, könnt ihr den Versuch durchführen. Schreibt die **Versuchsdurchführung** sehr genau auf, damit der Versuch auch von jemandem durchgeführt werden kann, der nicht am Unterricht teilgenommen hat. **Beobachtungen** und **Messwerte** werden notiert.

Versuchsprotokoll

Haltet den Versuchsablauf in einem **Protokoll** fest. Dies kann in Textform, in Tabellen oder Zeichnungen erfolgen. Darin muss zum Ausdruck kommen, ob die Problemstellung des Versuches geklärt werden konnte. Könnt ihr mithilfe des Experiments auch weitergehende Schlussfolgerungen gewinnen, so werden diese ebenfalls in der **Auswertung** festgehalten.

1 Versuchsdurchführung mit der Iodprobe

Versuchsprotokoll   13.1.2018

Problemstellung: Welche Pflanzenteile von Nutzpflanzen haben Nährstoffe in Form von Stärke gespeichert?

Material: Speicherorgane von Nutzpflanzen wie Kartoffel, Zwiebel, Mais (gequollen), Apfel; Messer; Iod-Kaliumiodidlösung; Petrischalen; Pipette

Versuchsaufbau:

Versuchsdurchführung: Wir schneiden Speicherorgane von Nutzpflanzen auf und legen die Hälften in Petrischalen. Wir prüfen mit Iod-Kaliumiodidlösung, ob Stärke im jeweiligen Pflanzenorgan gespeichert ist. Färbt sich dieses blau-violett, sind Nährstoffe in Form von Stärke gespeichert.

Beobachtung:

Speicherorgan	Zwiebel	Mais	Kartoffel	Apfel
blau-violette Färbung	X	X	X	– –

Versuchsergebnis: Zwiebel, Mais und Kartoffel enthalten Stärke, der Apfel nicht.

Sicheres Experimentieren

Gefahrstoffsymbole

Zum sicheren Umgang mit Chemikalien gehört auch die Kenntnis der Gefahrstoffsymbole. Die 9 Symbole wurden 2010 eingeführt und sind seit 2015 verbindlich.

Das neue **G**lobal **H**armonisierte **S**ystem (GHS) gilt weltweit einheitlich. Die Symbole werden je nach Chemikalie noch durch die Signalwörter GEFAHR oder ACHTUNG ergänzt.

So findest du zum Beispiel auf der Vorratsflasche für Reinigungsbenzin vier dieser GHS-Symbole. Zusätzlich gibt es Sicherheitshinweise, die sogenannten H-Sätze (engl.: **h**azard, Gefahr) und P-Sätze (engl.: **p**recautionary, Vorsichtsmaßnahme).

Symbol		Wirkungsbeispiel
Explodie-rende Bombe		Explosionsgefahr durch Schlag, Reibung oder Feuer
Flamme		entzündbare Stoffe, auch selbstentzündbar
Flamme über Kreis		entzündend wirkende Stoffe
Gas-zylinder		Gefahr durch unkontrol-liert ausströmende Gase
Verätzung		ätzende Wirkung auf Haut, Augen und Schleimhäute
Totenkopf		Vergiftungsgefahr durch Berühren, Verschlucken oder Einatmen
Ausrufe-zeichen		schon einmaliger, kurz-zeitiger Kontakt schädigt
Gesund-heitsgefahr		Schädigung durch Schlucken, Einatmen, Hautkontakt
Umwelt		akut oder chronisch Gewässer gefährdend

1 GHS-Symbole und ihre Bedeutung

1. **A**

Beschreibe, worauf du beim Umgang mit Stoffen aus dem Haushalt achten musst, die folgende Symbole tragen.

a) ⟨!⟩   b) ⟨▬⟩   c) ⟨🔥⟩

UMGANG MIT CHEMIKALIEN

1 Chemikalien dürfen nicht mit den Fingern ange-fasst werden.
2 Chemikalien dürfen niemals in Lebensmittelbehäl-tern aufbewahrt werden.
3 Die Versuche werden mit möglichst wenig Chemi-kalien durchgeführt. Nur so bleibt die Abfallmenge gering.
4 Chemikalienreste werden nicht in die Vorrats-gefäße zurückgegeben. Sie werden in besonderen Abfallbehältern gesammelt.
5 Gefährliche Abfälle werden grundsätzlich extra gesammelt.

RICHTIGES VERHALTEN

1 In naturwissenschaftlichen Fachräumen darfst du nicht essen und nicht trinken.
2 Bei Experimenten mit Chemikalien oder mit einer offenen Flamme musst du eine Schutzbrille tragen.
3 Du darfst keine Geschmacksproben vornehmen.
4 Den Geruch darfst du nur nach erteilter Erlaubnis durch vorsichtiges Zufächeln prüfen.
5 Halte deinen Arbeitsplatz stets sauber und aufge-räumt. Reinige nach den Versuchen alle Geräte und räume sie wieder ein.

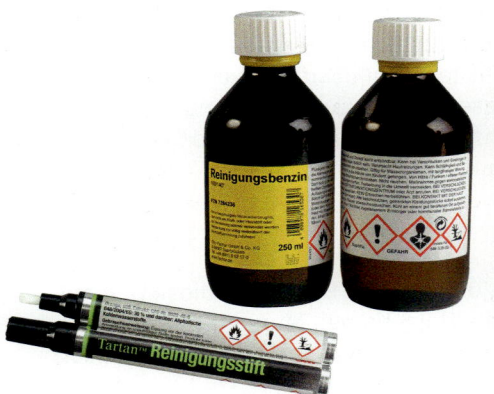

2 Auch Haushaltsmittel haben GHS-Symbole.

METHODE

Fachinformationen nachschlagen

HINWEIS
Über Gefahren und Regeln bei der Internetnutzung solltet ihr im Unterricht sprechen.

❶ Auswahl einer Informationsquelle
Wenn du Informationen zu einem Thema suchst, kannst du zuerst im Schulbuch nachschlagen. Viele interessante Fachbücher, Lexika oder DVDs kannst du in Büchereien ausleihen. Das Internet ist eine reichhaltige Informationsquelle.

❷ Orientierung im Fachbuch
In Lexika sind alle Einträge alphabetisch angeordnet. In Fachbüchern ist vorne ein Inhaltsverzeichnis. Die Kapitel des Buches geben einen Themenüberblick. Hinten im Buch findest du das Stichwortverzeichnis oder Register. Dort sind Begriffe alphabetisch geordnet.

TIPP
Schülersuchmaschinen:
www.blinde-kuh.de
www.fragfinn.de
www.helles-koepfchen.de

Anhang

Stichwortverzeichnis

❹ Lesen und Auswerten
Manchmal ist es schwer zu beurteilen, ob die gefundene Seite für dich brauchbare und verständliche Informationen liefert. Dafür musst du die Texte zuerst überfliegen und dann gezielt lesen. Falls du keine passenden Informationen findest, musst du eine andere Informationsquelle suchen.

❸ Register und Suchmaschinen
Im Stichwortverzeichnis, auch Register genannt, stehen hinter jedem Wort die betreffenden Seitenzahlen. Die Buchstaben f. oder ff. bedeuten, dass sich auch die folgende oder mehrere folgende Seiten noch mit dem Begriff befassen. Im Internet gibst du die Fachbegriffe oder Kombinationen davon in eine Suchmaschine ein.

1. ≣ Ⓐ
Stelle fest, ob folgende Begriffe in diesem Schulbuch stehen: Holz, Kamel, Magnet, Teilchen, Forelle und Volumen. Notiere zu zwei von diesen Begriffen eine Aussage.

2. ≣ Ⓠ
Gib die Begriffe Milch, Soja, Sojamilch, Produkte, Ernährung einzeln und in Kombination in verschiedene Suchmaschinen ein. Berichte über die Suchergebnisse.

METHODE

Einen kurzen Vortrag halten

Planung

In folgenden Schritten kannst du einen Vortrag vorbereiten. Er sollte nicht länger als 5 min bis 10 min dauern.

1 Thema erfassen

Sammle Ideen zum Thema für den Kurzvortrag. Halte deine Einfälle in Stichworten fest und formuliere Fragen.
• Worum geht es und was gehört zum Thema?

2 Informationen sammeln

• Wo findest du Informationen?
• Wozu und wie kannst du sie nutzen?
• Was ist für dich sowie deine Mitschülerinnen und Mitschüler interessant, wichtig und neu?

3 Kurzvortrag gliedern

• Wie kannst du den Einstieg spannend gestalten?
• Welchen Schluss findest du geeignet?

4 Genaue Vorbereitung

Überlege, an welchen Stellen du etwas zeigen möchtest, ob du ein Experiment vorführen kannst, welche Materialien und Geräte du dafür benötigst. Bereite die Materialien zur Veranschaulichung vor.
• Sollen Plakate oder Handzettel entworfen werden? Wie groß sollen sie sein?
• Welche Zeichnung für die Tafel kannst du vorbereiten?
• Sind Folien für den Overhead-Projektor anzufertigen?
• Gibt es Videos, CDs oder DVDs, die du einsetzen kannst?
• Kannst du einen Computer mit Beamer einsetzen?

5 Ablaufplan

Schreibe Stichwortzettel oder Karteikarten. Gestalte sie übersichtlich und gut lesbar. Die Reihenfolge deiner Gliederung muss gut erkennbar sein.
• Welche Hinweise helfen dir, damit alle Teile zum richtigen Zeitpunkt und an der richtigen Stelle vorgetragen werden?
• Welche wichtigen Inhalte können mit Unterstreichungen oder farbiger Markierung hervorgehoben werden?

6 Der Vortrag

Der Vortrag soll möglichst frei gehalten werden. Beachte die Zeitvorgabe. Übe deinen Kurzvortrag, in dem du ihn laut und deutlich sprichst. Kürze ihn, wenn er zu lang ist.

7 Tipps

Atme tief ein, wenn du aufgeregt sein solltest. Halte Blickkontakt zu den Zuhörern. Überlege, welche Fragen von den Zuhörern gestellt werden könnten und suche schon vorher nach Antworten.

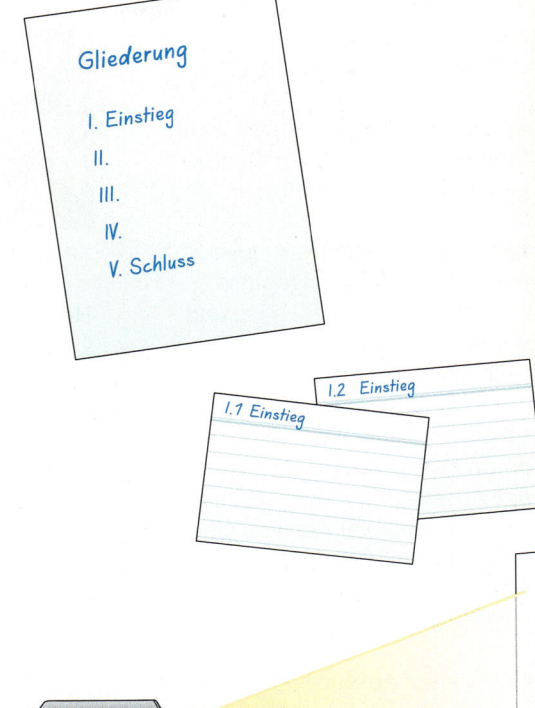

1 Einen Kurzvortrag vorbereiten

METHODE

1. ≡ Q
a) Überlege dir ein Thema für einen Kurzvortrag, das sich auf die Inhalte des Naturwissenschafts-Unterrichts bezieht.
b) Vergleiche deinen Vorschlag mit anderen Vorschlägen aus der Klasse.
c) Gestalte einen Kurzvortrag zum formulierten Thema. Beachte dazu die Anleitung.

Einen Sachtext lesen und verstehen

Die folgende Lesetechnik hilft dir dabei, einen Text zu verstehen und den Inhalt zu behalten.

❶ Überfliege zunächst den Text. Stelle fest, worum es in dem Text geht und was du bereits kennst.

❷ Lies den Text nun gründlich. Mache nach schwierigen Abschnitten eine kleine Pause und denke noch einmal über das Gelesene nach.

❸ Wenn du ein Arbeitsblatt zu bearbeiten hast, markiere wichtige Aussagen und Begriffe mit einem Textmarker. Hast du einen Text aus einem Buch vorliegen, schreibe wichtige Aussagen und Begriffe auf einen Notizzettel.

❹ Markiere Abschnitte oder Begriffe, die du nicht verstanden hast, mit einem Rotstift. Frage Mitschülerinnen und Mitschüler oder deine Lehrerin oder deinen Lehrer um Rat oder lies in einem Lexikon nach.

❺ Gehe deine Notizen noch einmal genau durch. Jetzt kannst du mit ihnen verschiedene Aufgaben erledigen wie Fragen beantworten, ein Plakat erstellen oder einen kurzen Vortrag halten.

1 Hausschwein beim Säugen

2 Wildschwein mit Frischlingen

Hausschwein und Wildschwein

Schweine sind Allesfresser. Das zeigt der Bau ihres Gebisses, denn ihre vorderen Backenzähne sind denen der Raubtiere ähnlich und die hinteren dienen dem Zermahlen von Pflanzenteilen. Auf der Weide durchwühlen sie mit ihrer rüsselartigen Nase den Boden, um Fressbares aufzuspüren. Sie ernähren sich von Wurzeln, Gras und Kleintieren. Die nach oben gerichteten Eckzähne, die Hauer, helfen ihnen dabei. Schweine wälzen sich gerne in schlammigen Pfützen, den Suhlen, und bedecken dabei ihre Haut mit Schlamm. Dadurch sind sie vor Insektenstichen geschützt. Die Sauen können bis zu 12 Ferkel pro Wurf bekommen. Die Ferkel werden in den ersten acht Wochen von der Mutter gesäugt und gehören somit zu den Säugetieren.

Die Hausschweine sind für die Ernährung des Menschen als Fleischlieferant wichtig. Daher werden sie häufig gezüchtet und gemästet.

Die Wildschweine aber, von denen unsere Hausschweine abstammen, halten sich gerne im Unterholz feuchter Laubwälder oder in dichten Nadelholzschonungen verborgen. Sie zeigen einen anderen Körperbau als die Hausschweine. Sie haben einen längeren Kopf, einen starken Rüssel und ein schwarzes Haarkleid.

1. ≣ ❓

a) Nimm einen Sachtext deiner Wahl, markiere die wichtigsten Begriffe und erstelle einen Notizzettel.
b) Halte mithilfe deines Notizzettels und der Methodenseite „Einen kurzen Vortrag halten" einen kleinen Vortrag zu deinem Thema.

TIPP
Achte darauf, nur zentrale Begriffe zu unterstreichen. Dein Notizzettel sollte übersichtlich bleiben.

Hausschwein und Wildschwein
- Allesfresser, sichtbar am Gebiss
- Nahrungssuche mit rüsselartiger Nase
- Nahrung: Wurzeln, Gras, Kleintiere
- suhlen sich
- Schlammkruste als Insektenschutz
- pro Sau bis zu 12 Ferkel
- Säugetier
- Hausschwein Fleischlieferant
- Hausschwein stammt vom Wildschwein ab
- Wildschwein in feuchten Laubwäldern, dichten Nadelholzschonungen
- Wildschwein: längerer Kopf, starker Rüssel, schwarzes Haarkleid

Eine Ausstellung gestalten

Als Abschluss eines Unterrichtsthemas, zum Beispiel über das Rind, könnt ihr eine Ausstellung gestalten. So zeigt ihr anderen, was ihr über dieses Thema herausgefunden habt. Damit die Ausstellung möglichst interessant wird, müsst ihr folgende Punkte berücksichtigen:

- Zu welchem Thema möchten wir präsentieren?
- Welche Ausstellungsstücke möchten wir präsentieren?
- Wie können wir die Ausstellungsstücke ansprechend darstellen?

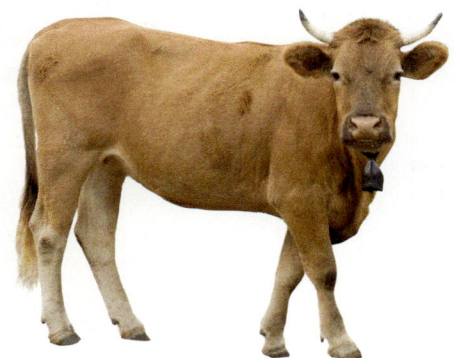

In einem weiteren Schritt macht ihr euch über die folgende Fragestellung Gedanken:

Was gehört in eine Ausstellung?
In eine Ausstellung gehören Bilder, Fotos, selbst geschriebene Texte, Zeichnungen und Modelle zum Ausstellungsthema, aber auch Naturmaterialien.
Bei dem Thema „Was liefern uns unsere Rinder?" eignen sich beispielsweise Milchprodukte, Fleischprodukte und Lederwaren.

Wie geht ihr beim Gestalten einer Ausstellung vor?
Wenn ihr das Thema der Ausstellung gefunden habt, entscheidet, an welchem Ort in der Schule ihr die Ausstellung präsentieren wollt, wie lange sie dauern soll und für wen sie sein soll.

- Sammelt möglichst viele Naturmaterialien. Diese sollten in einem guten Zustand sein.

- Sortiert die Materialien nach Bereichen, zum Beispiel Materialien aus dem Bereich Milchprodukte, Fleischprodukte, Lederwaren.

- Erstellt einen Plan, in dem ihr festlegt, wo welches Ausstellungsstück stehen soll.

- Beschriftet eure Ausstellungsobjekte und erstellt Plakate als Zusatzinformationen. Achtet durch die Wahl der Schriftfarbe und Schriftgröße darauf, dass man die Informationen gut lesen kann.

- Macht euch zu Experten eures Themas, damit ihr Fragen eurer Mitschülerinnen und Mitschüler beantworten könnt.

METHODE

1 Beispiel für eine Ausstellung

1. 🔵
a) Gestaltet eine Ausstellung zu einem von euch gewähltem Thema aus dem Bereich "Pflanzen, Tiere, Lebensräume".
b) Macht euch zu Experten des Themas, sodass ihr Fragen dazu beantworten könnt.

Arbeiten mit Basiskonzepten

Wozu dienen Basiskonzepte?

Als Naturwissenschaftlerinnen und Naturwissenschaftler stellt ihr Fragen an die Natur. Beim Beantworten der Fragen können euch bestimmte **Blickwinkel** helfen – sogenannte **Basiskonzepte.** Indem ihr Neues gezielt aus diesen Blickwinkeln betrachtet, erkennt ihr Ähnlichkeiten oder auch Besonderheiten. Ihr versteht Zusammenhänge leichter und könnt Gelerntes besser behalten.

Auf dieser Doppelseite werden euch fünf Basiskonzepte vorgestellt, hier am Beispiel der Fledermäuse. Die typischen Fragestellungen zu jedem Basiskonzept könnt ihr auf viele andere Beispiele in der Natur übertragen.

Die zarten Flughäute sind zwischen den langen, dünnen Arm- und Fingerknochen aufgespannt. Damit können die Fledermäuse geschickt fliegen. So sind sie gut an ihren Lebensraum in der Luft angepasst.

Struktur Eigenschaft Funktion

Basiskonzept Struktur – Eigenschaft – Funktion
Baumerkmale der Lebewesen oder ihrer Bestandteile stehen in engem Zusammenhang zu einer entsprechenden Funktion. Oft zeigt sich hier eine Angepasstheit an die Lebensbedingungen.

1. ≡ Ⓐ
a) Beschreibe eine Struktur, wie die spitzen Zähne einer Fledermaus und finde die zugehörige Funktion.
b) Oder andersherum: Finde zu einer Funktion, zum Beispiel den Beutefang, die dafür notwendige Struktur und beschreibe ihre Eigenschaften.

System

Fledermäuse sind lebende Systeme. Ihre Körper funktionieren im Zusammenspiel ihrer Organe. Die Organe sind Systeme aus vielen zusammenwirkenden Zellen und deren Bestandteilen. Fledermäuse leben in einem Ökosystem: dem Wald.

Basiskonzept System
Systeme bestehen aus verschiedenen Teilen, die zusammen eine funktionierende Einheit mit besonderen Eigenschaften bilden.
Dabei tauschen die Teile Stoffe, Informationen und Energie aus. Zellen, Organe, Organsysteme, Organismen und Ökosysteme sind Systeme auf verschiedenen Ebenen.

2. ≡ Ⓐ
a) Nenne Teile eines Systems, zum Beispiel die Organe einer Fledermaus. Beschreibe, wie sie zusammenwirken, damit die Fledermaus eine Lebensfunktion, z. B. das Fliegen bei Nacht, erfüllen kann.
b) Zum Schlafen bilden die Fledermäuse Kolonien dicht gedrängter Tiere. Erkläre den Vorteil eines solchen Systems aus vielen Tieren.

Um sich warm zu halten und zu fliegen, brauchen Fledermäuse Energie, die sie aus ihrer Nahrung beziehen.

3. ≡ Ⓐ
Erkläre den Vorteil des Winterschlafs aus energetischer Sicht.

Basiskonzept Energie
Energie tritt in verschiedenen Energieformen wie Licht, Bewegungsenergie, chemischer Energie oder Wärme auf. Die verschiedenen Energieformen können ineinander umgewandelt werden.

Energie

Entwicklung

Fledermäuse gebären im Frühjahr Junge. Die Jungen werden gesäugt.
Im Laufe der Erdgeschichte haben sich Fledermäuse aus nicht flugfähigen Säugetieren entwickelt.

Basiskonzept Entwicklung
Lebewesen pflanzen sich fort. Sie wachsen und entwickeln sich im Laufe ihres Lebens.
Über viele Generationen verändern sich Arten. Diese Entwicklung nennt man Evolution.
Aber auch Ökosysteme entwickeln sich, wenn sie sich mit der Zeit verändern.

4. ≡ Ⓐ
Beschreibe die Fortpflanzung und Entwicklung eines Lebewesens.

5. ≡ Ⓠ
Finde für eine Tier- oder Pflanzenart heraus, mit welchen anderen Arten sie näher verwandt ist.

Stoff
Teilchen
Materie

In tropischen Regenwäldern des Amazonasgebietes werden häufig trächtige Fledermausweibchen dabei beobachtet, wie sie Lehm fressen. Sie benötigen während der Schwangerschaft die im Lehm vorhandenen Mineralien. Diese sollen Gifte aus Futterpflanzen der Fledermäuse binden.

Basiskonzept Stoff – Teilchen – Materie
Viele Eigenschaften der Stoffe lassen sich mithilfe von Modellvorstellungen über ihren Aufbau aus kleinsten Teilchen erklären.

6. Ⓐ
Mineralien sind Kristalle - wie Kochsalz oder Haushaltszucker. Beschreibe den Aufbau eines Kristalls mithilfe des Teilchenmodells.

METHODE

Von den Sinnen zum Messen

Wie nimmst du die verschiedenen Sinneseindrücke wahr?

Was ist Schall und wie entsteht er?

Manchmal reichen deine Sinne nicht aus. Welche Hilfsmittel verwendest du zur Wahrnehmung?

Sinne erschließen die Welt

1. ☰ Ⓐ
In einem Freizeitpark wirken viele Sinneseindrücke auf dich ein.
a) Nenne unterschiedliche Sinneseindrücke.
b) Ordne das jeweilige Sinnesorgan zu, das
diesen Eindruck ermöglicht.
c) Beschreibe, wie versucht wird, die
Besucher gezielt zu beeinflussen.
d) Nenne Gerüche und Geschmacksrichtungen, die du angenehm findest und solche,
die du nicht magst.

2. ☰ Ⓐ
a) Schließe die Augen und stell dir vor, du
wärst in einem Freizeitpark. Beschreibe,
was du alles hörst.
b) Schließe erneut für eine Minute die
Augen und achte auf alle Geräusche, die du
jetzt hörst. Beschreibe die Geräusche
anschließend möglichst genau.

3. ☰ Ⓐ
Man sagt: „Das Auge isst mit."
a) Erkläre, was damit gemeint ist.
b) Ordne den unten abgebildeten Frucht-
gummistangen die Schilder zu.
c) Erkläre deine Zuordnung.

4. Ⓥ
Wie die Farbe eines Lebensmittels das
Geschmacksempfinden beeinflussen kann,
könnt ihr durch untypische Kombinationen
von Farbe und Geschmack testen.
• Stellt aus 250 g Puderzucker und einem
  Esslöffel Wasser Zuckerguss her.
• Verteilt den Zuckerguss auf Schälchen und
  färbt die Portionen mit Lebensmittelfarbe
  rot, orange, gelb, grün und blau.
• Überlegt nun, welchen Portionen Zuckerguss ihr Zitronen-, Erdbeer- oder Wald-
  meisteraroma zufügen wollt und be-
  streicht Butterkekse mit dem Zuckerguss.
• Führt dann Geschmackstests durch.
  Notiert, bei welchen Proben die Geschmacksrichtungen eindeutig erkannt
  wurden und bei welchen nicht.
• Versucht eine Erklärung für eure Ergebnisse zu finden.

Erdbeere	Cola	Blaubeere
Zitrone	Waldmeister	*Lakritze*

Zusammenspiel der Sinne

In einem Freizeitpark hören wir gleichzeitig unterschiedliche Musik. Lautsprecher fordern uns auf, etwas zu erleben. Bunte Lichter wecken unsere Aufmerksamkeit. Vielfältige Gerüche verlocken uns zum Essen und Trinken. Auf einem Karussell werden wir ordentlich durchgeschüttelt und halten uns bei schneller Fahrt an kalten Metallgriffen fest. Ein solches Erlebnis ist nur durch das Zusammenspiel unserer Sinne möglich. Jedes Sinnesorgan nimmt bestimmte Reize auf. Die Informationen aus der Umwelt werden dabei in elektrische Impulse umgesetzt und über Nerven an das Gehirn weitergeleitet. Die dort verarbeiteten Informationen führen zu einer Wahrnehmung.

Das Auge

Mit den Augen nehmen wir Lichtreize auf. Viele Millionen Nervenzellen leiten die Informationen in Form elektrischer Impulse an das Gehirn. Hier werden sie zu Bildern verarbeitet. Dadurch erkennen wir Farben, Formen, Entfernungen und Bewegungen.

Nase und Zunge

Die Nase und die Zunge sind für die Aufnahme von Geruchs- und Geschmacksreizen zuständig. Im Gehirn werden diese Reize zu einer Geruchs- und Geschmacksempfindung verarbeitet.

Die Haut

Die Haut ist ein vielfältiges Sinnesorgan. Über sie nehmen wir Tast-, Druck-, Wärme-, Kälte- und Schmerzreize auf. Das Gehirn verarbeitet die Nervenimpulse so, dass wir sie als unterschiedliche Empfindungen wahrnehmen können.

Das Ohr

In Form von Luftschwingungen empfangen unsere Ohren Schallwellen. Diese Schwingungen reizen Sinneszellen, die dann Nervenimpulse verursachen. Diese werden zum Gehirn geleitet und dort verarbeitet.
Im Ohr befindet sich auch das Gleichgewichtsorgan, das auf die Schwerkraft reagiert. Wir brauchen dieses Organ, um uns kontrolliert im Raum bewegen zu können. Eine Karussellfahrt stellt den Gleichgewichtssinn auf eine harte Probe.

Viele Reize – gleiche Wahrnehmung?

Einen Freizeitparkbesuch erleben viele Menschen als schönes Erlebnis. Eine wilde Achterbahnfahrt empfinden manche als aufregend und toll. Anderen wird dabei übel und sie empfinden dieses Erlebnis als sehr unangenehm. Auch unsere Stimmung kann die Wahrnehmung beeinflussen. Laute Musik empfinden wir beispielsweise als störend, wenn wir uns unterhalten wollen oder Ruhe brauchen.

1 Sinnesorgane:
A Auge, B Zunge,
C Nase, D Haut,
E Ohr

Du kannst die unterschiedlichen Sinnesorgane benennen und deren Funktionen beschreiben.

Vom Riechen und Schmecken

1. **A**
a) Überlege dir Situationen, in denen du von einem Geruch „angelockt" wurdest.
b) Bei welchen Gelegenheiten hast du einen Geruch als eklig empfunden?
c) Hat dich dein Geruchssinn schon einmal vor Gefahren gewarnt? Beschreibe diese Situation.
d) Notiere, was du mit verschiedenen Gerüchen verbindest und an was sie dich erinnern.

2. **V**
Entwerft in Gruppen ein Duftmemory. Sucht euch hierzu fünf bis sieben Gerüche aus. Füllt in je zwei verschließbare undurchsichtige Behälter Gegenstände mit dem gleichen Duft. Markiert sie an der Unterseite mit gleichen Zeichen zur späteren Kontrollmöglichkeit. Stellt die Behälter ungeordnet auf und findet die jeweils zueinander passenden Gerüche.

3. **V**
Plant einen Versuch, mit dem ihr testen könnt, an welcher Stelle der Zunge ihr besonders deutlich die Geschmacksrichtungen „süß", „sauer", „salzig" und „bitter" schmeckt.
a) Führt den Versuch mit verschiedenen Prüflösungen durch. Verwendet für jede Probe ein neues Wattestäbchen. Spült nach jeder Geschmacksprobe den Mund mit Wasser aus.
b) Zeichnet nun den Umriss eurer Zunge und kennzeichnet die entsprechenden Stellen verschiedenfarbig.

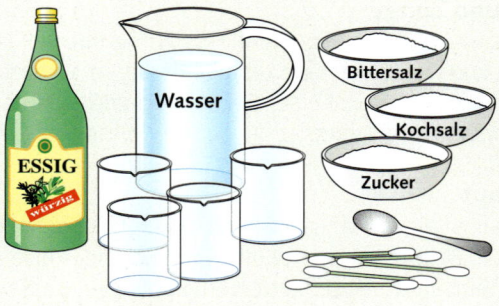

ACHTUNG
Geschmacksproben müssen in der Schulküche durchgeführt werden.

4. **V**
Um das Zusammenwirken von Geruch und Geschmack zu testen, benötigt ihr verschiedene pürierte Nahrungsmittel, zum Beispiel gekochte Kartoffeln oder Bananen.
a) Verbindet eurer Versuchsperson die Augen und lasst sie zuerst die Proben mit geschlossener Nase und dann mit offener Nase kosten.
Notiert ihre Angaben in einer Tabelle. Vergleicht die Ergebnisse.
b) Begründet, warum wir bei einem Schnupfen kaum noch etwas schmecken können.

Wie wir riechen

Unser Geruchssinn informiert uns nicht nur über Gerüche direkt vor unserer Nase, sondern auch über weiter entfernte. So lockt er uns zu einem Bratwurststand oder er warnt uns vor verdorbenem Essen oder einem Brand. Viele Gerüche beeinflussen auch Gefühle, zum Beispiel Zuneigung oder Abneigung.

Wir können mehr als 10 000 verschiedene Gerüche unterscheiden. Mit der eingeatmeten Luft gelangen geringe Mengen von Duftteilchen in die Nase. Von dort strömen sie an der großen **Riechschleimhaut** vorbei. Dort befinden sich **Riechsinneszellen.** Passt die Struktur des Geruchstoffs in die Struktur der Sinneszelle wie ein Schlüssel ins Schloss, wird die Sinneszelle gereizt. Daraufhin entstehen Nervenimpulse, die zum Gehirn ins Riechzentrum geleitet und dort verarbeitet werden.

Wie wir schmecken

Der Geschmackssinn kontrolliert unsere Nahrung. Schon unsere Vorfahren wussten, dass Speisen mit einem sauren oder bitteren Geschmack möglicherweise verdorben oder sogar giftig sein können. Süß, fleischig oder salzig schmeckende Stoffe signalisieren meist ein Nahrungsmittel, das für uns bekömmlich ist und viele wertvolle Nährstoffe enthält. Dementsprechend unterscheidet unsere Zunge zwischen den **Geschmacksrichtungen** süß, sauer, bitter, salzig und umami. Der Begriff „umami" stammt aus Japan und wird mit „herzhaft-fleischig" übersetzt.

Betrachtest du deine Zunge im Spiegel, kannst du Längsrillen und winzige Ein- und Ausstülpungen erkennen. In ihnen befinden sich die **Geschmacksknospen** mit jeweils 30 bis 80

Sinneszellen. Hier rufen die Geschmacksstoffe Geschmacksreize hervor, die Nervenimpulse auslösen. Diese werden dann zum Gehirn geleitet.

Geruchs- und Geschmackssinn ergänzen sich

Ob ein Erdbeereis nach Erdbeere oder Vanille schmeckt oder ob dir ein Essen überhaupt schmeckt, bestimmt eher deine Nase als deine Zunge. Bei einem Schnupfen sind die Schleimhäute der Nase angeschwollen und können fast keinen Geruch empfinden. Das Essen schmeckt dann fad. Unser Geschmack wird aber auch durch eine gemütliche Umgebung, Hunger oder die Temperatur der Speisen beeinflusst.

> Du kannst darstellen, wie Geruchs- und Geschmacksempfindungen entstehen und zusammenwirken.

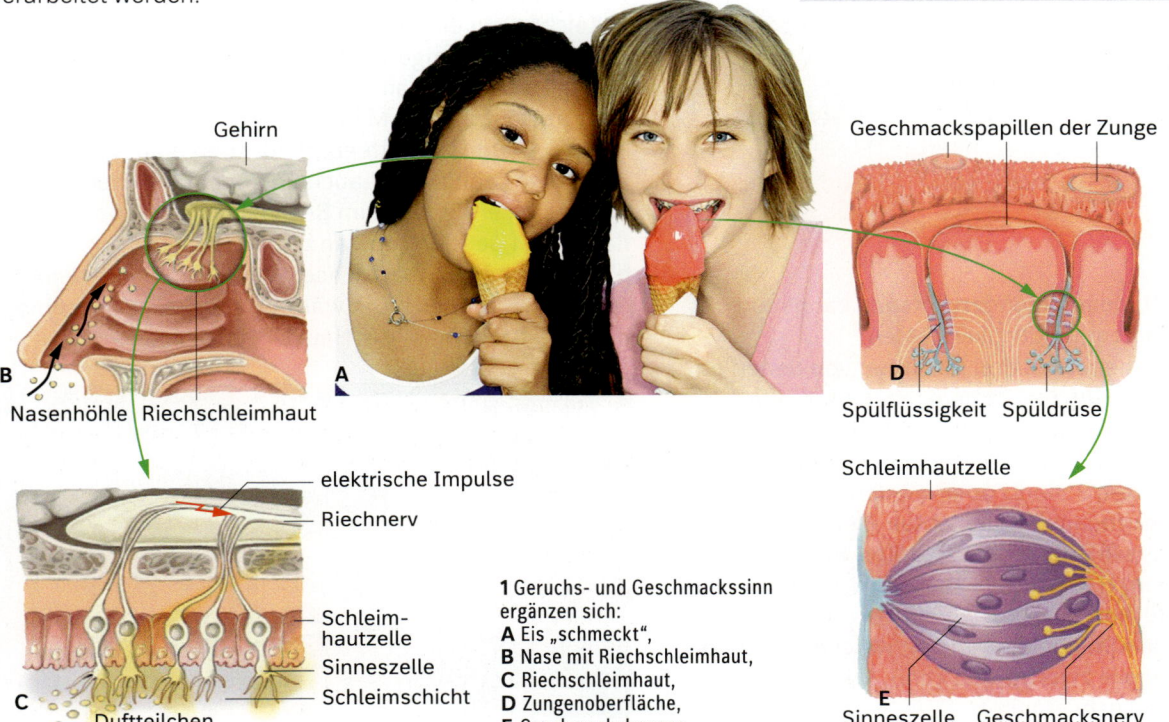

1 Geruchs- und Geschmackssinn ergänzen sich:
A Eis „schmeckt",
B Nase mit Riechschleimhaut,
C Riechschleimhaut,
D Zungenoberfläche,
E Geschmacksknospe

Mit der Haut fühlen

A   B   C

1. Welche Sinneseindrücke kannst du mithilfe der Haut wahrnehmen? Orientiere dich an den Abbildungen und beschreibe weitere Beispiele.

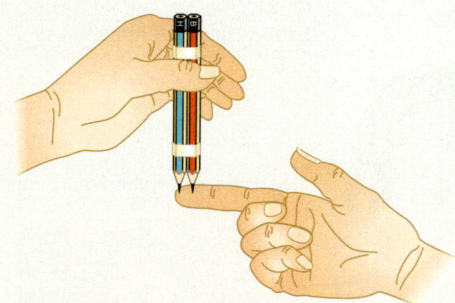

2.
Mit dem folgenden Versuch kannst du die Tastempfindlichkeit testen.
Du benötigst drei Bleistifte, von denen du zwei fest zusammenklebst. Verbinde nun einer Versuchsperson die Augen und tippe vorsichtig entweder mit der Spitze des dritten Bleistift oder mit den beiden Spitzen der zusammengeklebten Bleistifte auf verschiedene Körperstellen wie Fingerkuppen, Handrücken, Unterarm, Oberarm und Rücken. Notiere, wo die Versuchsperson nur eine Spitze fühlt und an welchen Hautstellen sie zwei spüren kann. Erkläre das Versuchsergebnis.

3.
In unserer Haut befinden sich zahlreiche Wärme- und Kältekörperchen. Du kannst sie finden, indem du mit der Spitze eines kalten oder warmen Nagels vorsichtig die Haut einer Versuchsperson berührst. Die Nägel kannst du in Bechern mit kaltem und warmem Wasser vortemperieren.
a) Zeichne mit einem wasserfesten Filzstift ein Quadrat mit der Kantenlänge von 2 cm auf eine Hautstelle. Streiche sehr langsam „Zeile für Zeile" die gekennzeichnete Fläche ab. Markiere die wärmeempfindlichen Punkte rot und die kälteempfindlichen blau. Versuche, solch eine „Landkarte" auch an anderen Stellen deines Körpers zu erstellen, zum Beispiel an der Handinnenfläche, auf der Stirn und an deinem Arm.
b) Vergleiche dein Versuchsergebnis mit denen deiner Mitschüler. Gibt es mehr wärme- oder mehr kälteempfindliche Stellen auf der Haut?

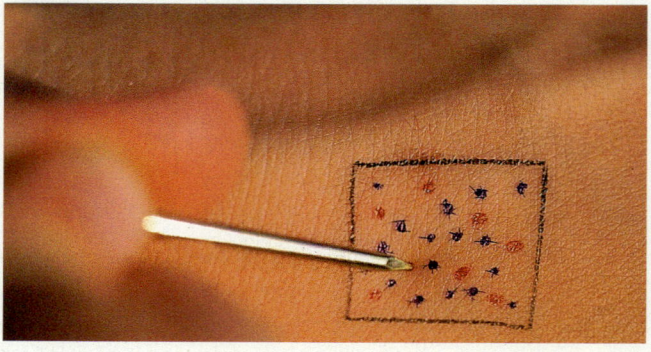

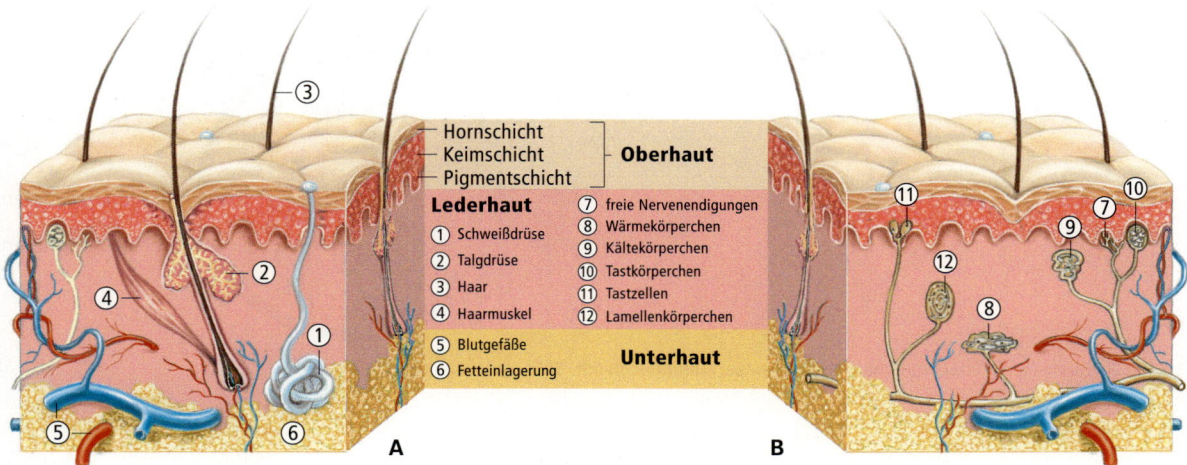

1 Haut (schematisch): **A** Aufbau der Haut ohne Sinnesorgane, **B** Sinnesorgane der Haut

Legend in figure:

Hornschicht
Keimschicht
Pigmentschicht

Oberhaut

Lederhaut
① Schweißdrüse
② Talgdrüse
③ Haar
④ Haarmuskel
⑤ Blutgefäße
⑥ Fetteinlagerung

⑦ freie Nervenendigungen
⑧ Wärmekörperchen
⑨ Kältekörperchen
⑩ Tastkörperchen
⑪ Tastzellen
⑫ Lamellenkörperchen

Unterhaut

Aufbau der Haut

Die Haut ist dein größtes Organ. Sie bedeckt nicht nur die gesamte Körperoberfläche, zu ihr gehören auch die Schleimhäute, zum Beispiel im Nasen-Rachenraum. Ihre Gesamtfläche beträgt bei Erwachsenen etwa 2 m².

Die Haut besteht aus drei Schichten. Die **Oberhaut** ist sehr dünn und setzt sich aus mehreren Zellschichten zusammen. Die äußere Hornschicht besteht aus abgestorbenen Zellen, die sich im Laufe der Zeit als weiße Schuppen ablösen. Die darunter liegende Keimschicht bildet ständig neue Zellen. Sie ersetzen die abgestoßenen oder verletzten Zellen der Hornschicht. Die untersten Zellen der Oberhaut enthalten Farbstoffe (Pigmente) und bilden die Pigmentschicht.

Unter der Oberhaut liegt die reich durchblutete **Lederhaut.** In ihr befinden sich die meisten Sinneskörperchen.

Die **Unterhaut** ist die unterste der drei Hautschichten. In vielen Körperbereichen ist hier vor allem Fett eingelagert.

Die Haut in Zahlen
Größe:	1,6 m² bis 2 m²
Dicke:	4 mm bis 10 mm
Gewicht:	ca. 10 kg
Schweißdrüsen:	2,5 Millionen
Schweiß:	0,5 l bis 1 l am Tag (bei Anstrengung bis zu 10 l)

Wie wir fühlen

Mit der Haut fühlen und tasten wir. Durch verschiedene Sinneskörperchen spüren wir Reize wie Berührungen, Druck, Wärme und Kälte: So können wir mit den **Tastkörperchen** die Oberfläche und die Ausdehnung von Gegenständen wahrnehmen. Mithilfe der Tastkörperchen auf den Fingerkuppen lesen zum Beispiel Blinde die Blindenschrift. Die Verteilung der Tastkörperchen in der Haut ist unterschiedlich. Sehr zahlreich sind sie auf den Fingerspitzen, den Lippen und der Zunge. Die wenigsten Tastkörperchen befinden sich auf dem Rücken.

Die **Druckkörperchen** sind für die Aufnahme von Druckreizen wie Stößen oder Schlägen zuständig. Mit den etwa 30 000 **Wärmekörperchen** und den etwa 250 000 **Kältekörperchen** nehmen wir Reize wie „warm" oder „kalt" auf. Alle Reize, die auf die Haut einwirken, werden in den Sinneszellen zu elektrischen Impulsen umgewandelt. Diese werden zum Gehirn weitergeleitet und dort verarbeitet.

Fühlen von Schmerz

Für Schmerz gibt es keine Sinneskörperchen. Dafür melden uns feine **Hautnerven** Reize. Werden die Nervenendigungen wie beispielsweise nach einem Mückenstich nur leicht gereizt, juckt die Haut. Bei stärkerer Reizung der Hautnerven, zum Beispiel bei Verbrennungen oder starken Stößen, empfinden wir Schmerzen. Diese warnen unseren Körper vor Gefahren.

> Du kannst die Bestandteile der Haut nennen. Du kannst ihre Funktionen erläutern und beschreiben, wie Druck, Berührung, Wärme, Kälte und Schmerz wahrgenommen werden.

Basiskonzepte S. 53

Warm oder kalt – Empfinden von Temperaturen

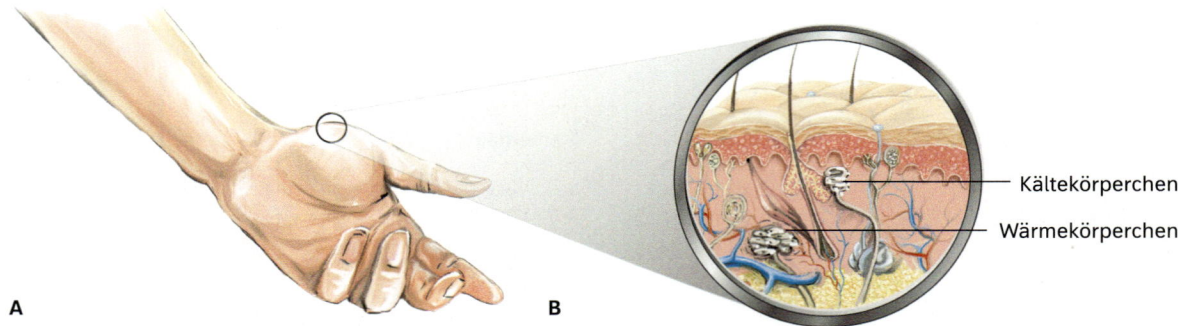

Kältekörperchen

Wärmekörperchen

A   B

1 Haut: **A** Wärme- und Kältekörperchen melden Temperaturunterschiede, **B** Lage der Sinnesorgane

1. ≡ **V**
Stelle drei Schüsseln mit Wasser wie im Bild unten nebeneinander. Lege eine Hand in die Schüssel mit kaltem und die andere Hand in die Schüssel mit sehr warmem Wasser. Warte eine Weile und prüfe dann mit beiden Händen gleichzeitig die Temperatur der mittleren Schüssel. Beschreibe deine Empfindungen.

warm   lauwarm   kalt

2. ≡ **A**
Du kommst an einem kalten Wintertag nach Hause und möchtest heiß duschen. Beschreibe, wie du die Temperatur empfindest.

3. ≡ **A**
Beschreibe zwei weitere Situationen, in denen das unterschiedliche Empfinden von Wärme eine Rolle spielt.

4. ≡ **Q**
a) Informiere dich über die Aufgaben der Wärme- und Kältekörperchen in der Haut.
b) Begründe, warum du mit der Haut keine Temperaturen messen kannst.

Temperatur und Wärme
Berühren wir mit der Haut einen Körper, empfinden wir ihn als warm oder kalt. Das hängt davon ab, ob dieser Körper unserer Haut Wärme zuführt oder entzieht.

Temperatursinn
Es ist aber sehr schwer abzuschätzen, wie kalt oder heiß etwas wirklich ist, denn unsere Haut lässt sich täuschen. Die **Wärme-** und **Kältekörperchen** der Haut reagieren nur auf Temperaturunterschiede, sie vergleichen Temperaturen. Dieser Vergleich ist dir bekannt. Gehst du an einem heißen Sommertag in ein Haus, empfindest du das Innere als angenehm kühl. Betrittst du dasselbe Haus mit der gleichen Temperatur im Winter, empfindest du es als angenehm warm.
Diese überraschende Wärmeempfindung lässt sich auch mit Wasser unterschiedlicher Temperatur erleben. Der Temperatursinn wird getäuscht, weil die eine Hand vorher im kalten Wasser und die andere im heißen Wasser war.

2 Beim Eisbaden wird unserem Körper sehr viel Wärme entzogen.

Du kannst den Temperatursinn der Haut beschreiben, der Temperaturen nur vergleichen kann.

Messen von Temperaturen

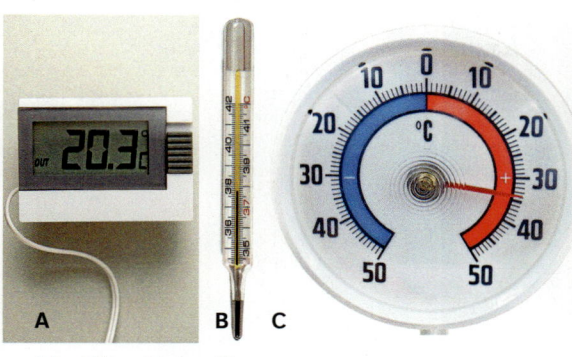

1 A – F Verschiedene Thermometer

1. ≣ **Ⓐ**
Beschreibe ein Flüssigkeitsthermometer. Nutze Fachausdrücke. Nenne die Aufgaben der Einzelteile.

2. ≣ **Ⓐ**
Vergleiche die Skalen von Zimmerthermometer und Fieberthermometer und begründe die Unterschiede.

3. ≣ **Ⓥ**
Miss eine Woche lang täglich zur selben Uhrzeit die Außentemperatur und stelle sie in einem Diagramm dar.

4. ≣ **Ⓐ**
Finde Beispiele, bei denen es wichtig ist, eine bestimmte Temperatur einzuhalten.

5. ≣ **Ⓥ**
Gieße jeweils 200 ml heißes Wasser in Gefäße aus verschiedenen Materialien und verschiedenen Formen. Miss nach 5 min die Temperatur des Wassers und vergleiche.

6. ≣ **Ⓐ**
Erläutere die Vor- und Nachteile von digitalen und analogen Anzeigen.

Thermometer

Mit unserem Temperatursinn können wir keine genauen Temperaturen angeben. Es muss ein **Messgerät** eingesetzt werden, mit dem sich Temperaturen messen lassen, ein **Thermometer.** Ein Thermometer zeigt die Temperaturen in °C (lies: Grad Celsius) an. Es gibt verschiedene Arten von Thermometern, zum Beispiel Flüssigkeitsthermometer und digitale Thermometer.

Flüssigkeitsthermometer

Flüssigkeitsthermometer zeigen die Temperatur durch die Länge einer Flüssigkeitssäule an. Die Thermometerflüssigkeit bewegt sich im **Steigrohr.** Die **Skala** besteht aus Strichen. Meistens steht nur neben jedem zehnten Strich eine Zahl. Der **Messfühler** des Flüssigkeitsthermometers ist der Vorratsbehälter am unteren Ende des Steigrohres. Ein Glaskörper schützt die inneren Bauteile. Flüssigkeitsthermometer sind **analoge Messgeräte.** Der Messwert wird direkt von der Skala abgelesen.

Digitale Thermometer

Neben analogen Thermometern gibt es auch **digitale Thermometer,** die eine Batterie benötigen. Sie zeigen den Messwert direkt als Zahlenwert an. Messfühler und Anzeige können getrennt voneinander angeordnet sein. Die Messwerte werden über ein Kabel oder per Funk übertragen.

Temperaturen messen und ablesen
- Tauche den Messfühler vollständig in die Flüssigkeit ein und belasse ihn während der gesamten Messung dort.
- Warte beim Messen, bis sich der Messwert nicht mehr verändert.
- Schaue beim Ablesen der Temperatur senkrecht auf die Skala.

Du kannst Temperaturen mit Thermometern in Grad Celsius messen.

Die Celsius-Skala

1 Schmelztemperatur

2 Siedetemperatur

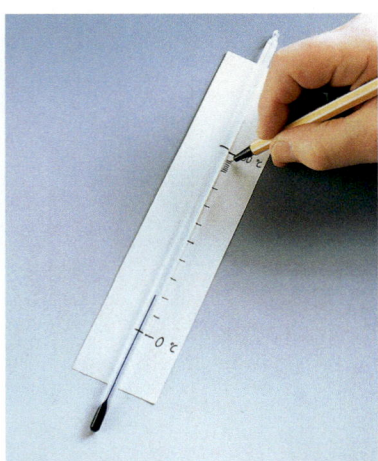

3 100 Skalen-Striche

1. ≡ Ⓐ
Beschreibe, welche Eigenschaft von Flüssigkeiten bei Flüssigkeitsthermometern ausgenutzt wird.

2. ≡ Ⓐ
Erkläre, welche Temperaturen du auch ohne die Hilfe eines Thermometers bestimmen kannst.

3. ≡ Ⓐ
Begründe, warum Flüssigkeitsthermometer nicht überall eingesetzt werden können.

4. ≡ Ⓠ
a) Beschreibe die Funktionsweise eines altertümlichen Florentiner Thermometers.
b) Nenne den Nachteil dieser Thermometer gegenüber den Thermometern heute.

4 Florentiner Thermometer

Zahlen und Einheiten
Messwerte aus unserer Umgebung kannst du von Messinstrumenten und **Messgeräten** ablesen. Jeder Messwert besitzt einen Zahlenwert und eine **Maßeinheit**. Die Einheit der Temperatur ist Grad Celsius, abgekürzt °C.

Unterschiedliche Messwerte
Temperaturen werden mit Thermometern gemessen. Dabei wird die Eigenschaft von Flüssigkeiten ausgenutzt, sich bei Erwärmung auszudehnen.
Die ersten Thermometer hatten keine genauen Skalen. Solange für verschiedene Messungen dasselbe Thermometer verwendet wurde, konnten die Messwerte miteinander verglichen werden. Unterschiedliche Thermometer zeigten jedoch unterschiedliche Messwerte an.

Einheitliche Messwerte
In Europa werden heute Thermometer mit der Celsius-Skala verwendet. Diese Skala wird durch die **Schmelztemperatur** und die **Siedetemperatur** von Wasser festgelegt. Die Schmelztemperatur ist die Temperatur, bei der Eis schmilzt. Bei der Siedetemperatur verdampft das Wasser. Unter gleichen Bedingungen sind diese besonderen Temperaturen auf der ganzen Erde gleich. Sie werden daher **Fixpunkte** genannt.
Die Schmelztemperatur des Wassers wird auf 0 °C und die Siedetemperatur mit 100 °C festgelegt. Der Abstand zwischen diesen Temperaturen ist auf der Celsius-Skala in 100 gleiche Teile eingeteilt.

> Du kannst beschreiben, wie ein Flüssigkeitsthermometer mit einer Celsius-Skala aufgebaut ist und die Bedeutung der Fixpunkte erklären.

Bau eines Thermometers

Bauanleitung

❶ Fülle die Glasflasche zu etwa drei Vierteln mit kaltem Wasser. Färbe das Wasser anschließend mit ein paar Tropfen Lebensmittelfarbe.

❷ Stecke den Trinkhalm gerade in die Flasche, sodass er sich etwa 3 cm im Wasser befindet. Befestige ihn mit der Knete luftdicht am Flaschenhals.

❸ Puste vorsichtig etwas Luft in den Trinkhalm. Kontrolliere den Stand der Flüssigkeit im Trinkhalm. Sie sollte etwa 2 cm über der Knete stehen.

 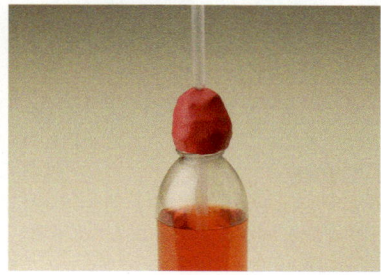 

❹ Falte den Karton in der Mitte und schneide vier Schlitze hinein. Schiebe den Karton über den Trinkhalm. Markiere den Stand der Flüssigkeit. Das ist die Ausgangstemperatur des Wassers.

❺ Stelle dein Thermometer in eine Schale mit Eiswasser. Warte, bis sich der Stand der Flüssigkeit nicht mehr verändert. Markiere diesen Punkt mit einem blauen Filzstift und beschrifte ihn mit 0 °C.

❻ Stelle dein Thermometer an einen warmen Ort, etwa in die Sonne oder auf die Heizung. Warte, bis sich der Stand der Flüssigkeit nicht mehr verändert. Markiere diesen Punkt mit einem roten Filzstift.

 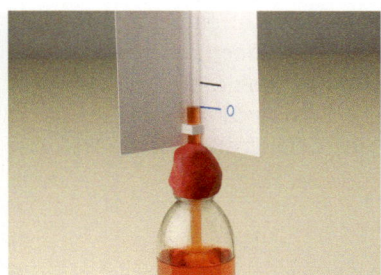 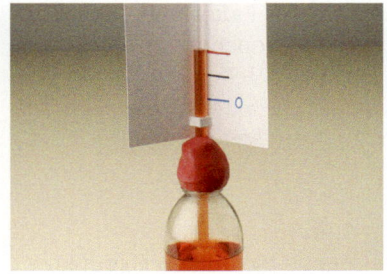

❼ Um Temperaturen genau anzugeben, musst du die rote Markierung mit dem Wert eines gekauften Thermometers vergleichen. Teile anschließend den Abstand zwischen den Markierungen in Einerschritte auf. Durch Verlängern der Einteilung nach oben und unten erhältst du eine Temperaturskala.

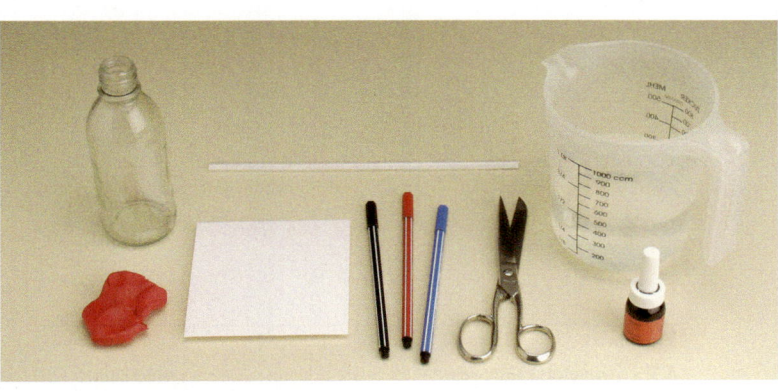

1 Material zum Bau eines Thermometers

PRAKTIKUM

Thermometer und ihre Skalen

1 DANIEL FAHRENHEIT (1686 – 1736)

2 ANDERS CELSIUS (1701 – 1744)

3 WILLIAM THOMSON, LORD KELVIN (1824 – 1907)

Fahrenheit

DANIEL FAHRENHEIT aus Danzig lernte die ersten Thermometer während seiner Ausbildung zum Glasbläser und Kaufmann in Amsterdam kennen. Er verbesserte diese, indem er gleichmäßige Glasrohre mit einer regelmäßigen Einteilung herstellte. Als unterer Fixpunkt (0 °F) wählte er die tiefste Temperatur, die er erzeugen konnte. Die Körpertemperatur des gesunden Menschen wählte er als oberen Fixpunkt (96 °F). Die **Fahrenheit-Skala** wird heute noch in den USA verwendet. Temperaturen der Fahrenheit-Skala werden in Grad Fahrenheit angegeben: 1 °F.

Celsius

ANDERS CELSIUS aus Schweden entwickelte die Celsiusskala, die du von vielen Thermometern kennst. Als unteren Fixpunkt legte er die Schmelztemperatur, als oberen Fixpunkt die Siedetemperatur von Wasser fest. Den Abstand zwischen den beiden Fixpunkten teilte er in 100 gleiche Teile ein. Die Schmelztemperatur von Wasser beträgt 0 °C, die Siedetemperatur 100 °C. Im Winter gibt es bei uns oft „Minusgrade". Diese Temperaturen kannst du unterhalb des unteren Fixpunktes ablesen. Temperaturen der **Celsius-Skala** werden in Grad Celsius angegeben: 1 °C.

Kelvin

WILLIAM THOMSON aus Großbritannien fand heraus, dass die tiefstmögliche Temperatur – 273 °C beträgt. Um wissenschaftliche Berechnungen zu vereinfachen, entwickelte Thomson eine Skala ohne negative Temperaturen. Er benutzte die Celsius-Skala und verschob deren Nullpunkt. Die von ihm eingeführte absolute Temperaturskala wurde **Kelvin-Skala** genannt. Er wurde für seine wissenschaftlichen Leistungen als LORD KELVIN in den Adelsstand erhoben. Temperaturen der Kelvin-Skala werden in Kelvin angegeben: 1 K.

---

1. ≣ Ⓐ
Suche die beiden Fixpunkte der Fahrenheit-Skala und lies ab, welchen Temperaturen diese auf der Celsius-Skala entsprechen.

2. ≣ Ⓐ
Lies die Temperaturwerte jeweils auf der anderen Skala ab:
a) in °F: 20 °C, 40 °C, – 10 °C
b) in °C: 50 °F, 80 °F, 120 °F
c) in K: 60 °C, 0 °C, – 20 °C
d) in °C: 280 K, 360 K, 30 K

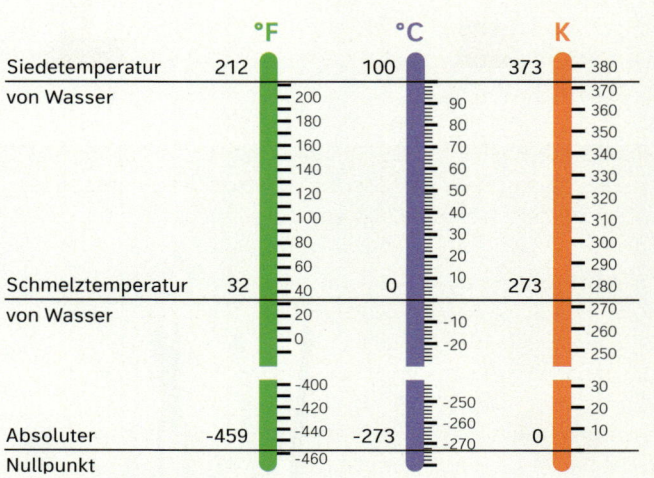

4 Thermometerskalen: Fahrenheit-Skala, Celsius-Skala, Kelvin-Skala

Messwerte anschaulich darstellen

1. ≡ **A**
Übertrage die Tabelle in dein Heft. Gib jeweils die Messgeräte an, mit denen die angegebenen Größen gemessen werden. Notiere auch die Einheit, in der die Größe angegeben wird.

Größe	Messgerät	Einheit
Zeit		
Länge		
Temperatur		

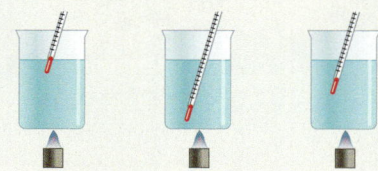

1 Drei Messungen – gleiche Werte?

2. ≡ **V**
a) Erhitze 100 ml Wasser in einem hohen Becherglas etwa 5 min über der kleinen Brennerflamme. Miss danach jeweils die Temperatur des Wassers, indem du das Thermometer vorsichtig
• knapp unter die Wasseroberfläche eintauchst,
• ganz knapp bis über den Becherglasboden,
• bis zur Wassermitte eintauchst.
b) Rühre das Wasser um und miss jeweils erneut.
c) Erkläre die Ergebnisse deiner Messungen.

3. ≡ **V**
a) Fülle ein Becherglas halb voll mit Wasser. Stelle ein Thermometer in das Wasser. Lies die Wassertemperatur
• gerade stehend ab,
• auf dem Boden sitzend ab,
• auf Augenhöhe mit dem Thermometer ab.
b) Vergleiche die Ergebnisse. Erkläre und begründe, welches der Ablesungsverfahren das genaueste ist.

METHODE

Das richtige Messgerät
Wenn du die Länge eines Bleistiftes, die Temperatur der Luft im Klassenraum oder die Zeit, die seit Beginn des Unterrichts vergangen ist, bestimmen willst, kannst du die Größen jeweils abschätzen. Diese Werte sind aber in der Regel ungenau, da sich unsere Sinnesorgane täuschen lassen. Zuverlässigere Ergebnisse erhältst du, wenn du die Größen mit einem geeigneten Messgerät misst.

Geeichte Messgeräte
Das Fieberthermometer liefert genauere Werte als ein normales Thermometer. Fieberthermometer müssen die Temperatur sehr genau anzeigen. Die Messgenauigkeit ist vom Gesetzgeber vorgeschrieben und wird überprüft. Es ist ein **geeichtes Gerät.**
Alle Messgeräte, die beim Verkauf von Waren oder im Bereich Sicherheit und Gesundheit eingesetzt werden, müssen geeicht sein. Ihre Messgenauigkeit wird in regelmäßigen Abständen vom Eichamt kontrolliert.

Messfehler
Um Fehler beim Messen zu vermeiden, muss das Gerät vorschriftsmäßig eingesetzt werden.
Bei Temperaturmessungen von Flüssigkeiten wird die Flüssigkeit umgerührt, um eine gleichmäßige Wärmeverteilung zu bekommen. Ablesefehler vermeidest du, indem du die Skala auf Augenhöhe abliest. Vergleichbare Ergebnisse erzielst du durch mehrmaliges Messen.

Darstellung von Messwerten im Säulendiagramm
Temperaturen verschiedener Körper kannst du beispielsweise in einem **Säulendiagramm** darstellen. Dazu zeichnest du eine Hochachse, auf der du die Temperatur abträgst. Auf der Rechtsachse zeichnest du jetzt jeweils die Säulen für die Temperaturen von Fensterscheibe (F), Wand (W), Tisch (T) und Heizkörper (H) bis zur entsprechenden Temperaturangabe auf der Hochachse. Die Säulen kannst du farbig darstellen oder unterschiedlich schraffieren.

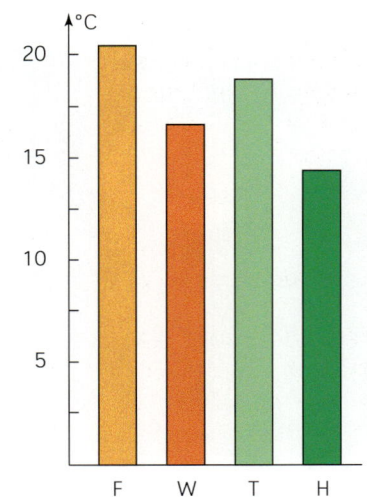

Wärmedämmung

Eine gute **Wärmedämmung** soll verhindern, dass ein Körper Wärme abgibt und dadurch abkühlt. Eine gute Wärmedämmung kann aber auch verhindern, dass ein Körper Wärme aufnimmt und dadurch wärmer wird.

Wärmedämmung soll also einen unerwünschten Wärmeübergang verzögern. Einige Möglichkeiten der Wärmedämmung werdet ihr in diesem Projekt kennen lernen.

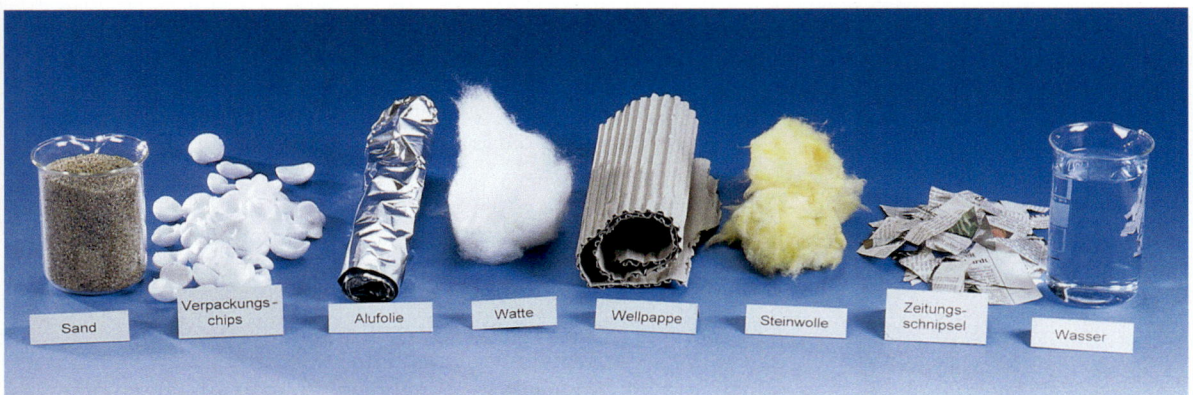

Sand | Verpackungs-chips | Alufolie | Watte | Wellpappe | Steinwolle | Zeitungs-schnipsel | Wasser

1 Diese Stoffe stehen als Dämmmaterial zur Auswahl.

LERNEN IM TEAM

TEAM ❶
Kaltes soll kalt bleiben

Ein Kühlschrank muss gut wärmegedämmt sein. Findet heraus, welche Stoffe sich zur Wärmedämmung beim Kühlschrank eignen. Stellt 250-ml-Bechergläser in je ein 1000 ml-Becherglas. Füllt den Raum zwischen den Seitenwänden und Böden mit einem Stoff aus dem Angebot von Bild 1 aus. Gebt dann in jedes 250-ml-Glas 3 Eiswürfel und deckt die Gläser mit einem Uhrglas ab. Schreibt die Reihenfolge auf, in der die Eiswürfel schmilzen. Welche Stoffe eignen sich also gut zur Wärmedämmung beim Kühlschrank?

TEAM ❷
Warmes soll warm bleiben

Wenn ein Backofen gut wärmegedämmt ist, muss er nicht so oft nachheizen. Welche Stoffe eignen sich zur Wärmedämmung beim Backofen?
Stellt 250-ml-Bechergläser in je ein 1000-ml-Becherglas. Füllt den Raum zwischen den Seitenwänden und Böden mit einem Stoff aus dem Angebot von Bild 1 aus. Gebt dann in jedes 250-ml-Glas 200 ml Wasser von 60 °C und deckt die Gläser mit einem Uhrglas ab. Messt nach je 4 min die Wassertemperaturen in den Gläsern und tragt die Werte in die Tabelle ein. Welche Stoffe würdet ihr für die Wärmedämmung beim Backofen nehmen?

2 Wärme ist unerwünscht.

Dämmstoff	Temperatur in °C nach				
	4 min	8 min	12 min	16 min	20 min
1					
2					
3					
4					
5					
6					
7					
8					

3 Wärme wird unterschiedlich abgegeben.

TEAM ❸
Schutz vor Wärme und Kälte

Das Schiff der Familie Freitag ist durch einen kräftigen Sturm auf ein Felsenriff getrieben worden und liegt halb versunken vor dem Strand einer unbewohnten Insel. Die Eltern haben sich mit ihren Kindern auf die kleine Insel retten können. Hier finden sie Trinkwasser und Nahrung. Die Tage sind heiß, nachts wird es aber empfindlich kalt. Familie Freitag überlegt, wie sie sich am Tage vor der Hitze und nachts vor der Kälte schützen kann. Die Kinder haben da eine Idee: An Bord des Schiffes ..., Hütte ...!
Ihr ahnt bestimmt schon, was den Kindern eingefallen ist. Wie würdet ihr auf der Insel eine Hütte bauen? Die Hütte soll tagsüber Wärme abhalten, nachts aber ein Auskühlen verhindern. Was würdet ihr zum Bau einer brauchbaren Hütte vom Schiff holen?
Baut nach euren Ideen Hüttenmodelle aus verschiedenen Stoffen.

4 Robinsons Nachfolger

> **TIPP**
>
> Als Sonnenersatz könnt ihr eine Reflektorlampe verwenden. Überprüft durch Temperaturmessungen, welche Stoffe sich zur Wärmedämmung eignen. Vielleicht findet ihr Material, das tagsüber Wärme speichert und nachts abgibt.

LERNEN IM TEAM

TEAM ❹
Wärmedämmung in der Natur

Wildschwein, Amsel und viele andere Tiere müssen im Winter auch bei sehr niedrigen Temperaturen ihre Körpertemperatur auf einem bestimmten Wert halten. Wie gelingt ihnen das?

a) Gebt in ein großes Becherglas Eiswasser. Füllt ein großes Reagenzglas mit Wasser, ein zweites mit der gleichen Menge weichem Kokosfett. Steckt in beide Reagenzgläser ein Thermometer und stellt sie in das Becherglas mit Eiswasser. Messt nach 8 min die Temperatur des Eiswassers, des Fetts und des Wassers in den Reagenzgläsern. Erklärt die Messergebnisse.

Wie schützt sich also das Wildschwein vor Wärmeverlust?

Welche anderen Tiere schützen sich im Winter ähnlich?

b) Füllt zwei 250-ml-Erlenmeyerkolben mit 40 °C warmem Wasser. Verschließt die Kolben mit je einem Gummistopfen, in dem ein Thermometer steckt. Lasst einen Kolben im Raum stehen. Stellt den zweiten Kolben in eine mit Daunen gefüllte Frischhaltetüte und bindet sie am Kolbenhals zu. Lest nun nach jeweils 5 min die Temperaturen ab und vergleicht. Erklärt die Ergebnisse.

Wie schützt sich also die Amsel vor Wärmeverlust?

Schlagt nach und informiert euch, wie sich andere Tiere im Winter schützen.

Sucht weitere Beispiele für Überlebensstrategien von Tieren im Winter.

5 Der Wildschweintrick

6 Der Amseltrick

Jeder Körper hat eine Masse

1. ≡ Ⓐ

a) Stelle zusammen, welche Waagen ihr zu Hause habt.

b) Prüfe, wie groß die Masse eines Körpers maximal sein darf, um ihn mit den Waagen zu wiegen.

2. ≡ Ⓐ

a) Ein Wägesatz enthält Wägestücke mit folgender Masse: einmal 1 g, zweimal 2 g, einmal 5 g und einmal 10 g. Welche Massen kannst du damit bestimmen?

b) Welche Wägestücke müsste der Wägesatz haben, damit du einen Körper mit der Masse von 119 g wiegen kannst?

3. ≡ Ⓥ

a) Schätze, wie viele Reiskörner die gleiche Masse ergeben wie eine Büroklammer und wie ein Radiergummi.

b) Überprüfe deine Schätzung mit einer Waage.

4. ≡ Ⓥ

Du hast zwei Körper, die ungefähr die gleiche Masse haben, aber leider keine Waage. Im Keller findest du Nägel, Faden, Latten, Waschpulver und Werkzeug. Beschreibe eine Möglichkeit, wie du damit feststellen kannst, welcher der beiden Körper die größere Masse hat.

5. ≡ Ⓐ

Auf dem Spielplatz gibt es eine Wippe, eine Schaukel, eine Rutsche und ein Karussell. Erläutere, welches dieser Geräte du mit einer Waage vergleichen kannst.

1 Masse eines Elefanten

Was wird gemessen?

Der Elefant im oberen Bild hat eine Masse von 4238 kg. Die **Masse** gibt an, wie schwer ein Körper ist.

Die Waage gibt die Masse an

Die Masse eines Körpers wird mithilfe einer Waage gemessen. Für verschiedene Einsatzzwecke gibt es verschiedene Waagen: Küchenwaagen, Briefwaagen, Personenwaagen oder Paketwaagen. Auch nach ihrer Bauart werden die Waagen unterschieden: Balkenwaagen, Federwaagen und elektronische Waagen. Es gibt Waagen, auf die kannst du Körper legen und an andere musst du sie anhängen (Bild 2). Die Masse wird in Kilogramm (kg), Gramm (g) oder Milligramm (mg) angegeben. Es gibt auch noch andere Maßeinheiten, beispielsweise Pfund und Zentner.

2 Paketwaage

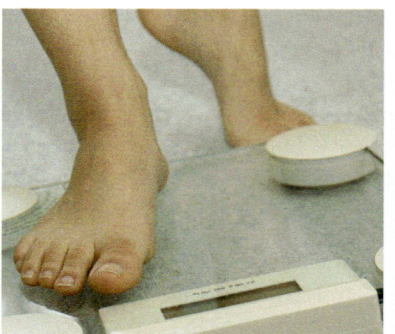

3 Personenwaage

4 Küchenwaage

A

B

5 Massenvergleich: **A** Balkenwaage, **B** Wägesatz

Massenvergleich

Eine Balkenwaage hat keine Anzeige. Wenn du damit eine Masse bestimmen willst, brauchst du einen Vergleichskörper, dessen Masse du kennst. Im Wägesatz findest du solche Vergleichskörper. Um einen Körper zu wiegen, stellst du ihn auf die eine Waagschale. Auf die andere Waagschale legst du jetzt so lange Wägestücke, bis die Waage im Gleichgewicht ist. Der Zeiger kommt dabei in der Mitte der Skala zur Ruhe. Die Summe der Werte der Wägestücke ergibt die Masse des Körpers.

Elektronische Waagen

Elektronische Waagen (Bilder 3 und 4) haben meist eine Digitalanzeige und zeigen den Zahlenwert der Masse direkt an.

> Du kannst die Masse eines Körpers mit der Waage in der Maßeinheit Gramm oder Kilogramm bestimmen.

Wiegen mit Waagen

Brutto

Tara

Netto

1. ≡ Ⓥ
a) Bestimme die Masse eines Glases. Fülle Wasser in das Glas und bestimme die Gesamtmasse. Subtrahiere die Masse des Glases von der Gesamtmasse.
b) Bestimme auf diese Weise die Masse anderer Flüssigkeiten.
c) Erkläre die Begriffe: Brutto, Netto, Tara.

2. ≡ Ⓥ
Lege nacheinander verschiedene Körper wie Holzklötze, Schrauben oder Gummibärchen auf eine Küchenwaage und bestimme jeweils die Masse. Schreibe die Werte in eine Tabelle.

3. ≡ Ⓥ
Bestimme die Massen der Körper aus Versuch 2 auch mit einer Balkenwaage. Schreibe diese Werte in eine weitere Spalte der Tabelle.

4. ≡ Ⓥ
Bestimme die Masse von 100 ml Wasser und 100 ml Sand.

1 Karat = 0,2 g
Juweliere und Goldschmiede verwenden heute noch die Einheit Karat. Sie geht zurück auf die Masse eines Samenkorns des Johannesbrotbaumes von ca. 0,2 g.

Maßeinheiten der Masse

1 Tonne	1 t	= 1000 kg
1 Kilogramm	1 kg	= 1000 g
1 Gramm	1 g	= 1000 mg
1 Milligramm	1 mg	= 0,001 g

PINNWAND

Jeder Körper hat ein Volumen

1.
Miss mit einem 50-ml-Messzylinder 7 ml Wasser ab. Kontrolliere mit einem 10-ml-Messzylinder. Beschreibe deine Beobachtungen.

2.
a) Bestimme das Volumen folgender Körper mit der Differenzmethode: Stein, Schlüssel, Anspitzer und Radiergummi.
b) Erkläre den Namen Differenzmethode.

3.
Fülle ein Überlaufgefäß randvoll mit Wasser. Stelle einen Messzylinder unter den Ablauf und miss das Volumen aller in Versuch 2 aufgezählten Körper mit der Überlaufmethode.

4.
Plane einen Versuch, mit dem du das Volumen eines Tischtennisballs bestimmen kannst.

5.
a) Bestimme das Volumen eines leeren Marmeladenglases einmal mit offenem und einmal mit geschlossenem Deckel.
b) Beschreibe und erkläre die Ergebnisse.

6.
a) Schätze die Länge ℓ, die Breite b und die Höhe h eines Schuhkartons.
b) Schätze das Volumen V des Kartons.

7.
a) Miss die Länge ℓ, die Breite b und die Höhe h des Schuhkartons aus Aufgabe 6.
b) Berechne sein Volumen V.
c) Vergleiche die Ergebnisse mit deinen Schätzungen aus Aufgabe 6.
d) Gib das Ergebnis in cm³ und in l an.

1 Ein Körper braucht Platz.

Eine wichtige Körpereigenschaft – das Volumen

Jeder Körper braucht Platz. Der von ihm beanspruchte Raum heißt **Volumen.** Eine Maus ist kleiner als ein Elefant. Ein Hund und eine Schlange sind vielleicht gleich lang, nehmen aber unterschiedlich viel Raum ein. Die Worte klein und groß reichen nicht aus, um das Volumen eines Körpers zu beschreiben, denn die Maus kann auch größer sein als eine Fliege. Also musst du messen und manchmal auch rechnen, wenn du das Volumen genau bestimmen willst.

Form und Volumen

Feste Körper wie ein Ziegelstein behalten in der Regel ihre Form und damit ihr Volumen.
Wenn du eine Flüssigkeit von einer Flasche in ein Glas gießt, ändert sich ihre Form, aber ihr Volumen bleibt gleich. Gase können sehr leicht ihre Form und sogar ihr Volumen ändern. Sie passen sich der Form und der Größe des Gefäßes an, in dem sie eingeschlossen sind.

Ein Körper verdrängt den anderen

Wenn du dich in eine Badewanne legst, dann steigt das Wasser und es kann vorkommen, dass es überläuft. Das Wasser wird also verdrängt. Wenn du ein Zimmer betrittst, weicht die Luft aus, auch wenn du sie nicht siehst.

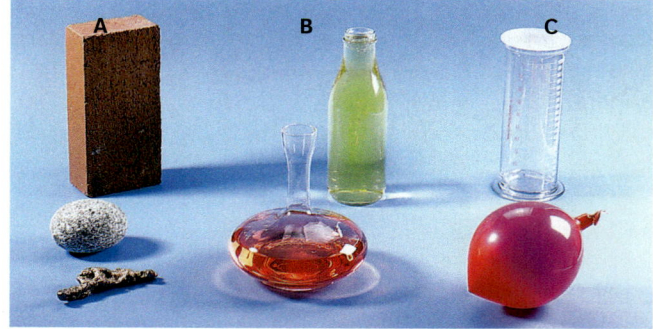

2 Alle Körper haben ein Volumen: **A** fester Körper, **B** Flüssigkeit, **C** Gas

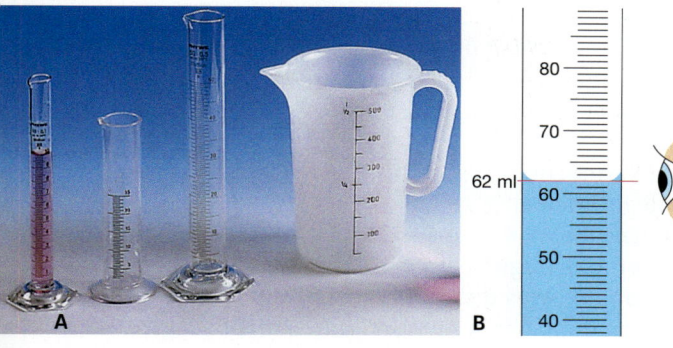

3 Volumenbestimmung: **A** Messzylinder, **B** richtiges Ablesen

Das Volumen wird gemessen

Das Volumen einer Flüssigkeit kannst du mit einem **Messzylinder** bestimmen. Er muss auf einer waagerechten Unterlage stehen. Den genauen Messwert kannst du an der tiefsten Stelle der Flüssigkeitsoberfläche ablesen. Am Rand wölbt sie sich nach oben.

Differenzmethode

Auch das Volumen eines Schlüssels kannst du mit einem Messzylinder bestimmen. Du musst so viel Wasser einfüllen, dass der Schlüssel vollständig untertauchen kann. Lies nun den Wasserstand ab. Danach tauchst du den Schlüssel vorsichtig ins Wasser und liest den neuen Wasserstand ab. Du erhältst das Volumen des Schlüssels, wenn du die Differenz der beiden Messwerte bildest, also einen Wert vom anderen subtrahierst.

Überlaufmethode

Das Volumen des Schlüssels kannst du außerdem mit einem Überlaufgefäß messen. Dazu befüllst du es solange mit Wasser, bis es überläuft. Stelle einen Messzylinder unter den Ablauf. Hänge den Schlüssel ganz hinein und fange das verdrängte Wasser auf. Das Volumen des aufgefangenen Wassers ist genau so groß wie das Volumen des Schlüssels.

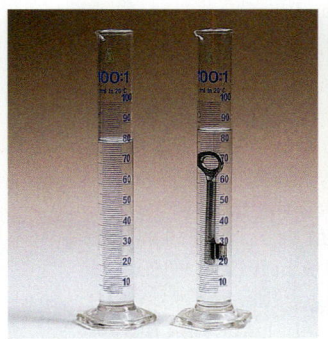

4 Differenzmethode   **5** Überlaufmethode

> **Verschiedene Einheiten des Volumens**
> Das Volumen von Flüssigkeiten kannst du mithilfe eines Messbechers oder eines Messzylinders in Litern (l) oder in Millilitern (ml) messen.

Größen und Maßeinheiten

Ausdrücke wie Volumen, Länge, Breite, Höhe heißen **Größen.** Zu einer Größe gehört immer der gemessene Zahlenwert und die **Maßeinheit,** zum Beispiel 3 cm, 5 l, 40 cm³.

Volumeneinheiten

1 Kubikmillimeter	1 mm^3
1 Kubikzentimeter	$1 \text{ cm}^3 = 1000 \text{ mm}^3$
1 Kubikdezimeter	$1 \text{ dm}^3 = 1000 \text{ cm}^3$
1 Kubikmeter	$1 \text{ m}^3 = 1000 \text{ dm}^3$
1 Milliliter	$1 \text{ ml} = 1 \text{ cm}^3$
1 Liter	$1 \text{ l} = 1 \text{ dm}^3$

☰ Eine Formel für das Volumen

Der Ziegelstein ist ein Quader. Du kannst sein Volumen berechnen, indem du seine Länge ℓ, seine Breite b und seine Höhe h misst. Das Volumen V ist das Produkt aus Länge, Breite und Höhe: Volumen = Länge · Breite · Höhe.

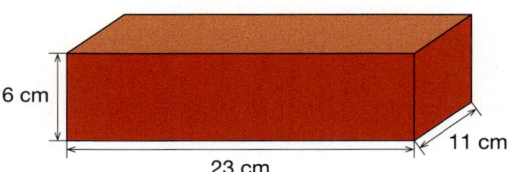

6 Maße eines Ziegelsteins

Gegeben: $\ell = 23$ cm
$b = 11$ cm
$h = 6$ cm

Gesucht: V in cm³

Lösung: $V = \ell \cdot b \cdot h$
$V = 23 \text{ cm} \cdot 11 \text{ cm} \cdot 6 \text{ cm}$
$\underline{V = 1518 \text{ cm}^3}$

> **BEACHTE**
> Bei der Rechnung musst du alle Größen in der gleichen Maßeinheit schreiben.

Antwortsatz: Das Volumen des Ziegelsteins ist 1518 cm³.

> Du kannst das Volumen von Körpern und Flüssigkeiten bestimmen und Messzylinder genau ablesen.

Wie wir sehen

1.
a) Nenne die Teile des Auges, die du in einem Spiegel erkennen kannst. Fertige eine Zeichnung an und beschrifte sie.
b) Nenne die Aufgaben der Teile, insbesondere ihre Schutzfunktion.
c) Beobachte im Spiegel, in welche Richtungen sich das Auge bewegen lässt.

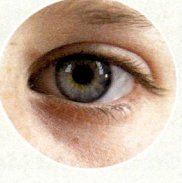

2.
a) Erkläre, warum dir beim Weinen auch die Nase „läuft".
b) Wenn Sandkörnchen oder Wimpern ins Auge gelangen, beginnt das Auge heftig zu tränen. Erkläre, was dadurch erreicht wird.

3.
a) Ein Mitschüler bläst über einen Gummischlauch unerwartet Luft seitlich in deine Schutzbrille. Wie reagiert das Auge?
b) Erläutere, was die Reaktion in a) über die Schutzfunktion der Lider in Alltagssituationen aussagt.

4.
Halte diese Seite mit ausgestreckten Armen vor deine Augen. Schließe das rechte Auge und schaue mit dem linken Auge das Kreuz an. Nähere die Abbildung langsam dem Auge. Wiederhole den Versuch mit dem rechten Auge. Schaue dabei den Kreis an. Beschreibe und erkläre.

Augen sind Sinnesorgane

Reize sind Einflüsse aus der Umwelt wie Licht, Schall, Geruch, Geschmack und Temperatur. Du nimmst sie mit den **Sinnesorganen** auf. Dazu gehören Augen, Ohren, Nase, Zunge und Haut. Sie wandeln die mit den Reizen eintreffenden Informationen in elektrische Impulse um. Nerven leiten diese Impulse ins Gehirn. Dort werden die Informationen verarbeitet und es entsteht eine **Wahrnehmung.**

Guter Schutz für empfindliche Augen

Das **Auge** ist ein wichtiges, aber auch sehr empfindliches Sinnesorgan. Verschiedene Schutzeinrichtungen sorgen dafür, dass das Auge stets leistungsfähig bleibt.
Die Einbettung in die knöcherne, mit Fett ausgepolsterte **Augenhöhle** bewahrt es vor Stößen und Schlägen.
Nähern sich Fremdkörper wie eine Fliege dem Auge, so schließen sich blitzschnell die **Augenlider.** Dieser Schutzreflex bewahrt das Auge vor Verletzungen. Auch bei grellem Licht und starkem Wind kneifst du die Augen zusammen. Die Lider verhindern auf diese Weise, dass das Auge geblendet wird oder austrocknet.
Die **Augenbrauen** leiten Regen und Schweiß zu den Seiten ab. Die **Wimpern** schützen vor Staub.

Tränenflüssigkeit für klare Sicht

Die salzig schmeckende **Tränenflüssigkeit** wird in der Tränendrüse produziert. Alle 5 s bis 10 s erfolgt ein Lidschlag, der die Flüssigkeit gleichmäßig auf dem Auge verteilt. Auf diese Weise wird die empfindliche Hornhaut ständig feucht gehalten. Nur dadurch bleibt sie klar und das Auge bleibt beweglich. Außerdem spült die Tränenflüssigkeit Schmutz und Krankheitserreger aus dem Auge. Danach fließt die Tränenflüssigkeit durch die Tränenkanäle in den Tränensack und schließlich in die Nasenhöhle. Beim Weinen musst du dir deshalb oft die Nase putzen.

Der äußere Bau des Auges

Nur wenige Teile des Auges sind von außen sichtbar. Im Zentrum erkennst du zunächst einen farbigen Ring. Wenn du von blauen, grünen oder braunen Augen sprichst, so ist damit die Farbe dieser **Regenbogenhaut,** der **Iris,** gemeint.
In ihrer Mitte befindet sich eine dunkle, runde Öffnung, die **Pupille.** Hier dringt das Licht ins Auge ein. Das links und rechts von der Iris sichtbare Weiße des Auges wird von der Lederhaut gebildet. An der Vorderseite des **Augapfels** geht die Lederhaut in die durchsichtige, stark gewölbte **Hornhaut** über.

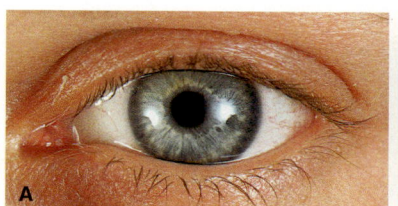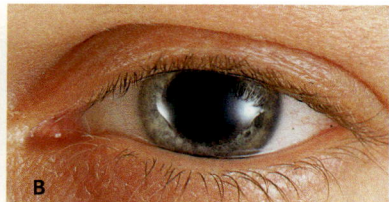

1 Die Iris regelt den Lichteinfall ins Auge: **A** Hellreaktion, **B** Dunkelreaktion

Der innere Bau des Auges

Hinter der Pupille befindet sich die von außen nicht sichtbare, durchsichtige **Linse.** Das Innere des Augapfels wird vom gelartigen, ebenfalls durchsichtigen **Glaskörper** ausgefüllt.

Die Wand des Augapfels besteht aus drei Schichten: Ganz außen liegt die weiße, feste **Lederhaut.** Als schützende Kapsel gibt sie dem Auge seine runde Form. Seitlich setzen die sechs Augenmuskeln an. Mit ihnen kann das Auge in alle Richtungen bewegt werden. Die mittlere Schicht heißt **Aderhaut.** Ihre Blutgefäße versorgen das Auge mit Sauerstoff und Nährstoffen.

Ganz innen, dem einfallenden Licht zugewandt, liegt die **Netzhaut.** Hier sitzen lichtempfindliche Sinneszellen. Dort, wo der Sehnerv das Auge verlässt, befinden sich keine Sinneszellen. Diese Stelle heißt **blinder Fleck.**

Immer die optimale Lichtmenge

Die Iris regelt die **Hell-Dunkel-Anpassung** des Auges. Bei hellem Licht ziehen sich ringförmig verlaufende Muskeln in der Iris zusammen. Die Pupille wird dadurch kleiner, der Lichteinfall ins Auge verringert sich. Ist wenig Licht vorhanden, wird die Pupille größer, mehr Licht kann in das Auge eindringen. Auf diese Weise können wir auch bei geringer Helligkeit und in der Dämmerung noch sehen.

Vom Auge ins Gehirn

Auf der Netzhaut entsteht ein Bild, das umgekehrt, verkleinert und seitenverkehrt ist. Von den Sinneszellen der Netzhaut wird Licht in elektrische Impulse umgewandelt. Diese Erregungen gelangen über den **Sehnerv** zum **Gehirn.** Das Gehirn wertet alle ankommenden Informationen aus. Es erfasst die Gestalt und Form eines Gegenstands ebenso wie dessen Farben oder Bewegungen.

> Du kannst den Aufbau des Auges beschreiben und die Funktion der einzelnen Teile erläutern.

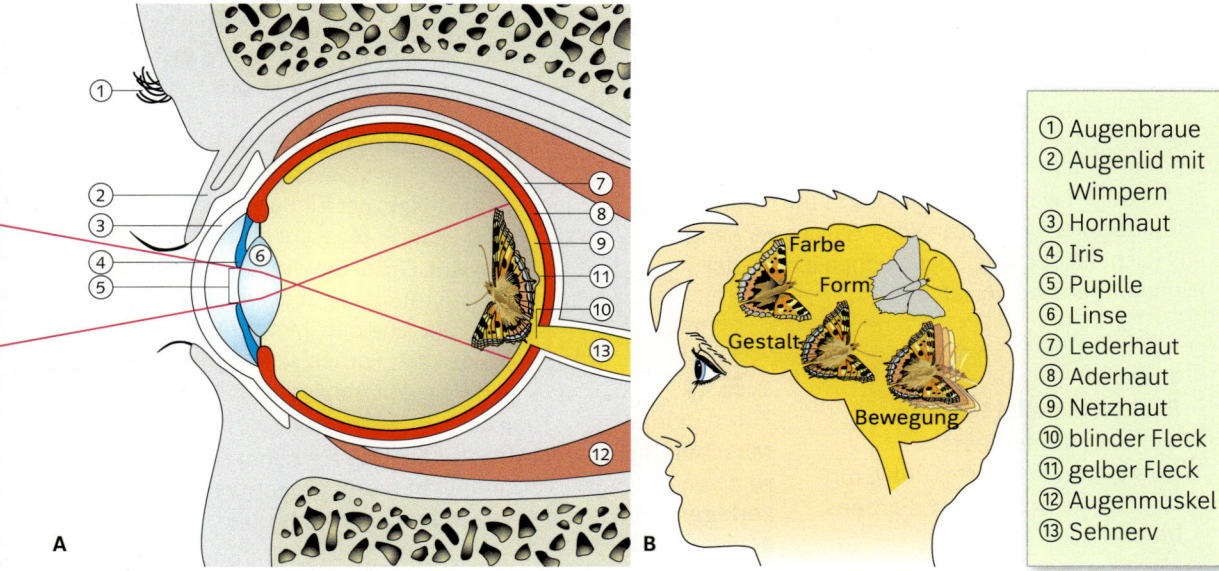

① Augenbraue
② Augenlid mit Wimpern
③ Hornhaut
④ Iris
⑤ Pupille
⑥ Linse
⑦ Lederhaut
⑧ Aderhaut
⑨ Netzhaut
⑩ blinder Fleck
⑪ gelber Fleck
⑫ Augenmuskel
⑬ Sehnerv

2 Auge und Sehvorgang: **A** Bau des Auges, **B** vom Auge ins Gehirn

Basiskonzepte S. 53

Licht und Farben

Regenbogenfarben

Mithilfe von Glaskanten, Kristallen, Wassertropfen oder auch CDs lässt sich das weiße Licht der Sonne oder einer Glühlampe in alle Farben des Regenbogens zerlegen.

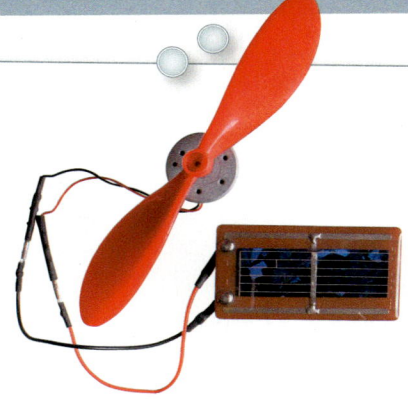

Licht ist eine Form von Energie

Das bemerken wir, wenn wir einen kleinen Elektromotor an eine Solarzelle anschließen. Sobald Licht auf die Solarzelle fällt, dreht sich der Motor. Je mehr Licht darauf fällt, umso schneller dreht er sich.
Fällt Licht auf eine Lichtsinneszelle im Auge, löst dieser Reiz eine elektrische Reaktion aus.

Farbspektrum

Ein solches **Spektrum** enthält alle Farben, die wir sehen können. Für das **Farbensehen** sind bestimmte Sinneszellen im Auge verantwortlich. Sie sind für rotes, grünes oder blaues Licht besonders empfindlich. Aber es gibt auch Bereiche des Lichtspektrums, die wir nicht sehen können: Infrarotlicht (IR) und Ultraviolettes Licht (UV). Infrarotlicht wärmt gut und wird in Infrarotlampen zum Beispiel für medizinische Zwecke verwendet. UV-Licht ist der Anteil des Sonnenlichtes, der Sonnenbrand hervorrufen kann.

Eingeschränktes Sehvermögen

Bei manchen Menschen ist ein bestimmter Sinneszelltyp für das Farbensehen defekt. Diese Menschen haben häufig eine **Rot-Grün-Sehschwäche** und können rote und grüne Färbungen nicht gut unterscheiden. Menschen mit eingeschränktem Farbsehvermögen erkennen in der obigen Abbildung eine Zahl.

1.  Recherchiere im Internet weitere Farbsehtests. Nützliche Stichworte: Rot-Grün-Blindheit, Farbsehtest, Farbenblindheit.

2. Führe deinen Mitschülerinnen und Mitschülern das Farbspektrum vor, in das sich Sonnenlicht oder Lampenlicht zerlegen lässt. Probiert verschiedene Methoden aus.

Die Augen – wichtige Sinnesorgane

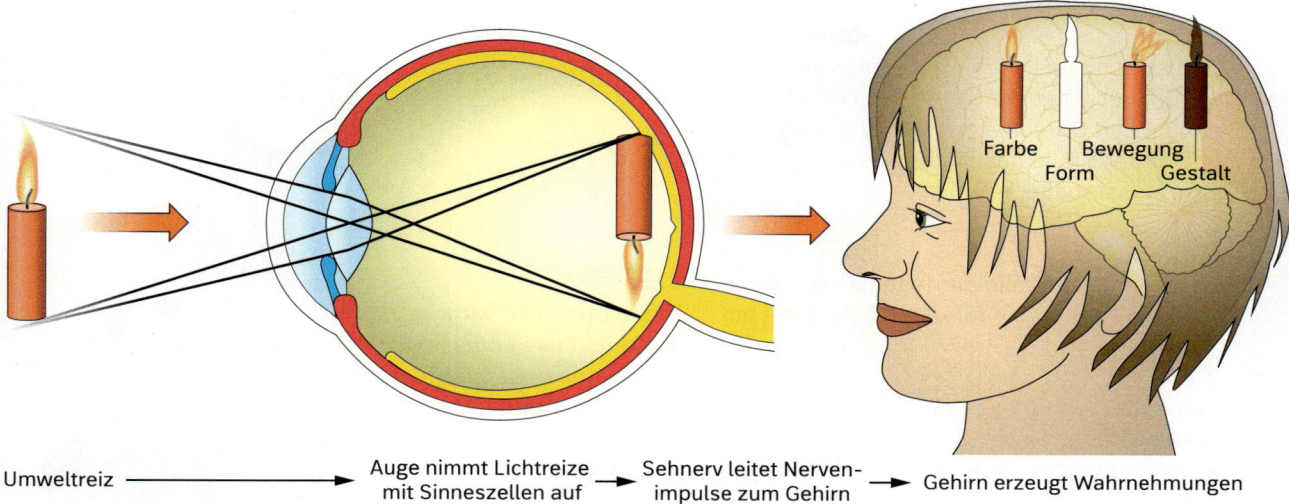

Umweltreiz ⟶ Auge nimmt Lichtreize mit Sinneszellen auf ⟶ Sehnerv leitet Nervenimpulse zum Gehirn ⟶ Gehirn erzeugt Wahrnehmungen

1 Sehvorgang - vom Auge ins Gehirn

Sehvorgang

Die Augen gehören zu unseren wichtigsten Sinnesorganen. Sie nehmen **Lichtreize** aus der Umwelt auf, zum Beispiel Kerzenlicht. Das Licht gelangt durch die **Hornhaut** und die **Pupille** ins Auge. Die **Regenbogenhaut** reguliert die einfallende Lichtmenge. Durch die **Augenlinse** werden die Lichtstrahlen in ihrer Richtung verändert, das heißt gebrochen. Dadurch entsteht auf der **Netzhaut** ein scharfes Bild. Es steht auf dem Kopf und ist seitenverkehrt.

Die Netzhaut enthält **Lichtsinneszellen.** Mit ihnen können wir Hell und Dunkel unterscheiden und Farben erkennen.

Die Lichtsinneszellen in der Netzhaut erzeugen elektrische Impulse, wenn sie von Licht getroffen werden. Der Sehnerv leitet die Impulse zum Gehirn. Dort kommt es zur Verarbeitung der Informationen.

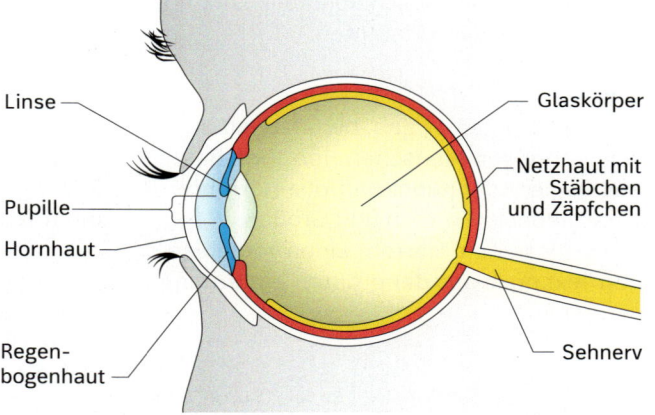

2 Aufbau des Auges

Wahrnehmung im Gehirn

Die **Wahrnehmung** der Umwelt entsteht im Gehirn und ist ohne die Augen und andere Sinnesorgane nicht möglich. Das Gehirn erkennt Formen und Farben. Es erkennt also, dass der Gegenstand rot ist, einen Docht hat und mit einer gelben Flamme brennt. Es erkennt den Gegenstand an diesen Merkmalen als Kerze.
Zudem beruhen Wahrnehmungen auf Erfahrungen und Bewertungen. Wir haben gelernt, dass Kerzenflammen gemütliches Licht erzeugen, aber auch zu Verbrennungen führen können.

1. ☰ **Ⓐ**
a) Stelle den Vorgang des Sehens in Form eines Verlaufsschemas dar.
b) Nenne die Bestandteile des Auges, die daran beteiligt sind.

> Du kannst die für den Sehvorgang wichtigen Augenbestandteile benennen und den Sehvorgang beschreiben.

Wie wir hören

1. **A**
In Bild 1B ist das Ohr in Originalgröße abgebildet. Miss die Länge des Gehörgangs, den Durchmesser des Trommelfells und andere Teile des Ohres aus und erstelle eine Messtabelle.

2. ≡ **A**
Liste in einer Tabelle die Teile des Ohres und ihre Funktionen für den Hörvorgang auf.

3. ≡ **Q**
Sammele Abbildungen der Ohrmuscheln verschiedener Tiere.
a) Berichte, was Größe, Form und Stellung der Ohren über die Lebensweise und Hörleistungen der Tiere verraten können.
b) Finde heraus, welche weiteren Funktionen große Ohrmuscheln haben können, zum Beispiel beim Elefanten.

4. ≡ **V**
Bevor es Hörgeräte gab, benutzten manche schwerhörigen Menschen Hörrohre. Bastele aus Papier oder Kunststofffolie Hörrohre verschiedener Formen und Größen. Wer kann mit seinem Hörrohr einen vorgelesenen Text noch aus der größten Entfernung verstehen?

später   eher

Wegdifferenz

5. ≡ **V**
Wozu brauchen wir zwei Ohren?
a) Kläre diese Frage im Experiment, indem du eine Testperson mit verbundenen Augen einen klingelnden Wecker finden lässt. Einmal soll sie ein Ohr mit einem Ohrstöpsel verschlossen haben und einmal sollen beide Ohren geöffnet sein. Miss jeweils die Zeit bis zum Berühren des Weckers.
b) Stelle im Versuchsprotokoll auch eine Erklärung für dein Ergebnis dar.

6. ≡ **V**
Mit folgendem Experiment könnt ihr in Teams das Richtungshören näher untersuchen:
a) Markiert einen etwa 1 m langen Wasserschlauch in der Mitte. Die Versuchsperson hält sich die beiden Schlauchenden an die Ohren. Eine Mitschülerin oder ein Mitschüler befindet sich dahinter und klopft mit einem Lineal in verschiedenen Abständen links oder rechts von der Markierung auf den Schlauch. Die Versuchsperson gibt jeweils an, von welcher Seite sie das Geräusch hört. Ermittelt die beiden der Mitte am nächsten liegenden Punkte auf dem Schlauch, an denen die Versuchsperson gerade noch sicher angeben kann, woher das Geräusch kommt. Messt den Abstand zwischen beiden Punkten aus.
b) Beschreibt, wie das Richtungshören funktioniert und erläutert in diesem Zusammenhang das Versuchsergebnis.

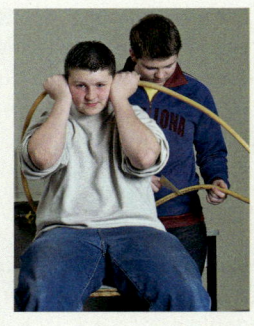

 Schallquelle

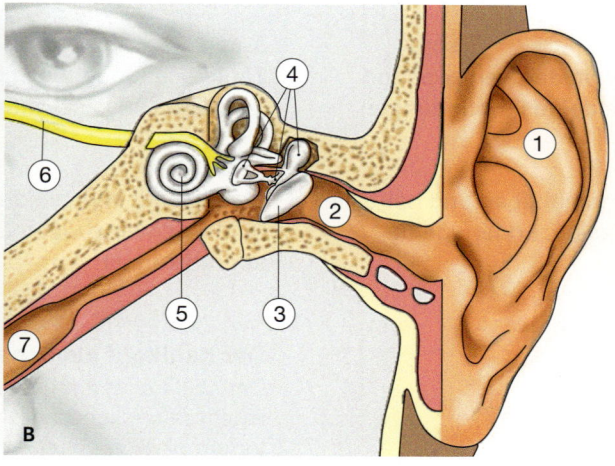

1 Ohrmuschel
2 Gehörgang
3 Trommelfell
4 Gehör-
knöchelchen
5 Schnecke
6 Hörnerv
7 Ohrtrompete

1 Das menschliche Ohr: **A** beim Musikhören, **B** Bau des Ohres

Schall

Unser Hörsinn reagiert auf Schall. Schwingt zum Beispiel die Saite einer Gitarre oder die Membran eines Kopfhörers beim Musikhören, so werden die Luftteilchen zu Schwingungen angeregt und der Schall gelangt als Schallwellen an unser Ohr. Je stärker die Schwingungen sind, desto größer ist die Lautstärke. Je schneller die Schwingungen aufeinanderfolgen, desto höher ist der Ton.

Das Außenohr

Die Ohrmuschel fängt die Schallwellen auf und leitet sie in den Gehörgang. Am Ende des Gehörganges befindet sich das **Trommelfell**, ein kleines, nur etwa einen Zehntel Millimeter dickes Häutchen. Es trennt das Außenohr vom Mittelohr. Die Schallwellen bringen das Trommelfell zum Schwingen.

Im Mittelohr

Das Trommelfell überträgt die Schwingungen auf die drei **Gehörknöchelchen**. Sie übertragen die Schwingung über ein Häutchen auf die Flüssigkeit im Innenohr.
Das Mittelohr ist mit Luft gefüllt. Es hat über die **Ohrtrompete** eine Verbindung zum Mundraum. Sie ist so eng, dass sie sich oft nur bei Bewegungen des Unterkiefers kurzzeitig öffnet und für einen Druckausgleich sorgen kann.

Im Innenohr

Im Innenohr befindet sich die **Hörschnecke**, die mit Flüssigkeit gefüllt ist. Die Flüssigkeit wird in Schwingungen versetzt. Dadurch werden Sinneszellen gereizt. Wenn die feinen Härchen einer **Sinneszelle** gebogen werden, sendet die Sinneszelle elektrische Signale aus, die der **Hörnerv** zum Gehirn leitet. So können verschiedene Arten von Tönen, die Lautstärke und die Höhe der Töne wahrgenommen werden.

Hörwahrnehmung im Gehirn

Im Gehirn findet die eigentliche Hörwahrnehmung statt. Wir erkennen Stimmen wieder oder hören ein heranfahrendes Auto.

Für das **Richtungshören** vergleicht das Gehirn die leicht unterschiedlichen Informationen, die von den beiden Ohren ins Gehirn gemeldet werden. Die Geräusche kommen dort leicht zeitversetzt und mit etwas anderer Lautstärke an.

2 Balancieren

Das Ohr hört nicht nur

Im Innenohr liegt auch der **Gleichgewichtssinn**. Damit werden die Lage und Bewegungen des Kopfes festgestellt. Drei bogenförmige Gänge helfen, Drehungen in allen drei Richtungen des Raumes wahrzunehmen.

Du kannst die Bestandteile des Ohres nennen und den Hörvorgang beschreiben.

Schallsender – Schallträger – Schallempfänger

1. **V**
Lege deine Finger an den Kehlkopf und singe. Beschreibe deine Empfindungen.

2. **V**
Schlage eine Stimmgabel an und halte sie in ein Glas mit Wasser. Erkläre deine Beobachtung.

3. **A**
Zähle Schallquellen in deiner Umgebung auf und gib jeweils an, was schwingt und somit den Schall erzeugt.

4. **V**
Erzeuge mit verschiedenen Hilfsmitteln Schall, bei dem du die Schwingungen der Schallquelle sehen oder spüren kannst.

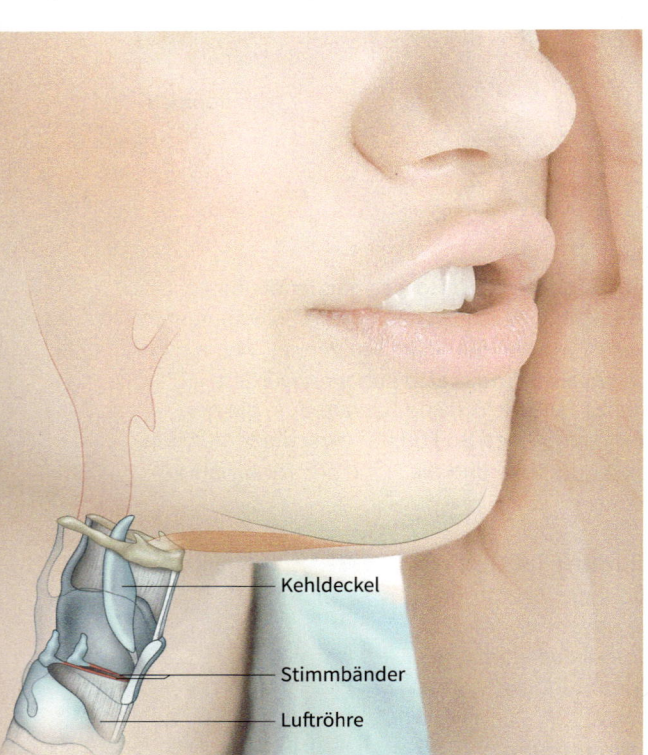

1 Die Stimmbänder schwingen.

Kehldeckel

Stimmbänder

Luftröhre

Der Kehlkopf als Schallquelle

Der Kehlkopf enthält zwei Stimmbänder (Bild 1). Sie sind elastisch und lassen sich von Muskeln spannen und lockern. Zwischen ihnen bleibt die Stimmritze frei, durch die beim Sprechen Luft strömt. Die strömende Luft versetzt die Stimmbänder in **Schwingungen.** Mit der Stärke des Luftstroms wird die **Lautstärke** reguliert, mit der Anspannung der Stimmbänder die **Tonhöhe.**

Schallsender schwingen

Jeder Körper, der zum Schwingen angeregt wird, erzeugt Schall und wird somit zur Schallquelle. Schallquellen werden auch **Schallsender** genannt. Sie senden Informationen in Form von **Schwingungen** aus.

Wenn du auf einer Flöte spielst, schwingt die Luft in der Flöte (Bild 2 A). Bei einem Windspiel schlagen durch den Wind die Metallstäbe aneinander. Sie beginnen zu schwingen (Bild 2 B). Die schnelle Drehung der Windmühlenflächen im Wind bringt die Luft zum Schwingen (Bild 2 C). Wird die gespannte, sehr dünne Gummihaut eines Luftballons überdehnt oder durch einen spitzen Gegenstand verletzt, reißt die Gummihaut ein und zieht sich schlagartig zurück. Es ensteht eine einmalige heftige Schwingung, die du als Knall hörst (Bild 2D).

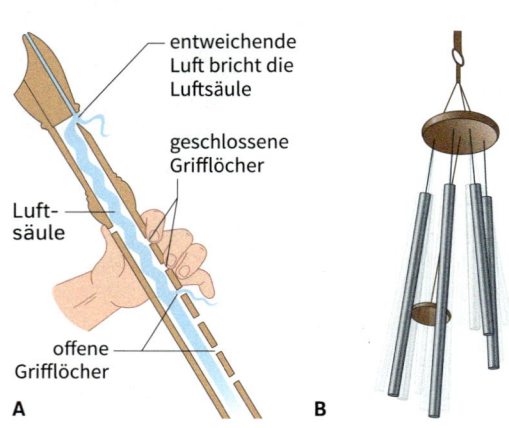

entweichende Luft bricht die Luftsäule

geschlossene Grifflöcher

Luftsäule

offene Grifflöcher

A

B

C

D

2 Schallquellen schwingen: **A** Luftsäule, **B** Metallstäbe, **C** Papierflächen, **D** Gummihaut

 5. ≡ **V**

a) Baue aus zwei Blech- oder Kunststoff-dosen und einem 5 m langen Bindfaden ein Dosentelefon. Probiere es aus und erkläre, warum es funktioniert.
b) Ersetze den Bindfaden nacheinander durch einen dünnen Metalldraht und eine Angelschnur, probiere erneut und erkläre.

6. ≡ **A**

Wenn ein klingelnder Wecker unter einem Glasbehälter steht, hörst du ihn trotzdem. Wird jedoch die Luft aus dem Behäl-ter gepumpt, klingelt der Wecker immer leiser. Erkläre, warum das so ist.

7. ≡ **Q**

Informiere dich über den Einsatz ver-schiedener Mikrofo-ne. Fertige zu einem Mikrofon einen Kurzvortrag an.

Schall braucht einen Träger

Schall breitet sich von einer Schallquelle aus, wenn um diese herum ein **Schallträger** vorhanden ist. Ein wichtiger Schallträger ist die Luft. Durch sie gelangen Musik, Worte und andere Geräusche in unsere Ohren. Schall breitet sich auch in anderen gasförmigen, flüssigen oder festen Stoffen aus. Ohne Träger ist eine Übermittlung von Informationen durch Schall nicht möglich.

Schallempfänger schwingen

Der Schall wird durch die Ohrmuschel aufgenommen und durch den Gehörgang auf das Trommelfell gelenkt (Bild 3). Das Trommelfell gerät durch den Schall in Schwingungen, die durch die Gehörknöchelchen auf die Schnecke im Ohr übertragen werden. Hier befinden sich sehr viele kleine Härchen als Empfänger des Schalls. Sie wandeln ihn in elektrische Signale um, die zum Gehirn geleitet werden. **Schallempfänger** wie Hörgerät, Mikrofon oder Schallpe-gelmessgerät (Bild 4) besitzen eine dünne Membran, die schwingen kann. Die durch den Schall übertragene Infor-mation wird in elektrische Signale umgewandelt.

Du kannst mithilfe des Sender-Träger-Empfänger-Modells die Übertragung von Informationen durch Schall erklären.

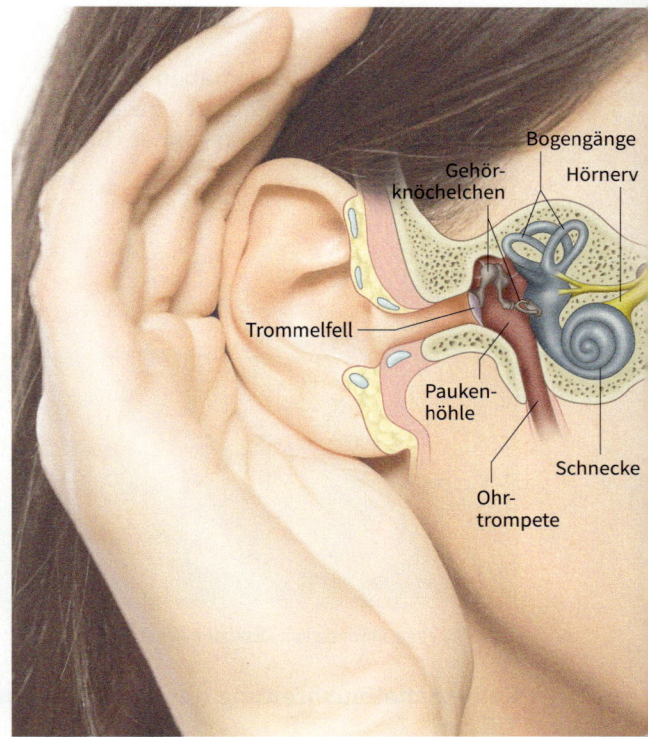

3 Das Trommelfell wird zum Schwingen gebracht.

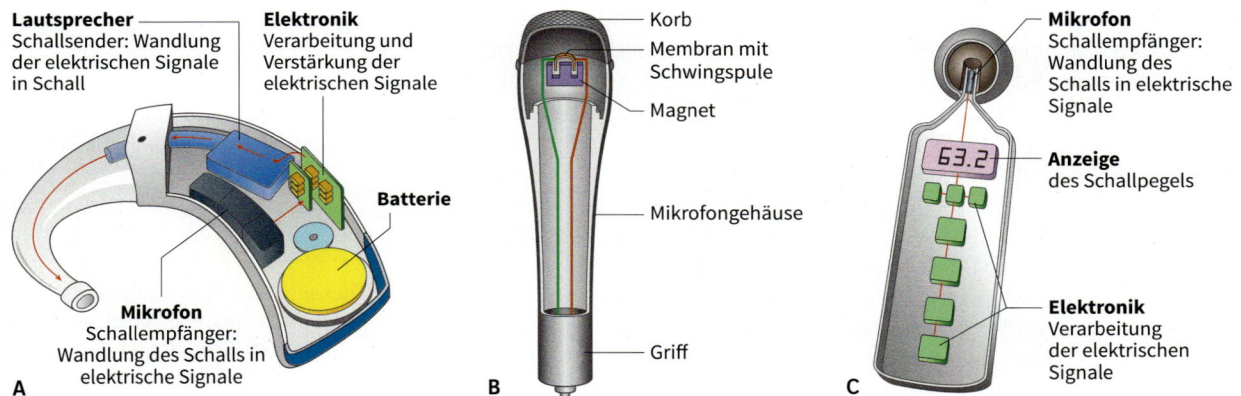

Lautsprecher
Schallsender: Wandlung der elektrischen Signale in Schall

Elektronik
Verarbeitung und Verstärkung der elektrischen Signale

Batterie

Mikrofon
Schallempfänger: Wandlung des Schalls in elektrische Signale

A

Korb

Membran mit Schwingspule

Magnet

Mikrofongehäuse

Griff

B

Mikrofon
Schallempfänger: Wandlung des Schalls in elektrische Signale

Anzeige
des Schallpegels

Elektronik
Verarbeitung der elektrischen Signale

C

4 Eine Membran wird zum Schwingen gebracht im: **A** Hörgerät, **B** Mikrofon, **C** Schallpegelmessgerät.

Schallausbreitung

1 Hier fehlt die Luft.

1.
a) Hänge eine elektrische Klingel in ein Glasgefäß wie in Bild 1 und schalte sie an. Pumpe die Luft aus dem Gefäß und beobachte.
b) Lass langsam wieder Luft in das Gefäß strömen und beobachte erneut.
c) Erkläre deine Beobachtungen.

2.
Delfine und andere Wale haben ein gutes Gehör. Das Wasser hilft dabei, dass sie sogar kilometerweit hören können. Begründe diese Fähigkeit.

3.
a) Stellt euch zu zehnt wie in Bild 2 im Abstand von 50 m auf. Der oder die Erste in der Reihe schlägt eine Starterklappe zusammen. Hebt euren Arm, sobald ihr den Knall hört.
b) Erklärt eure Beobachtungen.

4.
Beim 100-m-Lauf startet der Zeitnehmer die Stoppuhr, sobald er sieht, wie die Starterklappe zugeschlagen wird. Berechne, wie lange es dauert, bis der Zeitnehmer den Knall der Starterklappe hört, wenn der Schall 340 m in 1 s zurücklegt.

2 Die Schallgeschwindigkeit sichtbar machen

Keine Schallausbreitung ohne Träger

Schall kann sich nur ausbreiten, wenn ein **Schallträger** wie Luft vorhanden ist. Astronauten können sich auf dem Mond ohne Mikrofon und Kopfhörer nicht unterhalten, weil es dort keine Luftteilchen gibt. Da Wasser aus Teilchen besteht, kann ein Unterwassermikrofon den Gesang der Wale für uns Menschen hörbar machen. Klopfst du an das Rohr einer Heizung, ist das Geräusch auch in anliegenden Räumen zu hören. Das Metall der Rohre besteht aus vielen eng aneinanderliegenden Metallteilchen.

Schallausbreitung braucht Zeit

Der Schall legt in Luft in einer Sekunde 340 m zurück. Dieser Wert heißt **Schallgeschwindigkeit.** Andere Stoffe leiten den Schall noch schneller. In Wasser benötigt der Schall nur 1 s, um 1480 m zurückzulegen. Die Schallgeschwindigkeit hängt also vom Stoff ab, in dem sich der Schall ausbreitet. Feste Stoffe leiten den Schall besser als flüssige und gasförmige Stoffe.

Stoff	in 1 s zurückgelegter Weg
Luft	340 m
Wasser	1 480 m
Stahl	5 100 m
Glas	5 300 m
Fichtenholz	5 500 m

3 Verschiedene Schallgeschwindigkeiten

Du kannst die Voraussetzung für die Ausbreitung von Schall, Beispiele für Schallträger und verschiedene Schallgeschwindigkeiten angeben.

Hoch und tief – laut und leise

1. ≡ Ⓥ
Drehe an einer Spieluhr langsam die Kurbel. Beobachte und erkläre, wie die hohen und tiefen Töne entstehen.

2. ≡ Ⓥ
Zeige in einem Versuch mit einem langen Lineal, wie die hohen und tiefen Töne an der Spieluhr entstehen.

3. ≡ Ⓐ
Erkläre, wie sich die Schwingungen des Lineals in Versuch 2 unterscheiden.

4. ≡ Ⓥ
Erzeuge mithilfe des Lineals laute und leise Töne. Wovon hängt die Lautstärke ab?

5. ≡ Ⓐ
Beschreibe den Zusammenhang zwischen der Tonhöhe einer Flöte und der Länge der schwingenden Luftsäule in einem Je-desto-Satz.

Hoch und tief

Klänge oder Geräusche werden umgangssprachlich fälschlicherweise oft als Töne bezeichnet. Wie hoch oder tief eine Schallart erklingt, wird allgemein durch die **Tonhöhe** angegeben. Mit einem Lineal kannst du hohe und tiefe Töne erzeugen. Je länger der schwingende Teil des Lineals ist, desto langsamer schwingt das Lineal und desto tiefer ist der erzeugte Ton. Je kürzer das Lineal ist, desto höher ist der Ton. Das Lineal schwingt dann deutlich schneller. Die schwingende Luftsäule in einer Flöte wird länger, je mehr Löcher du durch deine Finger verschließt. Der Ton wird immer tiefer.

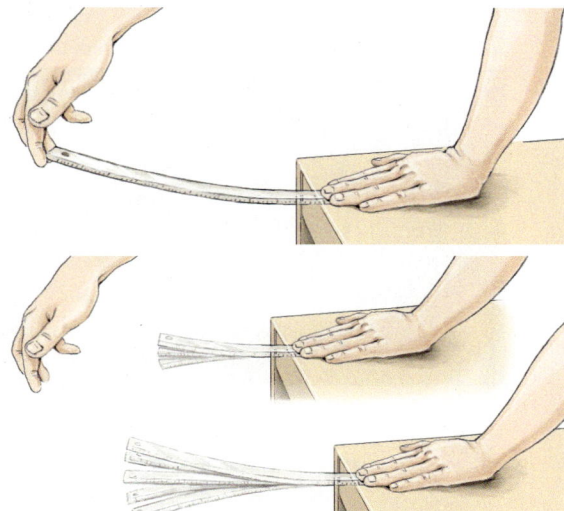

1 Hohe oder tiefe Töne – laute oder leise Töne?

Die Frequenz

Die Anzahl der Schwingungen in einer Sekunde bestimmt die Höhe des Tones. Dieses Maß für die Schwingung ist die **Frequenz.** Sie wird in **Hertz (Hz)** gemessen. Wenn ein Lineal in 1 s fünfzigmal schwingt, hat der Ton eine Frequenz von 50 Hz. Eine Schwingung in 1 s ergibt die Frequenz 1 Hz. Die Einheit Hz wurde zu Ehren des deutschen Physikers HEINRICH HERTZ (1857–1894) gewählt.

2 Eine Spieluhr erzeugt Töne.

Laut und leise

Die **Lautstärke** eines Tones hängt von der **Schwingungsweite** der Schallquelle ab. Wenn du eine Gitarrensaite stark anzupfst, schwingt sie sehr weit hin und her. Der Ton ist lauter als der einer schwach angezupften Saite. Das Lineal schwingt stärker auf und ab und klingt lauter, wenn du es weiter nach unten drückst.

Die Amplitude

Die Entfernung von der Ruhelage des Lineals oder der Saite bis zu ihrem weitesten Ausschlag heißt **Amplitude.** Die Amplitude bestimmt die Lautstärke. Je größer die Amplitude einer Schwingung ist, desto lauter ist der Ton. Der Ton wird umso leiser, je kleiner die Amplitude wird.

> Du kannst angeben, wovon die Lautstärke eines Tones abhängt. Du kannst zu Tonhöhen und den Längen der schwingenden Materialien Je-desto-Sätze formulieren. Du kannst einen Zusammenhang zwischen der Anzahl der Schwingungen und der Frequenz herstellen.

Schutz der Sinnesorgane

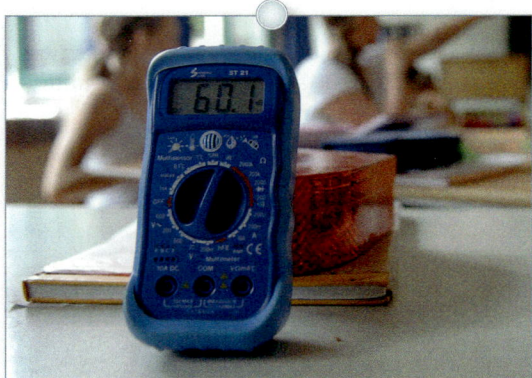

Alltägliche Geräuschkulisse

Schullärm	dB(A)
Stillarbeit	45
ruhige Klasse	60
Schülerantworten	55–65
normal sprechende Lehrkraft	65–80
Hof während der Pause	80
Klasse vor dem Eintreffen der Lehrkraft	90
lauteste Lehrkraft	100

Die **Lautstärke** wird als **Schallpegel** in **Dezibel (dB)** gemessen. Manche Tonhöhen empfinden wir aber als besonders unangenehm. Diese Wertung wird bei der Angabe der Lautstärke in **db(A)** zusätzlich berücksichtigt. Wenn die feinen Härchen der Sinneszellen in der Hörschnecke bei zu starken Schwingungen brechen, können sie nicht nachwachsen. Bleibende **Hörschäden** sind die Folge.

Grenzwerte aus der Arbeitswelt

Für den Arbeitsplatz gibt es beim Lärmschutz klare Richtlinien. Ab einer andauernden Belastung von 80 dB(A) muss vom Arbeitgeber ein Gehörschutz zur Verfügung gestellt werden. Ab 85 dB(A) muss der Arbeitnehmer diesen auch tragen.

Laserpointer verletzt Schüler

Was ein Streich sein sollte, war für einen Schüler einer achten Klasse gar nicht lustig. Ein Mitschüler hatte am Montagmorgen während der Biologiestunde mit einem Laserpointer in Richtung des Schülers gezielt. Dabei traf der Strahl den Jungen ins Auge und verursachte Verletzungen. Er musste ärztlich versorgt werden. Über die Schwere der Verletzungen ist bisher nichts bekannt.

Als Täter ermittelte die Polizei den Mitschüler, der zugab, mit dem Laserpointer hantiert zu haben. Bei dem Laserpointer handelte es sich um ein Gerät, das aufgrund seiner starken Strahlung in Deutschland verboten ist.

1. ☰ Ⓐ
Nenne Beispiele für Berufe, bei denen Sinnesorgane geschützt werden müssen. Orientiere dich auch an den Abbildungen auf diese Seite. Begründe deine Aussagen.

2. Ⓠ
Informiere dich,
a) welche rechtlichen Rahmenbedingungen und
b) welche notwendigen Vorsichtsmaßnahmen beim Umgang mit einem Laserpointer zu beachten sind.

Licht kann gefährlich werden

Durch den Blick in die Sonne oder in andere Lichtquellen können die Augen geschädigt werden. Es können Bindehautentzündungen, Hornhauttrübungen oder bleibende Netzhautschäden auftreten. Sonnenbrillen müssen auch vor UV-Strahlung schützen. Beim Kauf ist daher auf Prüfzeichen wie das CE-Siegel, das GS-Zeichen oder der Hinweis 100 % UV-Schutz oder UV 400 zu achten.

Unfreiwillige Sonnenbäder

Menschen, die überwiegend im Freien arbeiten, „tanken" oft mehr Sonne, als der Haut gut tut. Durch die berufsbedingt erhöhte Aufnahme schädlicher UV-Strahlung ist das Risiko, an Hautkrebs zu erkranken, deutlich erhöht. Deshalb empfiehlt die „Bundesanstalt für Arbeitsschutz und Arbeitsmedizin" spezielle Schutzmaßnahmen für diese Personengruppe.

PINNWAND

4. **A**

Unsere Augen sind im täglichen Leben vielen Gefahren ausgesetzt. Nenne mögliche Gefahrenquellen und geeignete Schutzmaßnahmen.

5. Q

a) Informiere dich über Berufe, die im Freien ausgeübt werden und bei denen man einer hohen UV-Strahlung ausgesetzt ist.
b) Recherchiere, welche Vorsichtsmaßnahmen zum Schutz der Augen und der Haut notwendig sind. Tipp: „Bundesanstalt für Arbeitsschutz und Arbeitsmedizin".

6. Q

Der Sonnenschutzfaktor auf Sonnencremes gibt an, um wie viel Mal länger man in der Sonne bleiben kann, ohne einen Sonnenbrand zu bekommen.
a) Recherchiere, was bei der Nutzung von Sonnencremes zu beachten ist.
b) Übertrage die Ergebnisse auf dein Verhalten.
c) Informiere dich über weitere Verhaltensweisen, die du beim Aufenthalt in der Sonne berücksichtigen solltest.

SONNENBADEN! ... aber richtig

Schutz vor der Sonne

Sonnenschutzmittel können die gesundheitsschädigende Wirkung von UV-Strahlung verringern. Der Lichtschutzfaktor (LSF) gibt an, wie viel länger sich eine eingecremte Person in der Sonne aufhalten kann, ohne einen Sonnenbrand zu riskieren. Eincremen allein reicht aber nicht.

Besondere Sinnesleistungen bei Tieren

2
a) Beschreibe den Kopf der Fledermaus. Welches Sinnesorgan fällt besonders auf? Was kannst du daraus schließen?
b) Erläutere folgende Aussage: Fledermäuse „hören" die Beschaffenheit ihrer Umgebung.
c) Die meisten Fledermausarten stoßen ihre Laute durch den geöffneten Mund aus. Die Hufeisennasen benutzen dagegen ihre Nase als Schall aussendendes Organ. Nenne die Vorteile, die sie dadurch gegenüber anderen Fledermausarten haben.

3. Q
Ultraschall wird auch in der Technik verwendet. Recherchiere Beispiele und gib an, wozu diese dienen.

4. A
Die starren Augen der Schleiereule begrenzen ihr Sehfeld. Beschreibe, wie sie diesen Nachteil ausgleicht.

1. A
a) Erläutere anhand der Grafiken, welche Baumerkmale die höhere Riechleistung des Hundes (B) gegenüber der eines Menschen (A) ermöglichen.
b) Nenne Beispiele, wo der Mensch die Riechleistung eines Hundes einsetzt.

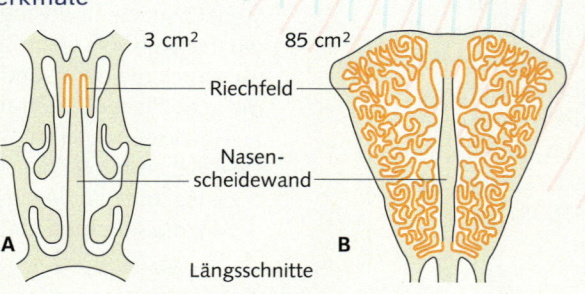

3 cm² — 85 cm²
Riechfeld
Nasenscheidewand
A — B
Längsschnitte

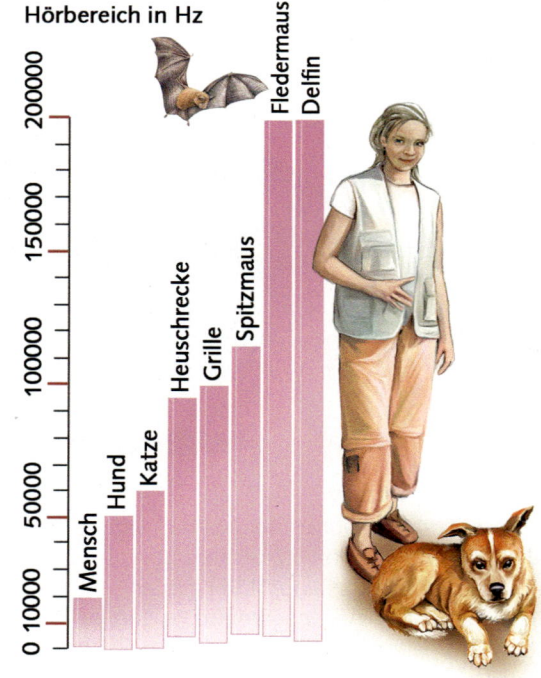

Hörbereich in Hz
200000
150000
100000
50000
10000
0

Mensch — Hund — Katze — Heuschrecke — Grille — Spitzmaus — Fledermaus — Delfin

1 Verschiedene Hörbereiche

Besser und schlechter hören

Hund und Katze haben ein feineres Gehör als der Mensch. Fledermäuse hören aber noch besser. Ihr Gehör nimmt Frequenzen von 1000 Hz bis 200 000 Hz wahr.
Der **Hörbereich** eines jungen Menschen liegt zwischen 16 Hz und 20 000 Hz (Bild 1). Schall mit Frequenzen über 20 000 Hz kann er nicht mehr hören. Dieser Bereich wird als **Ultraschall** bezeichnet. Schall mit Frequenzen unter 16 Hz kann der Mensch ebenfalls nicht mehr hören. Dieser Bereich heißt **Infraschall.** Er liegt unterhalb der **Hörschwelle.** Solche Töne erzeugen beispielsweise tief brummende Motoren. Wenn sie sehr laut sind, nimmt der Mensch sie wahr, allerdings nicht mit den Ohren. Sie bereiten ihm Übelkeit oder Kopfschmerzen.

Mit den Ohren „sehen"?

Fledermäuse sind in der Dämmerung und nachts aktiv. Wie aber können sie sich in der Dunkelheit orientieren und Insekten erbeuten?
Fledermäuse stoßen ständig kurze, sehr hohe Ultraschalllaute aus. Treffen die Schallaute auf ein Hindernis, so wird der Schall als Echo zurückgeworfen und mit den großen Ohren aufgefangen. Aus dem Zeitunterschied vom Aussenden des Signals bis zum Eintreffen des Echos kann die Fledermaus die Entfernung zum Hindernis erfassen.

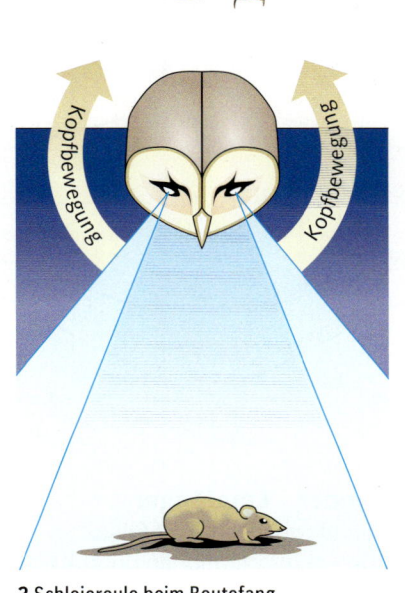

Mit dem Unterkiefer „sehen"?

Auch **Delfine** nutzen Ultraschall-
laute zur Orientierung im Wasser
und zur Ortung ihrer Beute. So
können sie diese bei völliger
Dunkelheit oder im trüben Wasser
aufspüren. Sie erzeugen dabei bis
zu 1000 Klick- und Pfeiftöne in der
Sekunde. Dazu tauchen sie von
Zeit zu Zeit auf und lassen Luft
durch ihr Atemloch einströmen.
Unter Wasser pressen sie die Luft
durch ein Röhrensystem unterhalb des Atemloches, wodurch
Töne entstehen. Diese werden in
einem runden, höckerartigen
Wulst auf dem Kopf gebündelt
und über den Oberkiefer als
Schallwellen ausgesendet. Der
zum Beispiel von einem Fisch-
schwarm reflektierte Schall wird
über den Unterkiefer als Echo
aufgefangen und über das
Mittelohr zum Innenohr weitergeleitet.

2 Schleiereule beim Beutefang

Akustische Ortung der Beute

Die **Schleiereule** hat ausgezeich-
nete, nach vorn gerichtete Augen,
mit denen sie sich auch bei
schwachem Mondlicht orientieren
kann. Die Unbeweglichkeit der
Augen kann sie aber durch eine
weite Drehbewegung des Kopfes
bis zu 270° ausgleichen.
In der Dunkelheit jedoch nutzen
der Eule die Augen nicht. Hier hilft
ihr das feine Gehör bei der Ortung
der Beute. Schon das geringste
Geräusch von Mäusen nimmt sie
wahr. Der herzförmige Schleier im
Gesicht lenkt die Geräusche zu
den Ohröffnungen, die von Federn
bedeckt sind. Da sie die Federn
aufrichten kann, entsteht eine Art
Federtrichter. Dieser wirkt wie ein
Hörrohr und verstärkt die Geräusche für das Hörorgan. Hat die
Eule die Beute geortet, gleitet sie
lautlos zur Erde und schlägt die
spitzen Krallen in das Beutetier.

Die Riechwelt von Hunden

Ein **Hund** nimmt mit seiner hochempfindli-
chen Nase sehr viel besser Duftstoffe auf als
wir. Seine Riechleistung ist mehr als eine
Million mal höher als die eines Menschen.
Die knöchernen Verästelungen der Hundenase
sind von der Riechschleimhaut überzogen,
beim Menschen findet sich diese nur im
oberen Nasenraum. Beim Hund ist die
Riechschleimhautfläche mit etwa 85 cm² sehr
groß. Beim Menschen sind es nur etwa 3 cm².
Somit hat ein Hund etwa 200 Millionen
Riechsinneszellen mehr als der Mensch, der
über etwa 30 Millionen verfügt.

Sehen mit „Wärmeaugen"

Eine Meisterin der Temperaturmessung ist die **Klapperschlange.** Sie besitzt auf jeder Seite zwischen Auge und
Nasenöffnung ein Grubenorgan. In den nur wenige
Millimeter tiefen Gruben befinden sich einige tausend
Sinneszellen. Mit diesen „Wärmeaugen" spürt die Giftschlange **Infrarot-Strahlung** als Wärme. Sie kann Temperaturunterschiede von 0,005 °C wahrnehmen und damit
warmblütige Beutetiere selbst bei völliger Dunkelheit orten.

> Du kannst Ultraschall und Infraschall erläutern. Du kannst
> den Hörbereich des Menschen nennen. Du kannst an Beispie-
> len die besonderen Sinnesleistungen von Tieren beschreiben.

3 Delfin

4 Zollhund

5 Klapperschlange

Basiskonzepte S. 53

Von den Sinnen zum Messen

Sinnesleistungen

Mit den Sinnesorganen Auge, Ohr, Nase, Zunge und Haut nehmen wir Reize aus unserer Umwelt auf. Sinneszellen in den Organen wandeln Reize in elektrische Impulse um.

Wahrnehmungen

Nerven leiten die elektrischen Impulse zum Gehirn. Diese verrechnet die eingehenden Signale. Im Gehirn findet die eigentliche Wahrnehmung statt.

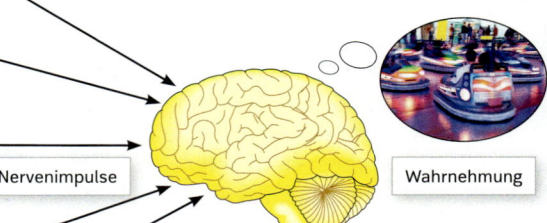

Reizquelle · Licht · Schall · Geruchsstoffe · Reize · Sinnes-organe · Nervenimpulse · Geschmacksstoffe · Druck, Temperatur · Wahrnehmung

Sinnesorgane haben Grenzen

Der Hörbereich des Menschen liegt zwischen 16 Hz und 20 000 Hz. Schall mit niedrigeren Frequenzen heißt Infraschall. Schall mit höheren Frequenzen wird Ultraschall genannt. Zwei Bereiche des Lichtspektrums können wir nicht sehen. Infrarotlicht nehmen wir als Wärme wahr. Ultraviolettes oder UV-Licht ist der Anteil des Sonnenlichtes, der Sonnenbrand hervorrufen kann.

Sender – Empfänger

Mithilfe von Licht und Schall können Informationen übertragen werden. Dazu werden ein Sender des Signals und ein Empfänger benötigt. Schall braucht einen Schallträger, beispielsweise die Luft. Licht benötigt keine Materie zur Übertragung.

Wir empfinden Reize unterschiedlich

Im Gehirn werden alle Informationen zu einer Wahrnehmung verarbeitet. Die Wahrnehmung ist jedoch von Person zu Person verschieden und auch bei einer Person nicht immer gleich – je nachdem, welche Informationen gerade miteinander verglichen und bewertet werden. Es hängt daher von vielen Bedingungen ab, wie ein Reiz empfunden wird.

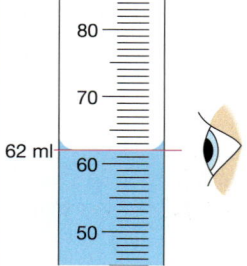

Messungen sind genau

Viele Größen können mit Messgeräten genauer bestimmt werden als mit den Sinnesorganen.
Messfehler beeinflussen die Messgenauigkeit. Sie werden unter anderem durch richtiges Ablesen und mehrmaliges Messen vermieden. Die gemessene Größe wird als Messwert zusammen mit einer Maßeinheit angegeben.

Die Celsius-Skala

Die Celsius-Skala enthält die Fixpunkte 0 °C und 100 °C. Zwischen diesen ist sie in 100 gleiche Teile unterteilt. Bei der Schmelztemperatur 0 °C schmilzt Eis, bei der Siedetemperatur 100 °C siedet Wasser und verdampft.

Name	Größe	Name der Einheit	Einheit	Gesetz	Umrechnungen	Messgeräte
Länge	ℓ	Meter	m		1 km = 1000 m, 1 m = 100 cm, 1 cm = 10 mm	Lineal, Maßband
Zeit	t	Sekunde	s		1 h = 60 min = 3600 s, 1 min = 60 s	Uhr
Masse	m	Kilogramm	kg		1 kg = 1000 g, 1 g = 1000 mg	Waage
Volumen	V	Kubikmeter, Liter	m³ l	$V = \ell \cdot b \cdot h$	1 m³ = 1000 dm³, 1 dm³ = 1 l, 1 l = 1000 ml, 1 ml = 1 cm³	Messbecher, Messzylinder
Temperatur	T	Grad Celsius, Kelvin	°C K		– 273,15 °C = 0 K 0 °C = 273,15 K	Thermometer

System

Struktur Eigenschaft Funktion

**System,
Struktur – Eigenschaft – Funktion**

1. ☰ **Ⓐ**

Wie sind Fledermäuse an ihren Lebensraum angepasst, sodass sie beispielsweise in totaler Finsternis nicht mit anderen Fledermäusen zusammenstoßen?

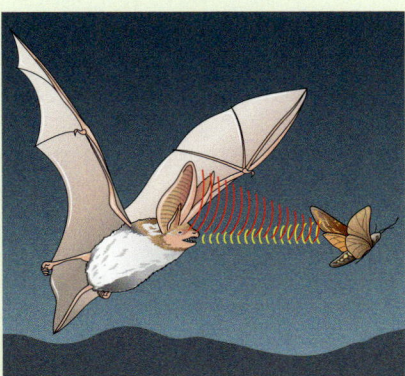

2. ☰ **Ⓠ**

Manche Tiere haben sehr große, andere eher kleine Augen. Wie unterscheiden sich die Augen der meisten nachtaktiven Tiere von denen der am Tag aktiven Tiere? Stelle eine begründete Vermutung auf und finde passende Beispiele.

→ S. 39/50

System

3. ☰ **Ⓐ**

Die Sinneszellen der Haut wandeln Reize in Nervensignale um. Das Nervensystem leitet diese Erregungen weiter zum Gehirn. Dort werden sie verarbeitet und eine Reaktion erfolgt.
Überlege dir Beispiele, wie unsere Haut gereizt werden kann und schreibe kurz auf, welche Reaktion darauf folgt.

→ S. 24 - 25

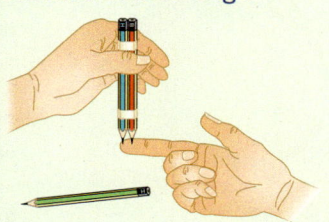

Struktur – Eigenschaft – Funktion

4. ☰ **Ⓐ**

Zeige am Beispiel von Auge, Ohr oder Haut, wie der Bau eines Organs an seine Funktion angepasst ist. Nenne dazu jeweils Strukturmerkmale der Organe und erkläre die jeweiligen Vorteile für die Funktion.

→ S. 24/39/41/42

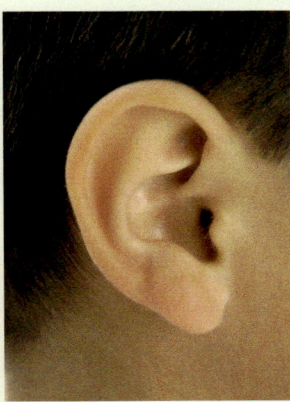

Von den Sinnen zum Messen

Menschliche Sinne und Wahrnehmung

Kannst du schon ...

... den Aufbau des Auges beschreiben und die Funktion der einzelnen Teile erläutern? (S. 38 – 41)

... das Sender-Träger-Empfänger-Modell mit dem Träger Luft an Beispielen erläutern? (S. 44 – 45)

... erklären, warum wir schwer abschätzen können, wie kalt oder heiß es wirklich ist? (S. 26)

.. die Bestandteile des Ohres benennen und ihre Funktionen erläutern? (S. 42 – 43)

.. den Hörvorgang beschreiben? (S. 42 – 43)

... angeben, wovon die Lautstärke und die Höhe eines Tones abhängen? (S. 47)

... darstellen, wie Geruchs- und Geschmacksempfindungen entstehen? (S. 22 – 23)

... die Bestandteile der Haut nennen und beschreiben, wie Druck, Wärme und Kälte wahrgenommen werden? (S. 24 – 25)

LERNCHECK

1. ≡ Ⓐ
Liste die mit Zahlen bezeichneten Teile des Auges auf und gib jeweils die Funktion an.

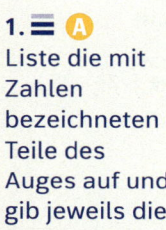
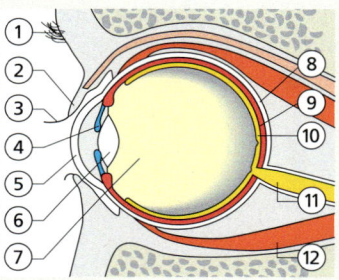

2. ≡ Ⓐ
a) Notiere Situationen, in denen die Augen, das Gehör oder die Haut besonders geschützt werden müssen. Gib Schutzmöglichkeiten an.
b) Erstelle eine Mindmap zum Thema „Schutz für Augen, Ohren und Haut". Nutze dazu die Methode „Eine Mindmap erstellen" (S. 7).

3. ≡ Ⓐ
Liste die mit Zahlen be- zeichneten Teile des Ohres auf und gib jeweils deren Funktion an.

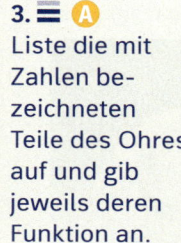
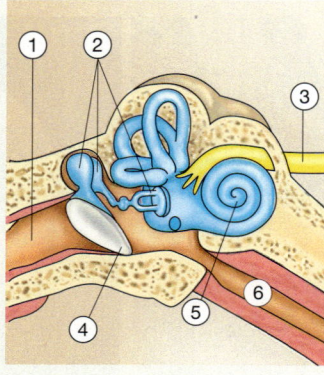

4. ≡ Ⓐ
Ein Ton kann laut oder leise sein. Beschreibe, wie sich die Schallquelle jeweils verhält.

5. ≡ Ⓐ
Ein Ton kann hoch oder tief sein. Beschreibe, wie sich die Schallquelle jeweils verhält.

6. ≡ Ⓐ
Nenne die Geschmacksrichtungen, die du mit der Zunge wahrnehmen kannst.

7. ≡ Ⓐ
Benenne die bezeichneten Teile der Haut und gib deren jeweilige Funktion an.

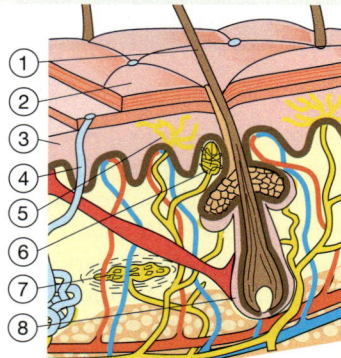

8. ≡ Ⓐ
Wenn du an einem Wintertag in den Keller gehst, kommt es dir angenehm warm vor. Im Sommer ist es angenehm kühl. Erkläre das.

Messgeräte

Kannst du schon ...

... Temperaturen messen und erklären, wie ein Thermometer funktioniert? (S. 27 – 28)

... die Siedetemperatur von Wasser bestimmen? (S. 28)

... die Masse eines Körpers mit der Waage in der Maßeinheit Gramm oder Kilogramm bestimmen? (S. 34 – 35)

... das Volumen und die Masse von Körpern und Flüssigkeiten bestimmen? (S. 36 – 37)

9. ☰ Ⓐ
a) Zeichne ein Flüssigkeitsthermometer und beschrifte alle Teile.
b) Beschreibe die Bewegung der Thermometerflüssigkeit beim Messen von Temperaturen.

10. ☰ Ⓐ
a) Nenne die Fixpunkte der Celsius-Skala.
b) Erläutere, warum du Temperaturen nicht ohne Skala messen kannst.

11. ☰ Ⓐ
Begründe, warum es unsinnig wäre, ein Thermometer mit einer Celsius-Skala bis −300 °C zu bauen.

12. ☰ Ⓐ
Beschreibe das Wiegen eines Körpers mit einer Balkenwaage.

13. ☰ Ⓐ
Begründe, warum du mit der Differenz- oder der Überlaufmethode das Volumen eines Kieselsteins bestimmen kannst.

14. ☰ Ⓐ
Ein Umzugskarton hat die Maße $\ell = 60$ cm, $b = 30$ cm, $h = 30$ cm. Berechne das Volumen.

Besondere Sinnesleistungen

Kannst du schon ...

... die Begriffe Ultraschall und Infraschall erläutern? (S. 50 – 51)

... den Hörbereich des Menschen nennen? (S. 50 – 51)

... an Beispielen die besonderen Sinnesleistungen von Tieren beschreiben? (S. 50 – 51)

15. ☰ Ⓐ
a) Nenne den Hörbereich des Menschen.
b) Gib an, wie Menschen Infraschall wahrnehmen.

16. ☰ Ⓠ
Welche Tiere können ultraviolettes Licht wahrnehmen? Recherchiere Beispiele und stelle die Tiere und ihre Sinnesleistungen vor.

17. ☰ Ⓐ
Beschreibe an einem Beispiel, wie Tiere Infrarot-Strahlung wahrnehmen können.

18. ☰ Ⓠ
Welche Tiere können Ultraschall wahrnehmen? Recherchiere Beispiele und erkläre, wozu die Tiere Ultraschall nutzen.

- Sinnesorgan, Reiz, Wahrnehmung
- UV-Licht, Infrarot-Strahlung
- Temperatur
- Thermometer, Grad Celsius
- Messgerät
- Messgröße, Messwert, Maßeinheit
- Waage, Masse, Kilogramm, Gramm
- Volumen, Liter, Milliliter, Differenzmethode, Überlaufmethode
- Hörschwelle, Hörbereich
- Ultraschall, Infraschall

Welt des Kleinen – Welt des Großen

Vergrößert oder ver-
kleinert ein Fernrohr?

Woraus sind
alle Lebewesen
aufgebaut?

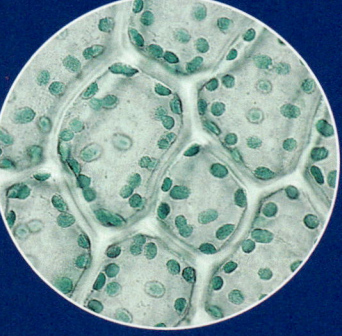

In manchen Nächten ist
der Mond gar nicht zu
sehen. Woran liegt das?

Von der Lupe zu Mikroskop und Fernrohr

1.
Betrachte den Text der Buchseite mit einer Lupe. Welchen Abstand muss die Lupe haben, damit ein scharfes Bild entsteht?

2.
a) Beschreibe eine Sammellinse und begründe ihren Namen.
b) Beschreibe eine Zerstreuungslinse und begründe ihren Namen.

3.
Baue ein einfaches Miroskop. Nutze dazu Bild 3 und die Informationen aus dem Text.
a) Zeichne zunächst eine Skizze und beschrifte die Einzelteile.
b) Zeichne in der Skizze ein, wo das Zwischenbild entsteht, das durch das Objektiv erzeugt wird.
c) In welchem Abstand müssen die Linsen zum Gegenstand bzw. zum Zwischenbild stehen?

4.
Vergleiche die Brennweiten von Okular und Objektiv bei einem astronomischen Fernrohr (Bild 1).

1 Astronomisches Fernrohr

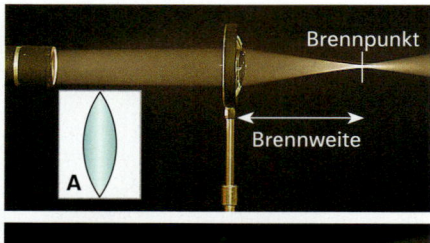
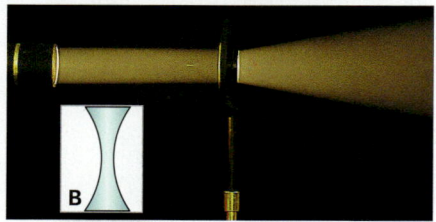

2 Linsen: **A** Sammellinse, **B** Zerstreuungslinse

Optische Linsen

Bei einer **Sammellinse** (Bild 2 A) werden die auftreffenden Lichtbündel so abgelenkt, dass sie hinter der Linse in einem Punkt, dem **Brennpunkt**, aufeinander treffen. Der Abstand von der Mitte der Linse bis zum Brennpunkt ist die **Brennweite**. Die Mitte einer Sammellinse ist dick.
Bei einer **Zerstreuungslinse** (Bild 2 B) werden parallele Lichtstrahlen hinter der Linse zerstreut. Die Mitte einer Zerstreuungslinse ist dünn.

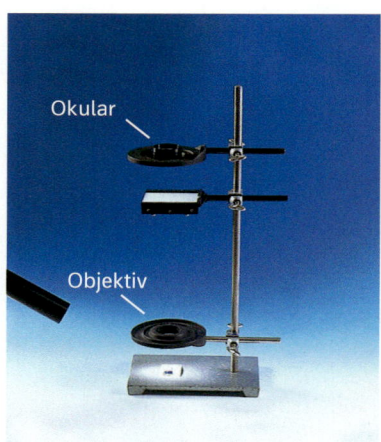

3 Modellmikroskop

Lupe und Mikroskop

Einzelne Sammellinsen kannst du als **Lupe** benutzen. Die Sammellinse muss eine kleine Brennweite haben. Dabei musst du die Lupe so vor den Gegenstand halten, dass er sich ungefähr im Brennpunkt der Linse befindet.

Auch mit einem **Mikroskop** kannst du sehr kleine Gegenstände vergrößert betrachten. Es besteht aus zwei Sammellinsen mit sehr kleinen Brennweiten. Das **Objektiv** erzeugt ein vergrößertes Zwischenbild vom Gegenstand. Durch die zweite Sammellinse, das **Okular**, wird dieses Zwischenbild noch einmal vergrößert. Bei der Scharfeinstellung wird der Abstand zwischen Gegenstand und Objektiv verändert.

Fernrohre

Fernrohre werden benutzt, um weit entfernte Gegenstände vergrößert zu betrachten. Für Himmelsbeobachtungen werden astronomische Fernrohre eingesetzt. Sie bestehen aus zwei Sammellinsen. Das Objektiv erzeugt ein kleines Bild, das durch das Okular vergrößert wird. Astronomische Fernrohre erzeugen Bilder, die auf dem Kopf stehen und seitenverkehrt sind.

Bei Fernrohren, die auf der Erde eingesetzt werden, ist das Okular eine Zerstreuungslinse. Solche Fernrohre erzeugen ein seitenrichtiges, aufrechtes Bild. Sie heißen Galilei-Fernrohr, benannt nach GALILEO GALILEI (1564 – 1642).

Du kannst die Funktion einer Sammellinse und einer Zerstreuungslinse erklären und Einsatzmöglichkeiten für beide Linsentypen nennen.

Untersuchungen mit der Lupe

1. ≣ **V**
Bringe in einem Schraubglas etwas Waldboden mit. Auch Boden vom Park oder Komposterde eignen sich.
a) Gib die Bodenproben in eine flache Schale und betrachte sie mit einer Lupe. Beschreibe, was du entdeckst.
b) Vielleicht hast du lebendige oder tote Tiere gefunden. Erkläre, woran du erkennen kannst, dass ein Tier lebendig ist.
c) Beschreibe, was an nicht Lebendigem in der Erde zu sehen ist. Sortiere und benenne unterschiedliche Bestandteile.

Mistkäfer
bis 20 mm

Rote
Waldameise
9–12 mm

Wolfsspinne
3–7 mm

Borstenschwanz
bis 20 mm

Käferlarve
bis 25 mm

Fadenwürmer
bis 10 mm

Mückenlarven
etwa 3 mm

Verschiedene Lupentypen

Verschiedene Lupen eignen sich für bestimmte Zwecke besonders gut. Die kleinen **Einschlaglupen** vergrößern relativ stark und lassen sich auch beim Arbeiten im Freiland mitnehmen. Die großen **Stiellupen** sind meist schwächer, haben aber ein größeres Gesichtsfeld. In einer **Becherlupe** kann man kleine, bewegliche Tiere in Ruhe betrachten. Befindet sich am Boden der Becherlupe eine Zentimeterskala, kann man die Größe der Objekte abschätzen.

Eine **Stereolupe,** auch Binokular genannt, ist ein größeres und teureres Laborgerät. Sie vergrößert etwa 4- bis 40-fach und macht so noch feinere Strukturen sichtbar. Man kann mit beiden Augen hineinschauen und erhält ein räumliches Bild.

Umgang mit einer Lupe
1. Schließe beim Betrachten des Objektes ein Auge und sieh mit dem offenen Auge durch die Lupe.
2. Verändere langsam den Abstand zwischen Lupe und Objekt, bis du das Objekt gut erkennen kannst.

Umgang mit einer Stereolupe
1. Lege das Objekt, das du untersuchen möchtest, in eine flache Glas- oder Kunststoffschale.
2. Passe den Abstand der beiden Okulare deinem Augenabstand an.
3. Drehe das Objektiv mit dem Triebrad zunächst so weit nach unten, bis es etwa 1 cm über dem Objekt ist.
4. Blicke durch beide Okulare und drehe während des Betrachtens das Objektiv so lange langsam nach oben, bis du das Objekt scharf siehst.

METHODE

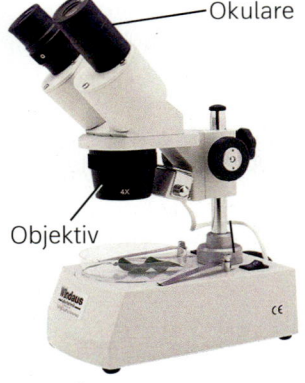

Okulare

Objektiv

1 Stereolupe

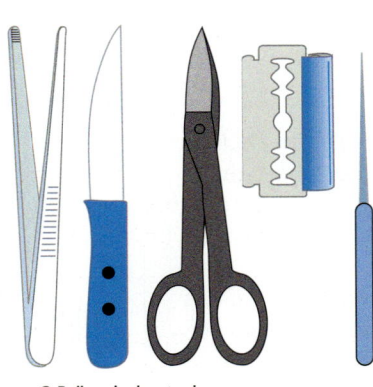

2 Präparierbesteck

Hilfsmittel beim Präparieren

Um ein Objekt genauer untersuchen zu können, musst du es oft erst auseinanderzupfen oder einen Quer- oder Längsschnitt anfertigen. Zum Herstellen solcher Präparate eignet sich ein **Präparierbesteck**. Es enthält zum Beispiel eine Pinzette, ein Messer, eine Schere, eine Präpariernadel und eine Rasierklinge, deren eine Seite mit einem Textilband abgeklebt ist.

Untersuchungen mit dem Mikroskop

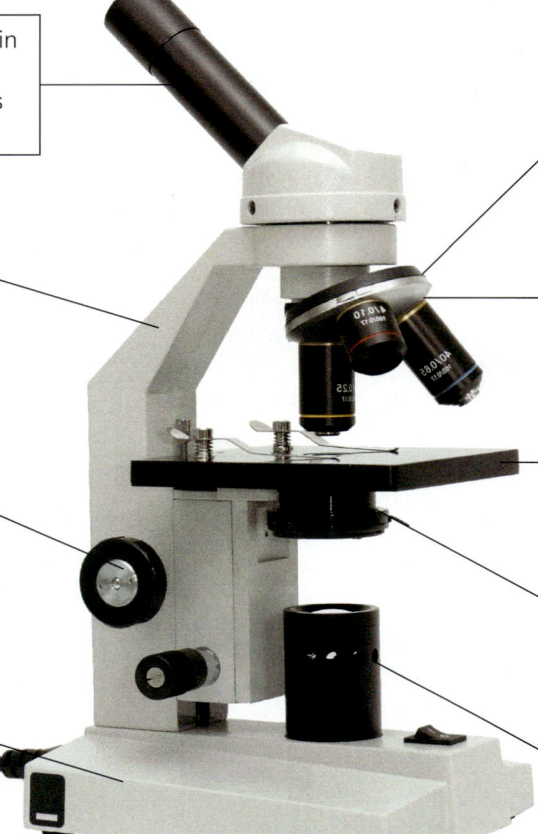

Durch das **Okular** blickst du in das Mikroskop. Es enthält Linsen, die wie eine Lupe das Bild vergrößern, z. B. 10-mal.

Am **Stativ** kannst du das Mikroskop sicher tragen.

Mit dem **Grobtrieb** und dem **Feintrieb** stellst du das Bild scharf. Die Triebräder verändern den Abstand zwischen dem Objekttisch und dem Objektiv.

Der **Fuß** sorgt für einen sicheren Stand.

Durch Drehen am **Objektivrevolver** schaltest du Objektive mit verschiedenen Vergrößerungen ein.

Jedes **Objektiv** enthält Linsen, die das Bild vergrößern. Das längste Objektiv vergrößert am stärksten, z. B. 40-mal.

Auf den **Objekttisch** legst du den Objektträger mit dem Objekt.

Mit der **Blende** regelst du den Kontrast und die Helligkeit des Bildes.

Zur **Beleuchtung** dient eine Lampe oder ein drehbarer Spiegel.

1 Lichtmikroskop

Sicherer Umgang

Ein Mikroskop ist ein wertvolles Gerät, mit dem man sorgfältig umgehen muss. Mache dich darum mit ihm vertraut, bevor du anfängst zu mikroskopieren. Beachte diese Sicherheitshinweise:

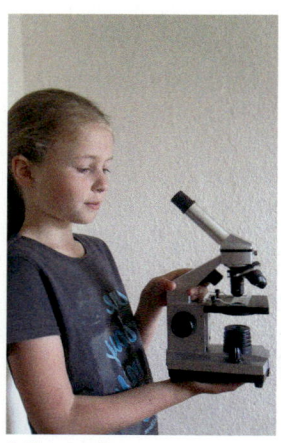

2 Sicherer Transport

- Trage das Mikroskop aufrecht und sicher mit einer Hand am Stativ und der anderen Hand am Fuß des Mikroskops.

- Fasse nie an die Linsen des Okulars oder der Objektive. Für die Reinigung ist nur die Lehrkraft zuständig.

- Das Objektiv darf nie auf das Objekt stoßen. Vor allem bei der größten Vergrößerung musst du aufpassen.

Die Vergrößerung

Auf dem Objektiv kann man ablesen, wie viel mal das Objektiv das Bild des Objekts vergrößert, z. B. x40. Dieses Bild wird dann durch das Okular noch einmal vergrößert. Wenn man auf dem Okular x10 abliest, so wird das Bild noch zehnfach vergrößert. Die Gesamtvergrößerung des Mikroskops erhältst du durch Multiplizieren der beiden Vergrößerungen von Objektiv und Okular. In unserem Beispiel:

$$40 \times 10 = 400$$

Bei dieser Einstellung vergrößert das Mikroskop also 400-fach. Gute Lichtmikroskope vergrößern bis zu etwa 1000-fach.

Erste Untersuchungen

Mikroskopiere zuerst ein Trockenpräparat, das du einfach auf den Objektträger legst. Untersuche zum Beispiel ein Haar mit Haarwurzel, eine Feder, eine Fischschuppe oder einen Insektenflügel. Auch Salzkristalle, Sandkörner oder ein abgezupfter Fetzen Papier sind interessante Objekte.

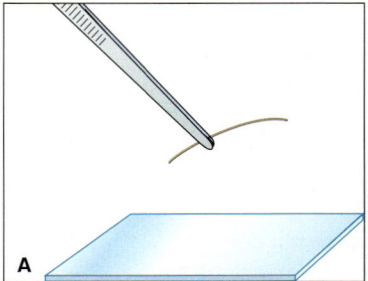 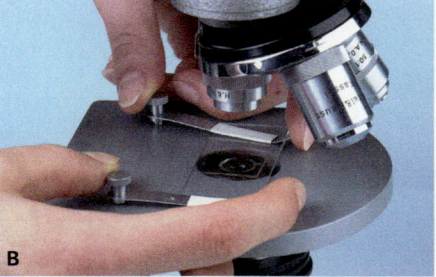 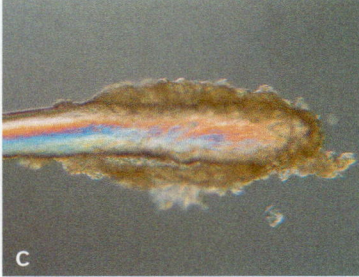

3 Anfertigung eines Trockenpräparates: **A** Trockenpräparat, **B** auf dem Objekttisch, **C** Haar mit Haarwurzel

Für Nasspräparate, zum Beispiel von Pflanzenteilen, setzt du mit dem Finger oder einer Pipette einen Tropfen Wasser in die Mitte des Objektträgers, gibst das Objekt hinein und deckst es mit einem Deckgläschen ab.

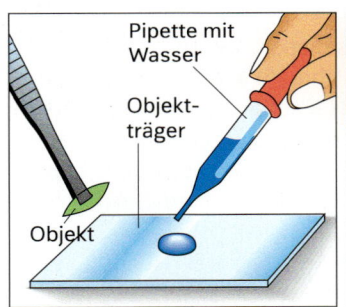 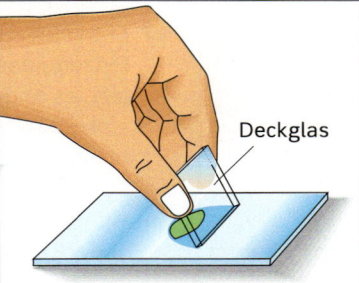 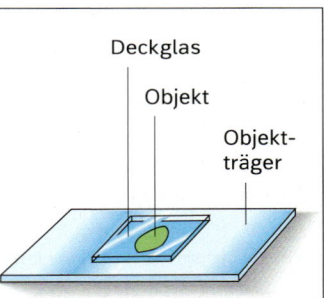

4 Anfertigung eines Nasspräparates

Richtiges Mikroskopieren

❶ Schalte die Beleuchtung ein.
❷ Stelle mit dem Objektivrevolver die kleinste Vergrößerung, also das kürzeste Objektiv, ein.
❸ Lege den Objektträger so auf den Objekttisch, dass das Präparat direkt über der beleuchteten Öffnung liegt.
❹ Schaue durch das Okular und drehe am Grobtrieb, bis das Bild scharf zu sehen ist. Mit dem Feintrieb kannst du nachregulieren.
❺ Regle mit der Blende die Helligkeit und den Bildkontrast.
❻ Suche durch Verschieben des Objektträgers auf dem Objekttisch einen geeigneten Bildausschnitt.
❼ Erst wenn das Bild scharf ist, darfst du mit dem Objektivrevolver die nächste Vergrößerung einstellen. Dann brauchst du die Bildschärfe nur noch mit dem Feintrieb nachzuregulieren.

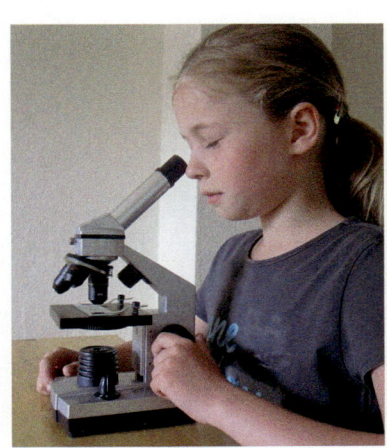

5 Beim Mikroskopieren

METHODE

Präparieren und Färben

Vorbereitung eines Objektes

Hier siehst du, wie du ein Objekt zum Mikroskopieren vorbereitest, also wie ein mikroskopisches **Präparat** hergestellt wird.

Bei manchen sehr durchscheinenden Objekten treten die Strukturen im mikroskopischen Bild erst nach dem Färben deutlich hervor.

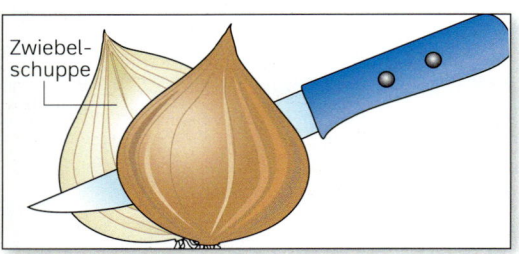

Zwiebelschuppe

Präparation von Zwiebelhautzellen

❶ Schneide eine Zwiebel zweimal längs durch, sodass du vier Teile erhältst. Entnimm eine Zwiebelschuppe.

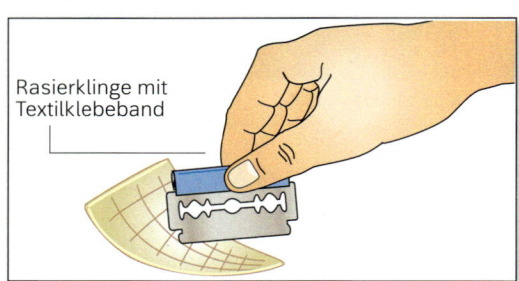

Rasierklinge mit Textilklebeband

❷ Schneide an der Innenseite mit der Rasierklinge ein Raster in das Gewebe ein. Die kleinen Vierecke, die dabei entstehen, sollten eine Kantenlänge von etwa 4 mm besitzen.

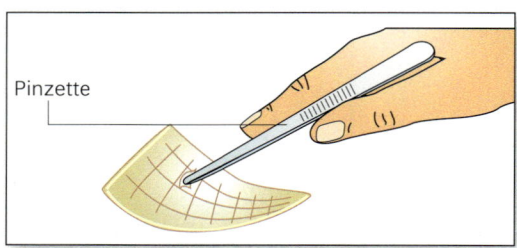

Pinzette

❸ Entnimm aus diesem Viereck mit der Pinzette das oberste feine Häutchen und lege es ohne Falten auf den Objektträger in einen Wassertropfen. Decke das Präparat mit einem Deckgläschen ab. Tupfe überschüssiges Wasser mit einem Stück Filterpapier ab.

Methylen-blau Lösung

Pipette

Färben des Präparates

Ein häufig benutzter Farbstoff ist Methylenblau. Er färbt besonders die Zellkerne und auch das Zellplasma hellblau. Der Farbstoff kann mittels Pipette vorsichtig auf das Präparat getropft werden, bevor es mit dem Deckgläschen luftblasenfrei abgedeckt wird.

Alternativ kannst du das Präparat auch direkt in einen Tropfen Farblösung legen und anschließend mit dem Deckgläschen abdecken.

Methylenblau-Lösung

ACHTUNG:
Schutzbrille tragen!

Eine mikroskopische Zeichnung anfertigen

Ein Objekt zeichnen

Wenn du ein gutes Präparat unter dem Mikroskop hast, lohnt es sich, eine Zeichnung anzufertigen, die das zeigt, was du gesehen hast.

Zeichne das Objekt möglichst genau. Achte zum Beispiel bei Zellen auf ihre Form und auf die Lage der Zellbestandteile.

Bei deiner Zeichnung kannst du zudem manches deutlicher hervorheben, als es vielleicht zu sehen ist: Zum Beispiel grenzt du die Vakuole durch eine durchgehende Linie ab, auch wenn dies nicht überall scharf im Bild zu sehen ist.

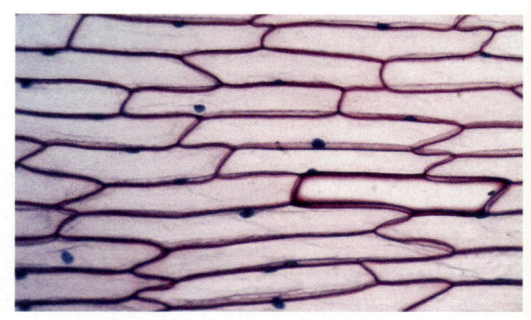

1 Zwiebelhautzellen unter dem Lichtmikroskop

METHODE

Lege deine Zeichnung **möglichst groß** an, mindestens auf einer halben Seite.

Notiere den Namen des **Objektes,** das **Datum** und deinen eigenen **Namen.** Halte bei mikroskopischen Zeichnungen die eingestellte Vergrößerung und die Art der Vorbereitung des Objekts. fest.

Zeichne mit **Bleistift** auf **weißem Papier.** Verwende zum farbigen Markieren Buntstifte.

Zeichne deutlich mit **durchgehenden Linien,** strichele nicht.

Beschrifte die gezeichneten Bestandteile des Objektes mit den entsprechenden **Fachbegriffen.**

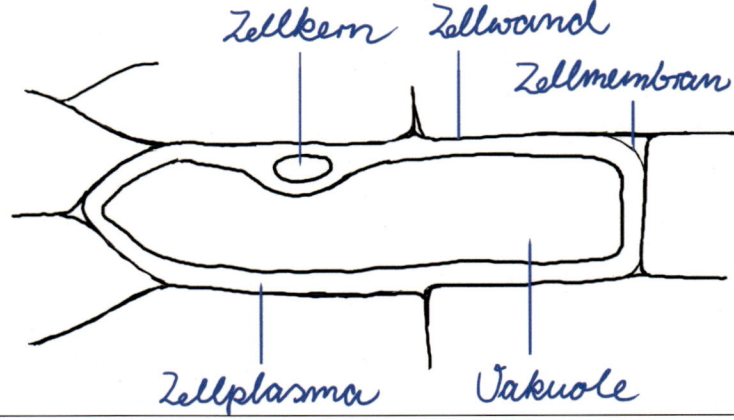

15. 04. 2015
Lena Müller

Objekt: Zwiebelhautzellen, mit Salzlösung besprüht

Vergrößerung: 400fach

Zellkern   Zellwand
Zellmembran

Zellplasma   Vakuole

GRÖSSENORDNUNGEN IM KLEINEN

Sehr winzige Gegenstände sind oft kleiner als ein Millimeter. Daher hat man für Bruchteile von Millimetern noch weitere Bezeichnungen eingeführt. Die folgende Tabelle gibt eine Übersicht.

Bezeichnung	Abkürzung	Umrechnung
Millimeter	mm	$1 \text{ mm} = \frac{1}{1000} \text{ m}$
Mikrometer	µm	$1 \text{ µm} = \frac{1}{1000} \text{ mm}$
Nanometer	nm	$1 \text{ nm} = \frac{1}{1000} \text{ µm}$

Lebewesen bestehen aus Zellen

1. ☰ Ⓐ
Nenne die Bestandteile von pflanzlichen und tierischen Zellen. Lege hierfür eine Tabelle an.

2. ☰ Ⓐ
Erläutere die Aufgaben, die die verschiedenen Zellbestandteile erfüllen.

3. ☰ Ⓥ
Untersuche mit dem Mikroskop eine Pflanzen- und eine Tierzelle und zeichne sie. Beachte dabei die entsprechenden Methodenseiten.
a) Fertige ein Präparat der Wasserpest an. Zupfe dafür mit der Pinzette ein Blättchen der Pflanze ab und lege es in einen Tropfen Wasser auf einen Objektträger. Decke das Präparat mit einem Deckgläschen ab.

b) Fertige ein Präparat der Mundschleimhaut an. Schabe mit einem Trinkhalm oder einem Holzstäbchen an der Innenseite deiner Wange entlang und streiche das abgeschabte Gewebe auf die Mitte eines Objektträgers. Gib darauf einen Tropfen Methylenblau und decke es mit einem Deckgläschen ab.
c) Vergleiche deine Zeichnungen.

Merkmale von Lebewesen

Es gibt eine Reihe von Merkmalen, die alle Lebewesen kennzeichnet. Sie ernähren sich, sie wachsen, sie vermehren sich und sie reagieren auf ihre Umwelt. Diese Merkmale gelten sowohl für pflanzliche, als auch für tierische Lebewesen.

Ein weiteres Kennzeichen von Lebewesen zeigt das Mikroskop: alle Lebewesen bestehen aus **Zellen.** Diese sind die Bausteine der Lebewesen, in denen alle Lebensvorgänge ausgeführt werden.

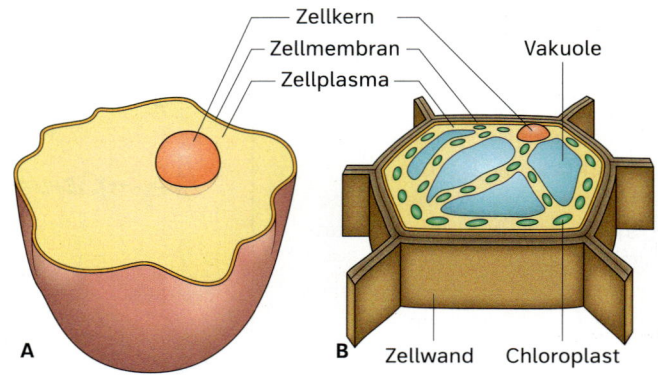

1 Zellaufbau: **A** tierische Zelle, **B** pflanzliche Zelle

Zellen haben verschiedene Aufgaben

Besteht ein Lebewesen aus nur einer Zelle, wird es **Einzeller** genannt. Diese eine Zelle führt alle notwendigen Aufgaben alleine aus. Zu dieser Gruppe gehören die Bakterien.

Mehrzeller bestehen aus vielen Zellen. Zu dieser Gruppe gehören Pflanzen und Tiere. Der Mensch besteht beispielsweise aus bis zu 100 Billionen Zellen. Die Zellen von Mehrzellern teilen sich die Aufgaben. Zellen mit gleichen Aufgaben sind zu einem **Gewebe** zusammengeschlossen. Verschiedene Gewebe bilden ein **Organ.** Bild 2 zeigt einige pflanzliche Gewebe. Verschiedene tierische Gewebe zeigt Bild 3.
Entsprechend ihrer Aufgaben sind Zellen unterschiedlich aufgebaut. Dennoch folgen alle Pflanzen- und Tierzellen dem gleichen Grundbauplan.

Zellaufbau

Alle Zellen sind von einer dünnen **Zellmembran** umgeben. Sie umgibt das **Zellplasma,** die zähflüssige Grundsubstanz der Zelle, in der alle anderen Zellbestandteile liegen. Der **Zellkern** steuert alle Lebensvorgänge der Zelle.

Pflanzenzellen enthalten gegenüber Tierzellen noch weitere Bestandteile. Sie sind zusätzlich zur Zellmembran von einer stabilen **Zellwand** umschlossen.
Grüne Pflanzenzellen erhalten ihre Farbe durch die Blattgrünkörner, die auch **Chloroplasten** genannt werden (Bild 1B). In diesen stellt die Pflanze mithilfe von Sonnenlicht Zucker her. Diesen Vorgang nennt man Fotosynthese. In den großen **Vakuolen** lagert die Pflanze Abfallstoffe, Duft- oder Farbstoffe (Bild 1A). Sie sind durch eine Membran vom Zellplasma getrennt.

> Du kannst den Aufbau von pflanzlichen und tierischen Zellen beschreiben und die Aufgaben der Zellbestandteile erläutern. Du kannst die Begriffe Einzeller und Mehrzeller erklären.

2 Zellen aus verschiedenen pflanzlichen Geweben: **A** Blütenblatt, **B** Blatt, **C** Stängel, **D** Wurzel

3 Zellen aus verschiedenen tierischen Geweben: **A** Gehirn, **B** Schleimhaut, **C** Blut, **D** Herzmuskel

Basiskonzepte S. 79

Zellen im Modell

1. ☰ **Ⓥ**
Gib in ein Becherglas ein wenig Wasser und ein paar Tropfen Spülmittel. Blase mit einem Trinkhalm vorsichtig in die Lösung, sodass sich das Glas mit großen Blasen füllt. Beschreibe, welche Form die Blasen haben und wie sie angeordnet sind.

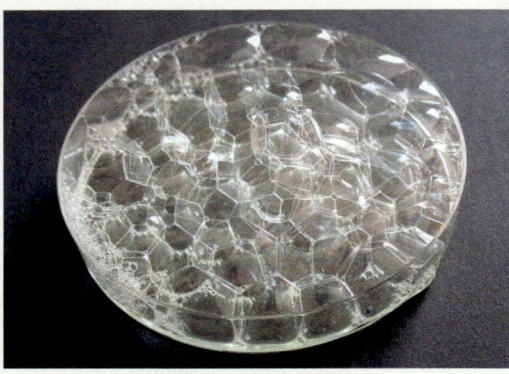

2. ☰ **Ⓥ**
a) Baue mithilfe einer durchsichtigen Plastikkiste das Modell einer Pflanzenzelle nach. Als Zellbestandteile können zum Beispiel Styroporkugeln, Luftballon, Schaumstoff, Gelatine oder Agar-Agar, grüne Bohnen und Wasser genutzt werden.
b) Kennzeichne Deckel und Boden der Plastikdose mit den Begriffen „Zell-" und „Modell". Stelle dein Zellmodell auf einen OH-Projektor und versuche, beide Begriffe scharf zu stellen. Beschreibe deine Beobachtungen.

3. ☰ **Ⓐ**
Erläutere, welche Erkenntnisse du aus den beiden Modellversuchen auf das Mikroskopieren von echten Zellen übertragen kannst.

4. ☰ **Ⓐ**
a) Vergleiche die verschiedenen Zellmodelle auf dieser Seite. Welche Modelle ähneln eher echten Zellen? Welche Merkmale werden dargestellt?
b) Bewerte die verschiedenen Modelle.

Zellen im Modell

Betrachtest du Zellen im Mikroskop, sehen sie wie flache Gebilde aus, die an den Seiten an die anderen Zellen angrenzen. Diese Vorstellung muss noch aber erweitert werden.
Zellen sind keine Flächen, sondern Körper. Sie weisen eine räumliche Struktur auf. Ihre Nachbarzellen befinden sich nicht nur an den Seiten, Zellen liegen vielmehr auch übereinander.

Zur besseren Vorstellung kannst du am besten ein Modell nutzen. Modelle stellen vereinfacht und anschaulich dar, was in der Wirklichkeit nur schwer zu erkennen ist.

> Du kannst mithilfe von Modellen den Aufbau der Zelle beschreiben. Du kannst Modelle bezüglich ihrer Eignung prüfen.

Heuaufguss

Leben im Wassertropfen

Untersuchst du mit einem Mikroskop eine Wasserprobe aus einer Regentonne, einem Gartenteich oder einem Aquarium, so wirst du feststellen: das Wasser ist voller Leben. Es ist der Lebensraum von vielen verschiedenen Einzellern. Diese Kleinstlebewesen kannst du in einem Heuaufguss züchten, um sie genauer zu beobachten.

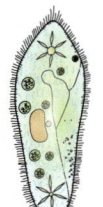

Pantoffel-
tierchen

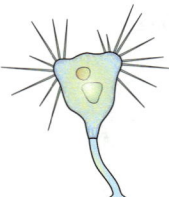

Tokophrya

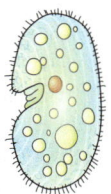

Heu-
tierchen

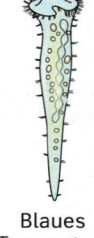

Blaues
Trompeten-
tierchen

Material

- ein großes Glasgefäß
- eine Handvoll Heu
- 1 l Leitungswasser
- 1 l Teichwasser oder Regenwasser aus der Tonne
- Glasplatte oder Klarsichtfolie zum Abdecken

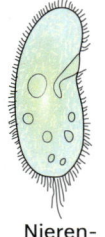

Nieren-
tierchen

Durchführung

❶ Gib in das Glasgefäß eine Handvoll Heu.
❷ Übergieße das Heu mit dem Wasserge- misch.
❸ Decke das Gefäß danach ab, um die Wasserverdunstung zu reduzieren.
❹ Stelle das Glas an einem warmen, aber nicht sonnigen Ort und lasse es eine Woche lang stehen. Die beste Temperatur liegt bei 20 bis 25 °C.

Nach einigen Tagen entsteht auf der Wasser- oberfläche eine weißliche, schmierige Schicht, die Kahmhaut. Sie wird größtenteils von Bakterien und Pilzen gebildet. Sie ernähren sich von dem Heu und vermehren sich schnell. Die Pilze und Bakterien sind selbst Futter für andere Kleinstlebewesen. Diese vermehren sich nun ebenfalls schnell und es kann mit der Probeentnahme begonnen werden.

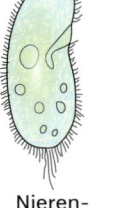

Waffen-
tierchen

Jagd nach den Einzellern

❶ Entnimm mit einer Pipette vorsichtig eine Probe aus dem Heuaufguss.
❷ Gib sie in die Vertiefung eines geschliffenen Objektträgers.
❸ Suche mit der kleinsten Vergrößerung eine Stelle, an der du viel Bewegung sehen kannst.
❹ Mikroskopiere nun nach den dir bekannten Regeln. Welche Lebewesen entdeckst du?
❺ Variiere den Ort der Probe- entnahme: aus der Kahmhaut oder direkt darunter, aus der Mitte oder vom Boden des Aufgusses.

Augen-
tierchen

Glocken-
tierchen

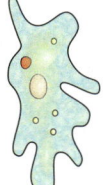

Amöbe

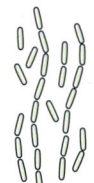

Heu-
bakterien

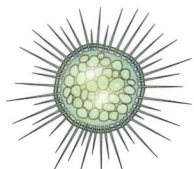

Sonnen-
tierchen

ACHTUNG:
Der Heuaufguss kann Krank- heitserreger enthalten. Beachte die allgemeinen Hygienevorschriften und die Methodenseite „Sicheres Experimentieren".

Räder-
tierchen

Stoffe bestehen aus kleinsten Teilchen

1. ☰ Ⓐ
Übertrage die Zeichnungen in dein Heft und beschrifte sie. Ergänze auch zu Bild 3 die Zeichnung der Teilchen.

2. ☰ Ⓐ
Erkläre den Lösungsvorgang von Kochsalz mithilfe des Teilchenmodells.

3. ☰ Ⓐ
Beschreibe das Mischen von zwei Flüssigkeiten mit dem Teilchenmodell. Fertige auch dazu eine Zeichnung an.

4. ☰ Ⓐ
Beschreibe die Rückgewinnung von Zucker mithilfe des Teilchenmodells.

Teilchenmodell

Kandiszucker wird in heißes Wasser gegeben. Nach und nach löst sich der Kandis auf. Es bilden sich Schlieren. Mit der Zeit wird das Zuckerstück immer kleiner. Das Auflösen des Kandis kann noch beschleunigt werden, indem das Wasser umgerührt wird.

Sobald das Wasser den Kandiszucker vollständig aufgelöst hat, ist vom Kandis nichts mehr zu sehen. Eine süß schmeckende Zuckerlösung ist entstanden.

Die Vorgänge beim Lösen von Zucker in Wasser lassen sich mit dem **Teilchenmodell** erklären.

Nach dieser Modellvorstellung bestehen alle Stoffe, also auch der Zucker, aus kleinsten Teilchen. Die Teilchen werden vereinfacht als kleine Kugeln dargestellt. Sie sind so klein, dass du sie auch mit dem Mikroskop nicht mehr sehen kannst.

1 Fester Zuckerkristall vor dem Lösen

2 Der Zuckerkristall löst sich auf.

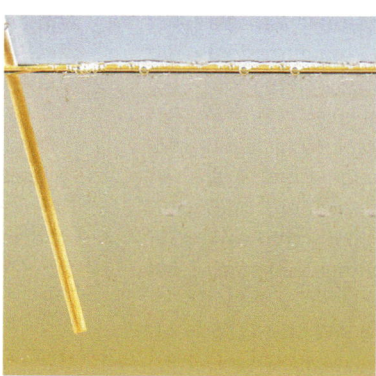

3 Der Zucker hat sich vollständig aufgelöst.

Vor dem Lösen

Im festen Zuckerkristall liegen die braunen Zuckerteilchen dicht nebeneinander und sind fest an ihre Plätze gebunden (Bild 1). Die Wasserteilchen sind nicht an feste Plätze gebunden. Sie können sich frei bewegen.

Auflösen

Die Wasserteilchen drängen sich nach und nach zwischen die Zuckerteilchen im Kristall (Bild 2). So werden die Zuckerteilchen aus dem Kristall herausgelöst und können sich zwischen den Wasserteilchen frei bewegen. Immer weiter dringen die Wasserteilchen in den Zuckerkristall hinein und lösen die Zuckerteilchen heraus, bis alle gelöst sind.

Alles ist gelöst

Sobald die Wasserteilchen alle Zuckerteilchen aus dem Kristall herausgelöst haben, ist vom Zucker nichts mehr zu sehen (Bild 3). Weil sich die Wasserteilchen ständig bewegen, verteilen sich die Zuckerteilchen im Laufe der Zeit gleichmäßig in der Lösung.

> Du kannst den Lösungsvorgang eines Stoffes mithilfe des Teilchenmodells erklären.

Mit dem Teilchenmodell arbeiten

1.
a) Fülle zwei 50-ml-Messzylinder jeweils mit 25 ml Wasser. Gieße beide Flüssigkeiten zusammen und miss das Gesamtvolumen.
b) Wiederhole den Versuch mit Spiritus.

2. ≣ Ⓥ ◈
Fülle einen 50-ml-Messzylinder mit 25 ml Wasser und einen zweiten 50-ml-Messzylinder mit 25 ml Spiritus. Gieße beide Flüssigkeiten zusammen, mische gründlich und miss das Gesamtvolumen.

3. ≣ Ⓐ
Vergleiche die Ergebnisse aus den Versuchen 1 a) und 1 b) mit dem Ergebnis aus Versuch 2. Was fällt dabei auf?

4. ≣ Ⓥ
a) Fülle zwei Messzylinder jeweils mit 25 ml Senfkörnern als Modell für das Wasser. Gieße beides zusammen. Wie groß ist das Gesamtvolumen?
b) Wiederhole den Versuch a) mit Erbsen als Modell für Spiritus.

5. ≣ Ⓥ
Gib in einen Messzylinder 25 ml Senfkörner und in einen zweiten Messzylinder 25 ml Erbsen. Vermische beides zunächst gründlich in einem Becherglas und miss dann das Volumen der Mischung in einem Messzylinder.

6. ≣ Ⓐ
Vergleiche und erkläre die Ergebnisse aus den Versuchen 4 a) und 4 b) mit dem Ergebnis aus Versuch 5.

7. ≣ Ⓐ
Übertrage die Erklärung aus dem Modellversuch mit den Erbsen und Senfkörnern auf das Ergebnis des Versuchs mit Wasser und Spiritus.

8. ≣ Ⓐ
Zeichne das Ergebnis von Versuch 2 im Teilchenmodell.

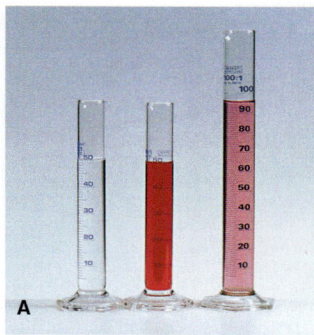
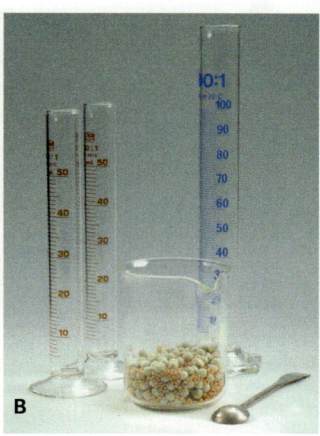

1 Mischversuche: **A** Wasser und Spiritus, **B** Erbsen und Senfkörner als Modellversuch

Ein unerwartetes Ergebnis

Zwei Flüssigkeiten, Spiritus und Wasser, werden gemischt. Das Ergebnis ist überraschend: es verschwindet etwas. Das Volumen des Gemisches ist kleiner als die Summe der zuvor genau abgemessenen Einzelvolumen. Wie lässt sich dieser Schwund erklären?
In den Naturwissenschaften lassen sich Probleme oft nur mithilfe von Modellen lösen. So ist es auch in diesem Fall.

Modell der kugelförmigen Teilchen

Nach dem **Teilchenmodell** sind die kleinsten Teilchen der Stoffe winzige Kugeln. Diese Kugeln sind unterschiedlich groß.
Mit diesem einfachen Modell lässt sich die Verringerung des Volumens beim Mischen von Wasser und Spiritus erklären. Im Beispiel in Versuch 5 sind die Senfkörner die stark vergrößerten Modelle für die Wasserteilchen. Die Erbsen stellen die Spiritusteilchen dar. Werden Wasser und Spiritus vermischt, so füllen die kleineren Wasserteilchen die Hohlräume zwischen den größeren Spiritusteilchen aus. Deshalb wird das Gesamtvolumen geringer. Das lässt sich am Modellversuch mit Erbsen und Senfkörnern leicht erkennen.

Modelle haben Grenzen

Modelle können helfen, bestimmte Beobachtungen zu verstehen. Sie haben aber ihre Grenzen. Das Modell vom Aufbau der Stoffe aus unterschiedlich großen Teilchen ist kein genaues Abbild der Wirklichkeit. Es ist nur eine vereinfachte Darstellung, die die Verringerung des Volumens verständlich macht.
Ein Modell gibt immer nur einen Teil der Wirklichkeit wieder. So lässt sich mit diesem Teilchenmodell nicht erklären, warum manche Stoffe bei einer bestimmten Temperatur fest, andere flüssig oder gasförmig sind.

Kristalle

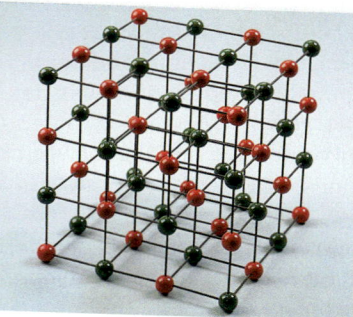

Kochsalz

Der chemische Name von Kochsalz ist Natriumchlorid. Es bildet würfelförmige Kristalle unterschiedlicher Größe. Kleinere Kristalle kannst du auch mit einer Lupe beim Kochsalz in der Küche entdecken. Die kleinsten Teilchen des Kochsalzes ordnen sich, wie auch die kleinsten Teilchen anderer Kristalle, in ganz bestimmten Formationen an. Diese Formation heißt **Kristallgitterstruktur**. Sie ist beim Kochsalz würfelförmig.

Gips

Gips bildet nadelförmige Kristalle. Der chemische Name von Gips ist Calciumsulfat. Du kennst Gips von der Behandlung eines Arm- oder Beinbruches oder von Reparaturen an Wänden im Hause.

Marmor

Der Kristall des Marmors sieht aus wie eine Doppelpyramide. Diese Kristalle können beim Marmor farblich verschieden sein. Der chemische Name von Marmor ist Calciumcarbonat.

1. ≡ Ⓥ
Rühre Gipspulver in einem sauberen Jogurtbecher mit etwas Wasser an. Streiche eine ganz dünne Schicht des angerührten Gipses auf einen Objektträger und betrachte den noch weichen Gips unter dem Mikroskop.

2. ≡ Ⓐ
a) Finde heraus, wo in Deutschland Marmor abgebaut wird.
b) Wozu wird Marmor heute verwendet?

Kristalle züchten

Kristalle
Kristalle, die du als **Mineralien** findest, sind in sehr langen Zeiträumen entstanden. Aus gesättigten Salzlösungen kannst du schneller schöne Kristalle züchten.

Materialien

Glasgefäße (Gurkengläser oder hohe Bechergläser), Holzstäbe, Wollfaden (mit einem kleinen Metallstück beschwert), Zwirnsfaden, Pappdeckel, Kochsalz, Alaun (Kaliumaluminiumsulfat), destilliertes Wasser, Natronwasserglas-Lösung (Natriumsilikat), Eisen (III)-chlorid, Kupfer (II)-chlorid, Eisensulfat und Calciumchlorid.

❶ Kristalle am Wollfaden
Gieße eine Lösung aus 35 g Kochsalz und 100 ml warmem Wasser in ein Glasgefäß. Befestige den Wollfaden am Holzstab und hänge ihn in das Glas (Bild 1). Beobachte einige Tage.

1 Kristalle am Wollfaden

❷ Ein Alaun-Kristall wächst
Löse Alaun (16 g pro 100 ml) in destilliertem Wasser von 50 °C. Filtriere die Lösung und gieße einen Teil davon in eine flache Schale, den Rest in ein Vorratsgefäß. Beim Abkühlen kristallisieren am Boden der Schale Alaun-Kristalle aus. Binde einen dünnen Faden um den schönsten Kristall.

2 Alaun-Kristall

Gieße nun Alaunlösung in ein Becherglas und hänge den Kristall in die Lösung (Bild 2). Stelle das Gefäß an einen Platz mit gleichbleibender Temperatur. Beobachte das Wachsen des Kristalls über einige Wochen. Entferne zwischendurch die kleinen Kristalle, die sich am Faden bilden. Gieße bei Bedarf Alaunlösung gleicher Temperatur nach.

❸ Zuschauen beim Wachsen
Lege einen Objektträger unter das Mikroskop. Gib einen Tropfen Alaunlösung auf den Objektträger und beleuchte ihn von unten. Betrachte die Veränderungen.

3 „Chemischer Garten"

❹ Ein chemischer Garten unter Wasser
Mische Natronwasserglas (Natriumsilikat) und Wasser im Verhältnis 1:1 und fülle damit ein großes Glasgefäß. Lass nun Kristalle der Eisensalze, des Kupferchlorids und des Calciumchlorids mit einem Spatel an unterschiedlichen Stellen in das Glasgefäß gleiten. Die Kristalle sollten einen Durchmesser von etwa 1 mm bis 2 mm haben. Beobachte die Vorgänge im Glasgefäß etwa 5 min.

Du kannst in einem neuen Versuch auch die Reaktionen weiterer Salze ausprobieren. Beachte dabei jedoch immer die Sicherheits- und Entsorgungshinweise. Als Salze eignen sich noch: Chrom (III)-chlorid, Kupfersulfat, Mangansulfat und Calciumnitrat.

ENTSORGUNGSHINWEIS
Gieße das Gemisch aus Natronwasserglas und Wasser vorsichtig in den Ausguss und spüle mit viel Wasser nach. Die „Pflanzen" musst du in den Behälter als Schwermetallabfall entsorgen.

PRAKTIKUM

Blick in das Weltall

1. A
Beim Einprägen der Namen der Planeten kann dir dieser Satz helfen:
„Mein Vater erklärt mir jeden Sonntag unseren Nachthimmel."
Ordne die Planeten den Anfangsbuchstaben zu.

2. A
Die Planeten sind auf dieser Seite im Maßstab
1: 2 831 600 000 gezeichnet. Berechne die
Durchmesser der Planeten.

3. V
a) Stelle gemeinsam mit acht Mitschülerinnen
Mitschülern die Entfernungen der Planeten
innerhalb des Sonnensystems in einem Modell
dar. Ein Schüler erhält ein Schild mit der Auf-
schrift „ Sonne". Die anderen bekommen
je einSchild mit dem Namen eines Planeten.
b) Markiert die Bahnen, auf denen sich die Planeten
um die Sonne bewegen, als Kreise. Dabei
soll der Abstand Sonne-Erde 1 m
entsprechen.

Jupiter

Merkur

Venus

Erde

Mars

Die Astronomie

Die Abhängigkeit der Men-
schen von ihrer natürlichen
Umgebung führte dazu, dass
bereits die Menschen der
Steinzeit den Nachthimmel
aufmerksam beobachteten. In
dieser frühen Geschichte der
Menschheit hat die **Astrono-
mie** ihren Ursprung. Zu dieser
Zeit hatte die Beobachtung des
Himmels für die Menschen vor
allem praktische Bedeutung.
Sie diente der Einteilung der Zeit
und bestimmte den Lebens-
rhythmus. Außerdem wurde der
Sternenhimmel zur Orientierung
auf der Erde genutzt. Wenn du in
einer wolkenlosen Nacht zum Himmel blickst, kannst du den Mond
und viele Lichtpunkte sehen.

Sterne und Sternbilder

Der überwiegende Teil der hellen Lichtpunkte,
die du am Nachthimmel beobachten kannst,
sind **Sterne.** Sterne sind **selbstleuchtende
Körper.** Der einzige Stern, den du auch am
Taghimmel sehen kannst, ist unsere **Sonne.**
Sie ist eine riesige Gaskugel und besteht
größtenteils aus Wasserstoff und Helium.
Obwohl sie etwa 150 Millionen km von der
Erde entfernt ist, ist sie der uns nächste Stern.
Der Stern Proxima Centauri, mit der zweit-
kleinsten Entfernung von der Erde, hat bereits
einen Abstand von 40 Billionen km. Weil die
Sterne so weit entfernt sind, kannst du sie nur
als kleine Lichtpunkte sehen. Viele scheinen
direkt nebeneinander zu liegen.
Diese scheinbar benachbarten Sterne wurden
schon sehr früh von den Menschen gedanklich
zu **Sternbildern** verbunden. Die von der Erde
aus sichtbaren Sterne und Sternbilder werden
auf einer **Sternkarte** abgebildet.

MASSSTAB

Viele sehr große Dinge wie Planeten können in Büchern nur sehr
stark verkleinert dargestellt werden. Dazu wird ein Maßstab
benutzt. Die Angabe 1:1000 (lies: eins zu eintausend) bedeutet:
1 cm im Bild entspricht 1000 cm in der Wirklichkeit.

Planeten

Im Gegensatz zu den Sternen leuchten die **Planeten** nicht selber. Du kannst sie als Lichtpunkte sehen, weil sie von der Sonne beleuchtet werden. Planeten sind **beleuchtete Körper.** Sie besitzen die Form einer mehr oder weniger abgeplatteten Kugel und bewegen sich auf kreisähnlichen Bahnen um die Sonne. Diese Bahnen werden **Ellipsen** genannt. Unsere Sonne wird von acht Planeten umkreist. Der sonnennächste Planet ist der **Merkur,** gefolgt von **Venus,** die fast doppelt so weit von der Sonne entfernt ist. In der Reihenfolge des größer werdenden Sonnenabstandes folgen die Planeten **Erde, Mars, Jupiter, Saturn** und **Uranus.** Am weitesten von der Sonne entfernt ist der Planet **Neptun.**

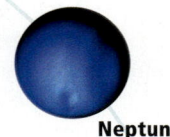

Neptun

Monde

Von den acht Planeten, die sich um die Sonne bewegen, werden sechs ebenfalls von kugelähnlichen Körpern umkreist. Diese Art von Himmelskörpern wird als **Mond** oder **Trabant** bezeichnet. In der Umgangssprache ist mit dem Begriff Mond fast immer Luna gemeint, der Begleiter der Erde. Monde sind beleuchtete Körper. Genau wie die Planeten haben auch ihre Monde sehr unterschiedliche Eigenschaften. Die Anzahl der Monde, die einen Planeten umkreisen, ist sehr verschieden. Die Planeten Merkur und Venus haben gar keinen Mond. Die Erde hat einen Mond, der Mars zwei, Jupiter und Saturn haben jeweils etwa 60 Monde.

Saturn

Uranus

Die Galaxien

Bei vielen der Lichtpunkte im Weltall handelt es sich nicht um einzelne Sterne, sondern um eine große Ansammlung vieler Sterne, Planeten, Gasnebel und anderer Objekte. Da sich diese aber in sehr großer Entfernung zu uns befinden, sehen wir nur einen Lichtpunkt oder einen Nebel.

Diese sogenannten **Galaxien** unterscheiden sich im Aussehen, in der Größe und der Zusammensetzung. Einige Galaxien sind spiralförmig, andere linsenförmig und manche haben keine bestimmte Form. Unser Sonnensystem liegt in einem der Spiralarme einer Spiralgalaxie. In einer dunklen, sternenklaren Nacht kannst du diesen Spiralarm als ein weißes Band am Himmel sehen. Da dieses Band aussieht wie eine Straße aus Milch, wird unsere Galaxie auch **Milchstraße** genannt (Bild 1).

> Du kannst den Aufbau unseres Sonnensystems beschreiben. Du kannst verschiedene Himmelskörper nennen und ihre Eigenschaften beschreiben.

ASTRONOMISCHE EINHEIT AE

Für die Angabe kleinerer astronomischer Längen wird die **Astronomische Einheit (AE)** genutzt. Sie entspricht der mittleren Entfernung von Erde und Sonne.

1 AE = 149 600 000 km = 149,6 Millionen km = 149,6 · 10^6 km

LICHTJAHR LJ

Große astronomische Entfernungen werden durch die Einheit **Lichtjahr (Lj)** angegeben. Sie entspricht der Strecke, die das Licht innerhalb eines Jahres im Weltall zurücklegt.

1 Lj = 63 240 AE = 9 500 000 000 000 km = 9,5 Billionen km = 9,5 · 10^{12} km

Unsere Sonne

1 Die Milchstraße

Schatten im Weltall

1. ☰ Ⓥ
Beleuchte einen Globus von der Seite mit einer Lampe (Bild 1). Suche deinen Wohnort und drehe den Globus. Wie kommt es zu Tag und Nacht?

2. ☰ Ⓥ
a) Setze dich auf einen Drehhocker. Lass wie in Bild 2 eine weiße Kugel, die den Mond darstellt, von einer Lampe als Sonne beleuchten. Dreh dich mit der Kugel um dich selbst. Betrachte die helle Fläche der Kugel an den verschiedenen Positionen und beschreibe, was du siehst.
b) Drehe dich so, dass du einen Vollmond und anschließend einen Neumond siehst.

3. ☰ Ⓥ
Fertige ein Daumenkino für die Mondphasen an.

1 Tag und Nacht auf der Erde

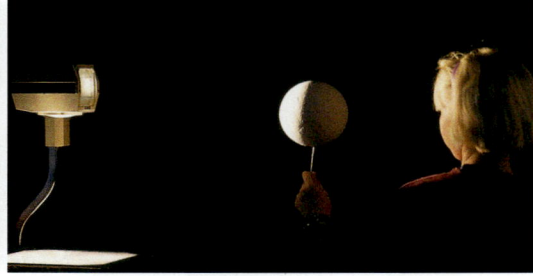

2 Entstehung der Mondphasen

Schatten im Weltraum

Trifft das Licht der Sonne auf die Erde, so ist auf dieser Seite der Erdkugel **Tag.** Die andere Seite liegt im eigenen Schattenraum, hier ist **Nacht** (Bild 1). Weil sich die Erde um ihre eigene Achse dreht, wechseln sich für jeden Ort Tag und Nacht miteinander ab.

Auch der Mond hat eine Tag- und Nachtseite. Er kann das auftreffende Licht der Sonne in unser Auge lenken. Du siehst ihn als hell leuchtenden Himmelskörper. Wenn du im Verlauf eines Monats den Mond betrachtest, kannst du die scheinbare Veränderung seiner Gestalt beobachten. Etwas mehr als 12-mal im Jahr wechselt sie von Neumond über Vollmond wieder zu Neumond. Diese verschiedenen Erscheinungsbilder heißen **Mondphasen.** Die Ursache für ihre Entstehung liegt darin, dass der Mond die Erde in 29,5 Tagen einmal umkreist.

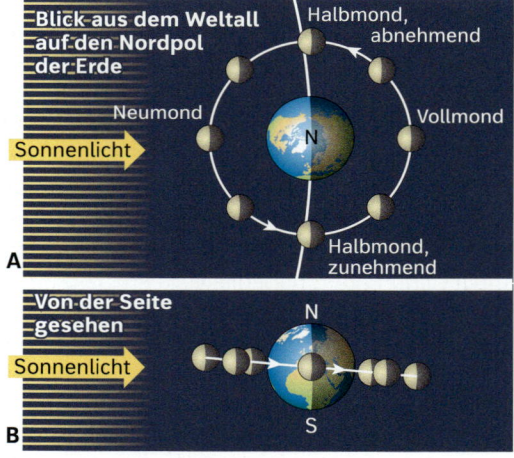

3 A – B Die Stellung des Mondes im Weltraum

Vollmond und Halbmond

Schickt die voll beleuchtete Hälfte des Mondes das Licht zur Erde, siehst du den Mond als vollen Kreis. Für uns ist **Vollmond.** Ist die beleuchtete Mondhälfte nur teilweise der Erde zugewandt, erscheint uns der Mond je nach Stellung in der bekannten Sichelform oder als Halbkreis (Bild 3 A). Dann ist für uns **Halbmond.**

Neumond

Während einer gewissen Zeit entschwindet der Mond bei Nacht unseren Blicken ganz. Dann wendet er der Erde seine Nachtseite zu. Diese Stellung heißt **Neumond.**

Vollmond und Neumond kannst du nur beobachten, wenn Sonne, Erde und Mond nicht auf einer geraden Linie zueinander stehen. Vollmond kann nur nachts und Neumond kann nur am Tage auftreten (Bild 3 B).

Du kannst die Entstehung von Tag und Nacht beschreiben.

Totale und partielle Mond- und Sonnenfinsternis

1. Setze dich als Erde auf einen Drehhocker vor eine Leuchte, die die Sonne darstellt. Halte eine weiße Kugel als Mond zwischen dich und die Leuchte. Beschreibe, wie du die Kugel halten musst, damit du eine Sonnenfinsternis erzeugst.

2. Untersuche, wie eine partielle, also teilweise Sonnenfinsternis entsteht.

3. Dreh dich mit dem Rücken zur Leuchte. Halte die weiße Kugel vor dich. Welche Finsternis ist jetzt entstanden?

4. Untersuche, wie du die Mondkugel für eine partielle Mondfinsternis halten musst.

5. Erläutere, ob Sonnen- und Mondfinsternis gleichzeitig stattfinden können.

Sonnenfinsternis

Die Finsternisse kommen dadurch zustande, dass sowohl die Erde als auch der Mond im Weltraum **Kern- und Halbschatten** bilden. Die Kernschatten sind kegelförmig (Bild 1A). Die Halbschatten ergeben sich, weil die Sonne für Erde und Mond eine ausgedehnte Lichtquelle ist.

Wenn der Mond auf seiner Bahn um die Erde gelegentlich genau zwischen Sonne und Erde steht, fällt sein Schatten auf die Erde. Der Mond verdeckt dann für die Bewohner im Schatten die Sonne. Dadurch kommt eine **Sonnenfinsternis** zustande (Bild 1B). Im Kernschatten des Mondes erleben sie eine **totale Sonnenfinsternis.** Für Beobachter im Halbschatten verdeckt der Mond nur einen Teil der Sonne. Sie erleben eine **partielle Sonnenfinsternis.**

Der Schatten des Mondes hat einen Durchmesser von ungefähr 300 km und wandert infolge der Erddrehung in einem schmalen Streifen über die Erde hinweg. Deshalb kann eine Sonnenfinsternis immer nur auf einem kleinen Teil der Erde beobachtet werden. In Deutschland fand die letzte totale Sonnenfinsternis am 11. August 1999 statt. Sie war in Süddeutschland wie auf dem Bild unten auf dieser Seite zu sehen.

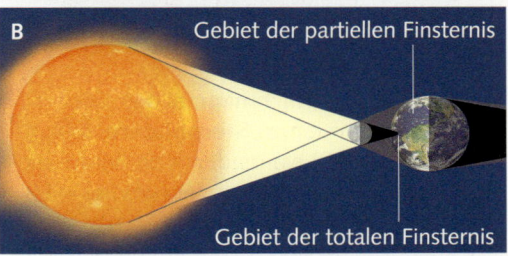

1 A Schattenkegel im Weltraum, **B** partielle und totale Sonnenfinsternis, **C** Entstehung einer Mondfinsternis

Mondfinsternis

Steht der Mond im Kernschattenraum der Erde, fällt kein Licht auf ihn. Die Erdbewohner sehen dann eine **totale Mondfinsternis** (Bild 1C). Befindet sich der Mond nur teilweise im Kernschatten der Erde, ist er teilweise beleuchtet. Die Menschen sehen dann den Mond sichelförmig verdunkelt. Jetzt herrscht **partielle Mondfinsternis.**

Vollmond und Neumond

Die Bahn des Mondes um die Erde ist gegen die Bahn der Erde um die Sonne geneigt. Deshalb finden nicht bei jedem Vollmond eine Mondfinsternis und auch bei jedem Neumond eine Sonnenfinsternis statt.

Der nördliche und der südliche Sternenhimmel

1. Nenne die Hauptsterne folgender Sternbilder: Löwe, Jungfrau, Bootes, Zwillinge, Orion, Großer Hund, Kleiner Hund, Stier, Schwan, Adler, Leier, Fuhrmann, Skorpion, Walfisch.

2. Wie unterscheiden sich die Namen der Sternbilder am südlichen Sternenhimmel von denen am nördlichen Sternenhimmel?

3. Erkläre, was das Kreuz des Südens und der Polarstern anzeigen.

Fixsterne am Nachthimmel

Die Menschen benutzten den Sternenhimmel früher zur Orientierung. Bei der Beobachtung des Sternenhimmels stellten sie fest, dass viele Sterne ihre Position scheinbar nicht veränderten. Deshalb wurden sie **Fixsterne** genannt. Sie waren dazu geeignet, die Position und die Richtung zu bestimmen. Andere sehr helle Punkte am Nachthimmel veränderten im Laufe des Jahres ihre Position. Es sind die von der Sonne beleuchteten **Planeten**.

Sternbilder

Fixsterne, die am Nachthimmel benachbart erscheinen, wurden zu **Sternbildern** zusammengefasst. 1928 wurde durch die Internationale Astronomische Union der Himmel in 88 exakt voneinander abgegrenzte Sternbilder eingeteilt. Davon sind 30 nur am nördlichen und 47 nur am südlichen Himmel zu sehen. Die einzelnen Sterne eines Bildes werden mit griechischen Buchstaben bezeichnet. Dabei erhält der hellste Stern den Buchstaben α. Die hellsten und auffälligsten Sterne haben aber oft auch eigene Namen. Diese Sterne werden **Hauptstern** des Sternbildes genannt.

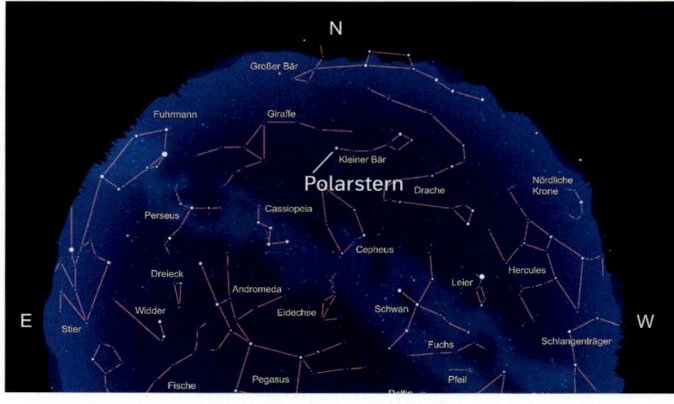

2 Nördlicher Sternenhimmel mit Polarstern im Herbst

Der nördliche Sternenhimmel

Ein Fixstern im nördlichen Sternenhimmel ist der **Polarstern.** Er findet sich am Ende der Deichsel des Sternbildes kleiner Bär, der häufig auch kleiner Wagen genannt wird. Die Sternbilder bewegen sich das Jahr über um den Polarstern herum. Deshalb wurde der Polarstern früher zur Orientierung benutzt, da er sich nur wenig von seiner Stelle am Himmel wegbewegt. Der Polarstern zeigt die Nordrichtung an. Die Namen der Sternbilder am Nordhimmel entstammen vorwiegend der griechischen Sagen- und Götterwelt.

Der südliche Sternenhimmel

Die Sternbilder des südlichen Himmels wurden zumeist von Seefahrern geprägt. Sie benötigten Sternkarten, um sich in den unbekannten Gewässern der Südhalbkugel besser orientieren zu können. Die Namen der Bilder entstammen der Welt der Seefahrt oder entstanden nach der vorgefundenen Tierwelt. Beispiele dafür sind die Sternbilder Sextant, das Segel des Schiffs, Paradiesvogel oder Schwertfisch. Die Längsachse vom **Kreuz des Südens** weist direkt zum Südpol.

1 Südlicher Sternenhimmel mit Kreuz des Südens

> Du kannst die Bedeutung eines Fixsterns für die Menschen erklären und erläutern, dass Sterne und Sternbilder der Orientierung dienten.

Einen Lerngang planen

Bestimmte Dinge kann man am besten vor Ort untersuchen und in Erfahrung bringen. Dazu könnt ihr einen Lerngang unternehmen. Zum Thema Sternenhimmel bietet sich zum Beispiel ein Besuch im Planetarium an. Heutzutage stehen euch zwei Möglichkeiten zur Verfügung, etwas von den Sternen zu sehen und über sie zu erfahren: Die Sternwarte und das Planetarium.

Eine Sternwarte ist ein „Fernrohr-Raum", dessen Dach zu öffnen ist. In einer Sternwarte können bei klarem Wetter und fast nur nachts Himmelskörper durch ein Teleskop beobachtet werden.

In einem Planetarium ist dies auch bei Tag oder bei Regen möglich – an einem künstlichen Himmel. Meistens sehen Besucher des Planetariums auch mehr Sterne, als in unseren Großstädten wegen der vielen Lichter erkennbar sind. Ein Planetarium ist ein „Weltall-Raum".

Ein Planetariumsprojektor oder auch Beamer erzeugt einen künstlichen Himmel an eine Kuppel. Dadurch können die Besucher sie zum Beispiel lernen, welche verschiedenen Himmelskörper es gibt und wie sie sich bewegen. Sie können sich den Himmel über Australien ansehen und auch die Jahreszeiten können im „Schnell-durchlauf" betrachtet werden. In vielen Planetarien können Filme und Computeranimationen an die gesamte Kuppel projiziert werden.

Wohin?
Gibt es Planetarien und Sternwarten in deiner Nähe? Welche Angebote für Kinder und Jugendliche gibt es dort?

Wie?
Auf welchem Weg und mit welchem Verkehrsmittel erreicht ihr den Ort? Wie lange dauert die Fahrt? Wie hoch sind die Kosten?

Wer?
Bildet Expertengruppen. Wer stellt die Fragen? Wer notiert Antworten und Ergebnisse? Wer führt ein Protokoll? Wer bereitet die Ausrüstung vor?

Was?
Welche Themen interessieren euch? Woher bekommt ihr weitere Informationen? Wie werden die Antworten und Ergebnisse dokumentiert (Notizen, Fotos, Handyfilme, Zeichnungen, Tonaufzeichnungen, …)? Welche Ausrüstung benötigt ihr für euren Lerngang (Handy, Kamera, Schreibzeug, …)? Wie stellt ihr eure Ergebnisse anderen vor (Wandzeitung, Ausstellung, Artikel für die Schülerzeitung, …)?

Welt des Kleinen – Welt des Großen

Sterne und Planeten

Sterne wie die Sonne sind selbstleuchtende Körper. Planeten und Monde sind beleuchtete Körper. In unserem Sonnensystem bewegen sich die acht Planeten Merkur, Venus, Erde, Mars, Jupiter, Saturn, Uranus und Neptun um den Stern Sonne. Erde, Mars, Jupiter, Saturn, Uranus und Neptun werden von Monden umkreist. Der Mond der Erde heißt Luna.

Sonnen- und Mondfinsternis

Fällt der Schatten des Mondes auf die Erde, so entsteht eine Sonnenfinsternis. Durchläuft der Mond den Kernschatten der Erde, so entsteht eine Mondfinsternis.

Das Teilchenmodell

Nach dem Teilchenmodell bestehen alle Stoffe aus kleinsten, kugelförmigen Teilchen. Mithilfe des Teilchenmodells lassen sich beispielsweise Lösungsvorgänge oder Kristallstrukturen erklären.

Sammellinse
- in der Mitte dicker als am Rand
- in der Brille: Korrektur von Weitsichtigkeit

Zerstreuungslinse
- in der Mitte dünner als am Rand
- in der Brille: Korrektur von Kurzsichtigkeit

Optische Geräte

Lupen sind Sammellinsen. Sie können bis zu 10-fach vergrößern. Ein Binokular vergrößert etwa 4- bis 40-fach.

Lichtmikroskope vergrößern bis etwa 1000-fach. Damit lassen sich pflanzliche und tierische Zellen sichtbar machen und Einzeller lebend beobachten. Ein Mikroskop hat als Objektiv und Okular Sammellinsen. Das Okular wirkt als Lupe.

Fernrohre bilden entfernte Gegenstände vergrößert ab. Das astronomische Fernrohr hat zwei Sammellinsen. Ein Gegenstand erscheint darin umgekehrt. Das GALILEI-Fernrohr hat als Objektiv eine Sammellinse, als Okular eine Zerstreuungslinse. Das Bild ist aufrecht.

Zellen und Gewebe

Lebewesen bestehen aus Zellen. Die Grundsubstanz der Zelle ist das Zellplasma. Es ist von der Zellmembran umgeben. Der Zellkern ist die Steuerzentrale der Zelle.

Pflanzenzellen besitzen eine stabile Zellwand. Grüne Pflanzenzellen enthalten Chloroplasten. In diesen findet die Fotosynthese statt. In den Vakuolen lagern Pflanzen Duft- und Farbstoffe.

Zellen mit gleichen Aufgaben sind zu Geweben zusammengeschlossen. Verschiedene Gewebe bilden ein Organ.

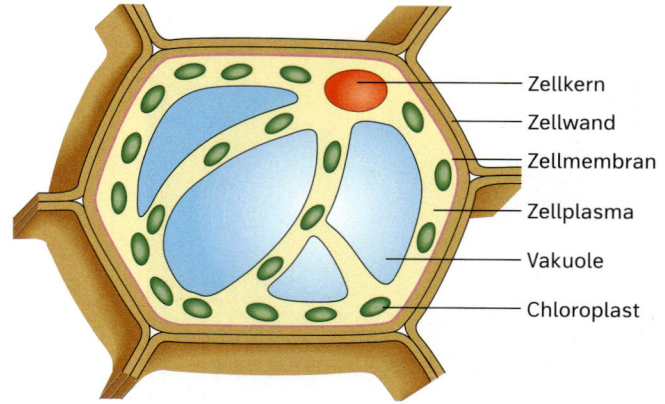

- Zellkern
- Zellwand
- Zellmembran
- Zellplasma
- Vakuole
- Chloroplast

System

Entwick-lung

Stoff Teilchen Materie

Struktur Eigenschaft Funktion

Entwicklung; System

Die Entwicklung astronomischer Fernrohre ermöglichte die genauere Beobachtung unseres Sternensystems.

1. Ⓐ

Beschreibe den Aufbau eines Fernrohres. Welche Linsen werden verwendet?

2. Ⓐ

An welchen Sternen haben sich die Menschen früher orientiert, da sie scheinbar ihre Position nicht veränderten. Nenne einen von ihnen, der am nördlichen Sternenhimmel zu sehen ist.

→ S. 58/76

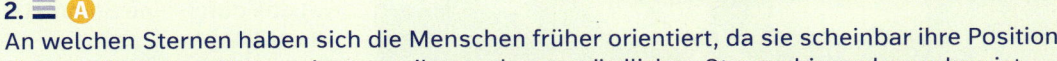

Stoff – Teilchen – Materie

3. 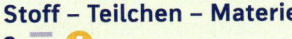 Ⓐ

Beschreibe mithilfe des Teilchenmodells, wie sich beim Auflösen die Struktur des Zuckerkristalls ändert.

→ S. 68

System; Struktur – Eigenschaft – Funktion

4. Ⓐ

In der Abbildung siehst du eine Pflanzenzelle und ihre Bestandteile. Nenne die besonderen Eigenschaften dieser Bestandteile.
Erläutere an einem Beispiel genauer, wie die Eigenschaften und die Funktion des Bestandteils zusammenhängen.

→ S. 64

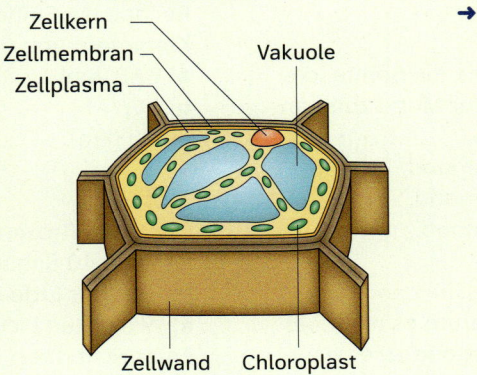

Zellkern
Zellmembran
Zellplasma
Vakuole
Zellwand
Chloroplast

Die Erde im Sonnensystem

Kannst du schon ...

... den Aufbau unseres Sonnensystems beschreiben?
(S. 72 – S.73)

... verschiedene Himmelskörper nennen und ihre Eigenschaften beschreiben? (S. 72 – S.73)

... die Entstehung von Tag und Nacht beschreiben? (S. 74)

... die Phänomene Vollmond, Halbmond und Neumond erklären? (S. 74)

... die Einheiten nennen und erklären, die für kleine und große astronomische Entfernungen verwendet werden? (S. 72 – S.73)

Aufbau von optischen Geräten

Kannst du schon ...

... die Funktionweise einer Sammellinse und einer Zerstreuungslinse beschreiben? (S. 58)

... Einsatzmöglichkeiten für Sammellinsen und Zerstreuungslinsen nennen? (S. 58)

1. ≡ Ⓐ
Nenne die acht Planeten unseres Sonnensystems in der richtigen Reihenfolge von der Sonne aus gesehen.

2. ≡ Ⓐ
Nenne jeweils ein selbst leuchtendes und ein beleuchtetes astronomisches Objekt.

3. ≡ Ⓐ
Zeichne, wie die Sonne, die Erde und der Mond zueinander stehen
a) bei Halbmond,
b) bei Neumond,
c) bei Vollmond.

4. ≡ Ⓐ
Erkläre, warum es nicht bei jedem Vollmond zu einer Mondfinsternis kommt.

5. ≡ Ⓐ
a) Nenne und erkläre die Einheit, die für die Angabe kleinerer astronomischer Längen verwendet wird.
b) Nenne und erkläre die Einheit, die für die Angabe großer astronomischer Längen verwendet wird.

6. ≡ Ⓐ
Rechne die Einheiten in den Klammern um:
a) 1 AE (km),
b) 1 Lj (AE),
c) 1 Lj (km).

7. ≡ Ⓐ
Der Stern Proxima Centauri ist etwa 40 Billionen Kilometer von der Erde entfernt.
a) Wie vielen Lichtjahren entspricht das?
b) Wie viele Lichtjahre ist die Sonne von der Erde entfernt?

8. ≡ Ⓐ
Zeichne und beschreibe den Verlauf des Lichtes,
a) das durch eine Sammellinse fällt,
b) das durch eine Zerstreuungslinse fällt.

9. ≡ Ⓐ
Vergleiche den Aufbau von Mikroskop und Fernrohr.

10. ≡ Ⓐ
Benenne die mit Zahlen bezeichneten Teile des Mikroskops.

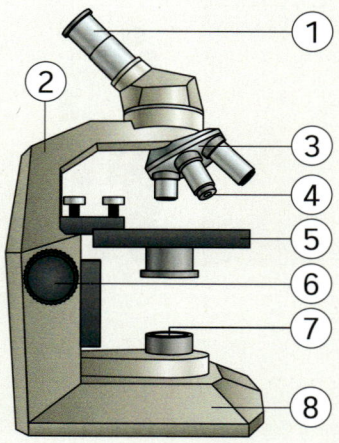

Zellen und kleinste Teilchen

Kannst du schon ...

... Untersuchungen mit der Lupe und dem Binokular durchführen? (S. 59)

... Untersuchungen mit dem Mikroskop durchführen? (S. 60 – S.61)

... Zellen präparieren und färben? (S.62)

... eine mikroskopische Zeichnung anfertigen? (S. 63)

... den Aufbau von tierischen und pflanzlichen Zellen beschreiben? (S. 64 – 65)

... die Begriffe Einzeller und Mehrzeller erklären? (S. 64 – 65)

... die Aufgaben der einzelnen Zellbestandteile von tierischen und pflanzlichen Zellen erläutern? (S. 64 – 65)

... den Lösungsvorganges eines Stoffes mithilfe des Teilchenmodells erklären? (S. 68 – 69)

... den Aufbau von Salzen durch die regelmäßige Anordnung kleinster Teilchen erklären? (S. 70)

LERNCHECK

11. 🅐
a) Beschreibe, wie ein Feuchtpräparat hergestellt wird.
b) Beschreibe, wie du vorgehst, um ein Präparat im Mikroskop zu betrachten und was du dabei beachten musst.

12. 🅐
Bei einem Mikroskop mit einem 12er Okular ist das 40er Objektiv eingestellt. Berechne die Gesamtvergrößerung.

13. 🅐
Nenne die Unterschiede zwischen Tierzellen und Pflanzenzellen.

14. 🅐
Überlege, welche der beiden Abbildungen Pflanzenzellen und welche Tierzellen zeigt. Begründe deine Antwort.

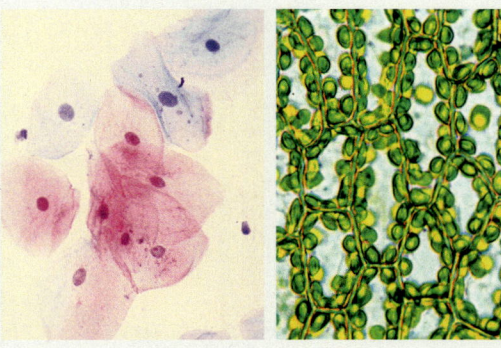

15. 🅐
a) Trenne ein Gemisch aus Sand und Salz mit Wasser.
b) Erkläre die Trennung mit dem Teilchenmodell.

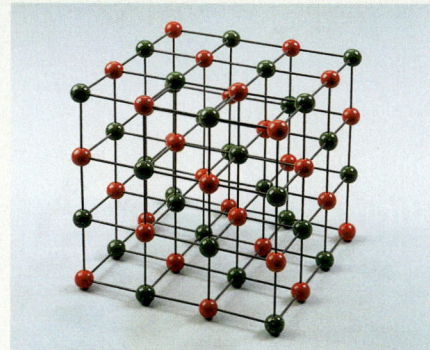

Wichtige Begriffe

- Sonnensystem
- Planet, Stern, Mond
- selbstleuchtender und beleuchteter Körper
- Tag, Nacht
- Neumond, Vollmond, Halbmond
- Sonnenfinsternis, Mondfinsternis
- Sammellinse, Zerstreuungslinse
- Optische Geräte, Fernrohr, Lupe, Binokular, Mikroskop
- Einzeller, Mehrzeller
- Pflanzenzelle, Tierzelle
- Teilchenmodell, Kristallgitter

Bewegung an Land, in der Luft und im Wass

Wie können Fische unter Wasser atmen?

Wie groß ist die Geschwindigkeit des Skifahrers?

Natur und Technik haben viel gemeinsam. Oder warum sehen sich Vogel und Flugzeug so ähnlich?

Ohne Energie kein Leben und keine Bewegung

1. ☰ Ⓐ
Erstelle ein Plakat zum Thema Energie.

2. ☰ Ⓠ
Erstelle einen Steckbrief zur Sonne.

3. ☰ Ⓐ
a) Suche aus der Grafik oben verschiedene Energieträger heraus.
b) Überlege dir eine Ordnung und sortiere die Energieträger aus a) in einer Tabelle.

Die Sonne als Energiequelle

Die größte **Energiequelle** der Erde ist die Sonne. Seit über 4 Milliarden Jahren scheint sie vom Himmel und liefert der Erde Energie in Form von Licht und Wärme.
Die Pflanzen haben diese Sonnenenergie als chemische Energie in sich gespeichert. Aus abgestorbenen Pflanzenteilen haben sich im Laufe vieler Tausend Jahre Kohle, Erdöl und Erdgas gebildet. Die Energie, die in diesen **fossilen Brennstoffen** gespeichert ist, können wir heute nutzen. Mithilfe der Brennstoffe können wir unsere Heizungen und Autos betreiben.

Alles braucht Energie

Pflanzen beziehen ihre Energie aus der Sonnenenergie. Menschen und Tiere nehmen ihre Energie zum Leben durch Nahrung auf, zum Beispiel indem sie die Früchte der Pflanzen essen.
Doch auch Fahrzeuge brauchen Energie: Der Traktor, der auf dem Feld die Ernte einbringt genauso wie der Zug und das Flugzeug, die uns an ein bestimmtes Ziel bringen. Und auch zum Fahrradfahren benötigen wir Energie.

4. ☰ Ⓐ
a) Erkläre den Begriff Energie-träger.
b) Beschreibe die Energie-umwandlung beim Verbrennen.

5. ☰ Ⓐ
Nenne verschiedene Energie-träger. Ordne jedem Energie-träger zu, in welcher Form dieser die Energie speichert.

6. ☰ Ⓐ
a) Überlege dir, wie du deine Energie aufnimmst.
b) Erkläre, wie du deine Energie den Tag über abgibst.

Energieträger

Ein Auto wird durch seinen Motor in Bewegung gesetzt. Das wird durch den Kraftstoff möglich, in dem Energie gespeichert ist. Solche Stoffe heißen **Energieträger.**
Auch unsere Nahrungsmittel sind Energie-träger. Sie versorgen uns mit der Energie, die wir zum Erhalt sämtlicher Stoffwechselvor-gänge unseres Körpers benötigen. Auch wenn wir uns bewegen, benötigen wir Energie.
Die Energie in Kraftstoff und Nahrung ist in Form von chemischer Energie gespeichert.

Energieformen und Umwandlung

Motoren wandeln die zugeführte **chemische Energie** des Kraftstoffs in **Bewegungsenergie** um. Dabei entsteht auch immer **Wärme**, die an die Umgebung abgegeben wird. Wenn wir Rad fahren oder spazieren gehen, wird ebenfalls in unserem Körper die zugeführte chemische Energie der Nahrung in Bewegungsenergie umgewandelt. Auch hier entsteht dabei Wärme – uns wird warm.

> Du kannst verschiedene Energieträger und Energieformen nennen. Du kannst die Umwandlung von Energie beschreiben.

Antriebe

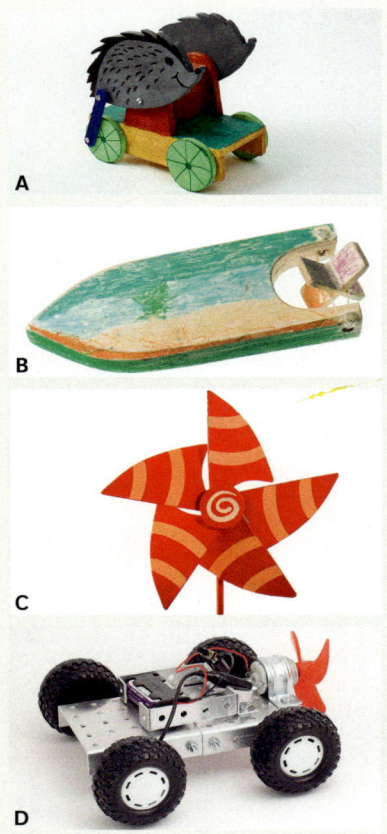

A

B

C

D

1. A
Beschreibe, wie du dich gestern den Tag über fortbewegt hast.

2. A
Sortiere die abgebildeten Objekte A bis D nach ihren Antrieben.

3. A
Beschreibe, welche Antriebe in den abgebildeten Objekten Muskelkraft speichern.

4. A
Beschreibe, welche Objekte Antriebe besitzen, die keine Muskelkraft benötigen.

5. A
Gib für zwei der abgebildeten Objekte die Energieumwandlungen in einem Schema wie im rechten Beispiel an.

6. Q
Finde heraus, welche weiteren Antriebsmöglichkeiten es gibt, die den Einsatz von Muskelkraft ersetzen.

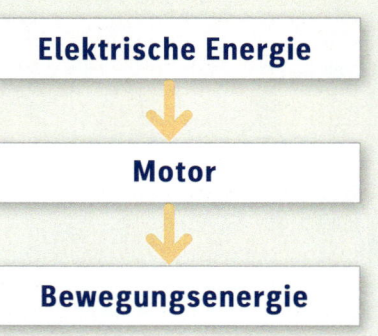

Bewegung braucht Energie

Um ein Objekt zu bewegen, braucht es **Energie.** Früher musste diese Energie hauptsächlich durch die **Muskelkraft** von Menschen und Tieren erzeugt werden. Im Laufe der Zeit wurden Antriebe entwickelt, die Muskelkraft speichern oder sogar ersetzen. Antriebe können verschiedene Energieformen in **Bewegungsenergie** und somit **Bewegung** umwandeln.
Die folgenden Beispiele zeigen, wie du ein selbstgebautes Objekt antreiben kannst.

Antrieb durch ein Gummiband

Wenn du beispielsweise ein Spielzeugboot mithilfe eines Gummibandes antreiben willst, kannst du das Gummi um ein Schaufelrad wickeln. Die von dir aufgebrachte Energie wird als **Spannenergie** im Gummiband gespeichert. Lässt du das Gummiband los, bewegt sich das Schaufelrad und das Boot wird angetrieben.

Antrieb durch Windkraft

Auch die **Windenergie** kann als Antrieb für Objekte genutzt werden. Sie wird in Bewegungsenergie umgewandelt. Beispiele dafür sind das Segelboot oder das Windrad.

Antrieb durch einen Elektromotor

Ein Elektromotor kann **elektrische Energie** in Bewegungsenergie umwandeln. Die elektrische Energie kann aus der Steckdose, einer Batterie oder einer Solarzelle stammen. So kannst du beispielsweise ein elektrisches Auto antreiben.

> Du kannst Energieumwandlungen bei verschiedenen Antrieben beschreiben.

Von der Postkutsche zum Zweitwagen

Die Zeit der Postkutsche

Im 17. Jahrhundert gab es schon Strecken, auf denen Postkutschen nach einem festen Fahrplan fuhren. Sie erreichten bei ihren Fahrten über die meist unbefestigten Wege eine Durchschnittsgeschwindigkeit von 5 $\frac{km}{h}$. Durch den verstärkten Bau von befestigten Wegen im 19. Jahrhundert konnte die Durchschnittsgeschwindigkeit auf 10 $\frac{km}{h}$ gesteigert werden.

1 Eine Postkutsche aus dem 19. Jahrhundert

Die Eisenbahn kommt

Seit Mitte des 19. Jahrhunderts fuhren in Deutschland die ersten Eisenbahnen. Wegen ihrer großen Masse brauchten sie eigene Fahrwege, die Gleise. Diese konnten aber von anderen Fahrzeugen nicht genutzt werden. Für den Gleisbau wurde viel Boden benötigt.

Die Eisenbahnen konnten viel mehr Personen zur gleichen Zeit befördern als die Postkutschen. Die Fahrzeiten wurden deutlich kürzer. So brauchte eine Postkutsche für die Fahrt von München über Rosenheim nach Salzburg mehr als 16 h. 50 Jahre später schaffte die Eisenbahn diese Strecke in weniger als 4 h, heute werden weniger als 2 h für diese Fahrt benötigt.

2 Eine Dampflok aus dem 20. Jahrhundert

Ein Auto kommt selten allein

Ohne Auto ist in unserer Zeit der Transport von Personen und Waren nicht mehr vorstellbar. Fast jede Familie hat ein Auto, viele Familien haben sogar zwei Autos.
Es wurden auch viele neue Arbeitsplätze in der Automobilindustrie, ihren Zulieferern und im Straßenbau geschaffen.
Die Zahl der zugelassenen Autos hat sich in den letzten 50 Jahren verdreißigfacht. Diese starke Zunahme des Autoverkehrs erforderte einen verstärkten Ausbau des Straßennetzes. Für den Unterhalt und Neubau von Straßen wird jedes Jahr vom Staat mehr Geld ausgegeben, als er durch Kraftfahrzeugsteuer und Mineralölsteuer einnimmt.

3 Viele Autos im 21. Jahrhundert

Die Schattenseite

Durch die große Zahl der Autos sind aber auch neue Probleme entstanden. Die Umwelt wird durch die Autoabgase sehr stark belastet. So entsteht bei der Verbrennung von Kraftstoffen viel klimaschädliches Kohlenstoffdioxid (CO_2). Viele Wälder sind durch Abgase stark geschädigt.
Jedes Jahr werden viele Menschen Opfer von Verkehrsunfällen. So starben im Jahr 2017 auf Deutschlands Straßen jeden Tag durchschnittlich 8 Menschen durch Verkehrsunfälle. Auch Verkehrslärm macht Menschen krank. Sie leiden unter Kreislaufbeschwerden, Herzerkrankungen oder Schlaflosigkeit.

1. ☰ Ⓠ
a) Nenne vier verschiedene Verkehrsmittel. Stelle eine Rangordnung unter den Gesichtspunkten Umweltbelastung und Energieeinsatz pro beförderter Person auf.
b) Begründe die Rangordnung.

Energie aus Wind

1. ☰ Q
Recherchiere den Standort von Windkraftanlagen in deiner Umgebung.

2. ☰ A
Nenne die Teile einer Windkraftlage.

3. ☰ A
Erkläre, wie die Bewegungsenergie in elektrische Energie umgewandelt wird.

4. ☰ V
a) Baue ein Windrad.
b) Führe verschiedene Experimente durch, bei denen du die Lage deines Windrades veränderst. Erkläre mithilfe deiner Ergebnisse, warum die Rotorblätter senkrecht zum Wind stehen müssen.

Windkraftanlagen und Windparks

Windkraftanlagen, auch Windräder genannt, können in allen Klimazonen dieser Erde gebaut werden. Es gibt sie sowohl auf dem Land als auch auf dem Meer in küstennahen Gebieten. Windkraftanlagen werden einzeln gebaut oder sie stehen zusammen in großen Gruppen, den sogenannten **Windparks.** Sie sind die wichtigste Form der Nutzung von **Windenergie.** Da immer wieder Wind entsteht, gehört sie zu den erneuerbaren Energien.

Aufbau und Arbeitsweise

Eine Windkraftanlage besteht aus einem hohen, von innen begehbaren Turm. Auf der Spitze des Turms sitzt ein Gehäuse, die Gondel. In dieser befindet sich das Getriebe, an dem die Rotorblätter befestigt sind. Hier befinden sich auch ein Generator und eine Bremse.

Die Rotorblätter werden durch den Wind in Bewegung versetzt. Dazu wird die Gondel durch einen Motor so gedreht, dass das Windrad senkrecht zum Wind ausgerichtet ist. Nur so kann möglichst viel Energie gewonnen werden. Durch die Drehbewegung wird auch das Getriebe bewegt. Dieses treibt den Generator an. Hier wird die mechanische Energie in elektrische Energie umgewandelt. Diese wird in das Stromnetz abgegeben. Die Drehbewegung der Rotorblätter wird der Windstärke angepasst. Bei zu starkem oder zu schwachem Wind wird die Windkraftanlage abgeschaltet.

In der Fachsprache heißen Windparks auf dem Meer Offshore-Windparks. Onshore-Windparks liegen auf dem Festland (von englisch offshore = vor der Küste, onshore = an Land).

Du kannst Aufbau und Funktion einer Windkraftanlage erklären. Du kannst erläutern, dass Windkraft zu den erneuerbaren Energien gehört.

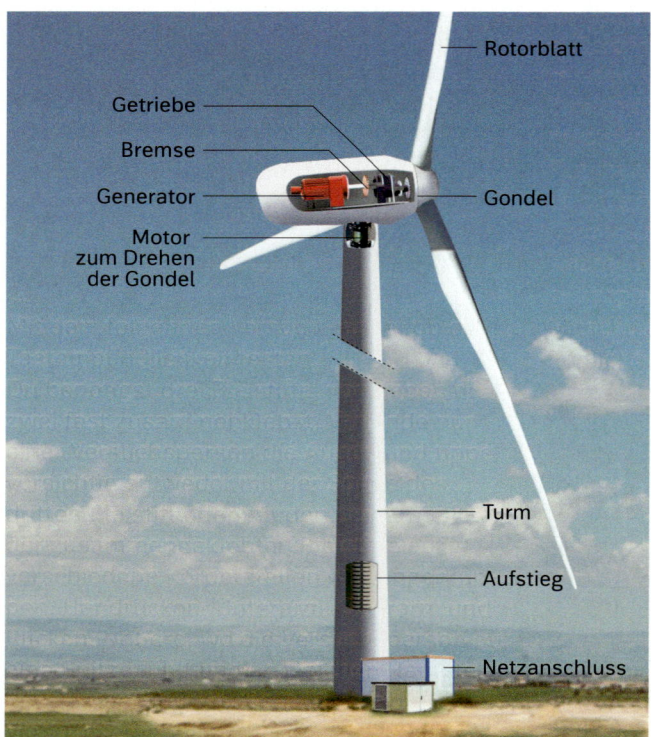

Getriebe
Bremse
Generator
Motor zum Drehen der Gondel

Rotorblatt
Gondel

Turm
Aufstieg
Netzanschluss

1 Aufbau einer Windkraftanlage

Das Licht der Sonne kann umgewandelt werden

1. ≣ Ⓥ
Verbinde eine Solarzelle mit einem geeigneten
Kleinstmotor und beleuchte sie mit einer Lampe.
Prüfe mit den Fingern die Temperatur des Motors vor,
bei und einige Zeit nach dem Einschalten.
Beschreibe deine Beobachtungen.

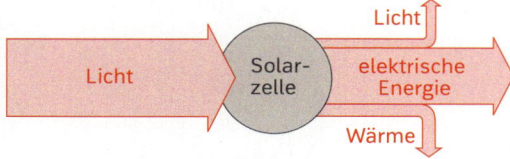

Energieumwandlung
Technische Geräte benötigen unterschiedliche Formen der
Energie. Beim ihrem Einsatz wird Energie von einer Form in
eine andere Form umgewandelt. Dieser Vorgang heißt
Energieumwandlung. Das Gerät, in dem dies erfolgt, ist
der **Energiewandler.** Solarzellen wandeln das Licht der
Sonne in elektrische Energie und in Wärme um. Die Ober-
fläche der Solarzelle wirft einen Teil des Lichtes zurück.

Energieflussdiagramm
Der Vorgang der Umwandlung lässt sich in
einem **Energieflussdiagramm** darstellen.
Darin stellt der von links kommende Pfeil die
zugeführte Energie dar. Der Kreis symbolisiert
den Wandler. Nach rechts verläuft der Pfeil mit
der umgewandelten Energie.

Bei jeder Umwandlung tritt neben der **erwünschten Energie** auch Wärme, oft als
unerwünschte Energie, auf. Die zugeführte
Energie kann nie vollständig in Energie der
erwünschten Form umgewandelt werden.
Entstehende Wärme, die nicht genutzt werden
kann, wird an die Umwelt abgegeben.

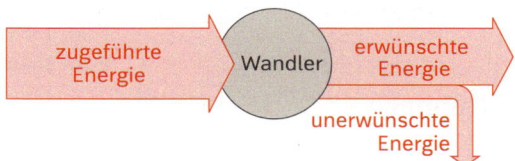

Zusammensetzung des Sonnenlichtes ≣

Das Licht der Sonne
Unsere Sonne ist eine riesige Gaskugel. Ununterbrochen
strahlt sie unvorstellbar viel Energie in den Weltraum ab.
Ein Teil dieser Strahlung durchdringt die **Atmosphäre** der
Erde und gelangt so bis zur Erdoberfläche.
Einen bestimmten Bereich des Sonnenlichtes können
unsere Augen wahrnehmen. Er sorgt für die Helligkeit auf
der Erde. Das Sonnenlicht enthält noch zwei weitere
Bereiche. Die Infrarotstrahlung, kurz **IR-Strahlung,** kannst
du als Wärme wahrnehmen. Der ultraviolette Anteil des
Sonnenlichtes, die energiereiche **UV-Strahlung,** ist für den
Menschen nicht wahrnehmbar.
Das Sonnenlicht aller drei Bereiche ist Voraussetzung für
die Entstehung und Entwicklung des Lebens auf der Erde.

UV-Strahlung wird weiter unterteilt
Die UV-Strahlung wird nochmals in die drei Bereiche A, B
und C eingeteilt. Die UV-A – und UV-B-Strahlung durchdringt die **Ozonschicht** in der Erdatmosphäre. Bei zu
starker und zu langer Einwirkung können UV-A – und
UV-B-Strahlung zu Haut- oder Augenschäden führen. Die
UV-C-Strahlung wird durch die Ozonschicht geschluckt.

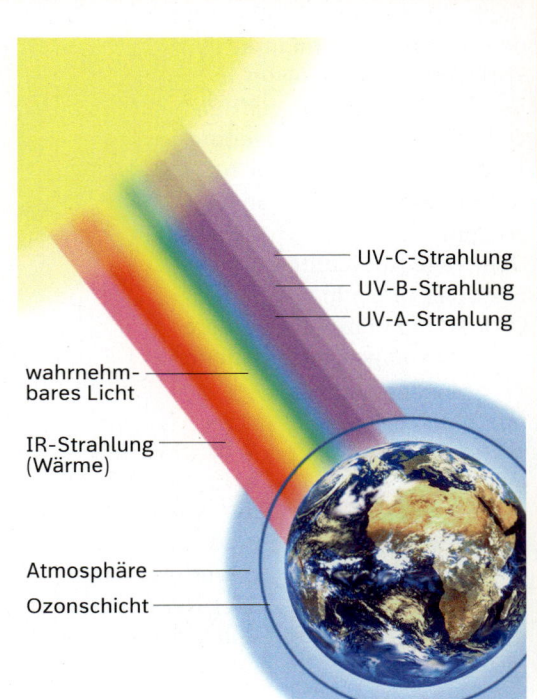

STREIFZUG

Vom Acker auf den Tisch

1. ≡ Ⓐ
Die Abbildung 1 zeigt verschiedene Wege, die die Sonnenenergie vom Maisfeld bis auf unseren Teller nehmen kann.
a) Beschreibe diese Wege mit eigenen Worten.
b) Ergänze die Beschreibung durch weitere Beispiele.

2. ≡ Ⓐ
Zeichne das links abgebildete noch unvollständige Flussdiagramm in deinen Ordner. Ergänze das Diagramm, sodass es die Wege der Energie vom Sonnenlicht bis zum Menschen zeigt.

Sonnenenergie
↓
Weizenpflanzen
↓
Weizenkörner
↓
Hühner

...

3. ≡ Ⓐ
Mais wird nicht nur für die menschliche Ernährung genutzt. Auch Wildschweine, Rebhühner oder Feldmäuse und ihre Fressfeinde leben davon. Außerdem wird Mais zur Herstellung von Biogas angebaut, zum Beispiel um Häuser zu heizen oder Strom zu erzeugen.
Übertrage Abbildung 1 als Flussdiagramm in deinen Ordner und ergänze es. Nutze dabei die obigen Informationen.

4. ≡ Ⓐ
a) Zähle die Zutaten auf, die auf dem Brötchen zu sehen sind.
b) Verfolge für jede Zutat den Weg der Energie zurück bis zum Sonnenlicht.

1 Energiefluss vom Acker auf den Tisch

Warum müssen wir essen?

„Ich habe Hunger!" Dieses Grundgefühl signalisiert uns regelmäßig, dass unser Körper wieder „auftanken" muss. Die **Nahrung** versorgt uns nicht nur mit Vitaminen, Mineralstoffen und Baustoffen, die uns gesund halten und unseren Körper aufbauen und erneuern. Sie liefert uns auch die zum Leben notwendige **Energie.** Alle Organe wie Gehirn, Herz oder auch die Verdauungsorgane brauchen Energie um zu funktionieren. Energie ist auch für Bewegungen nötig und zur Produktion von Körperwärme.

2 Nahrungsmittel aus Pflanzen und Tieren

Woher kommt die Energie?

Energie gewinnt der Körper aus den **Nährstoffen.** Dazu gehören **Stärke** und verschiedene Arten von **Zucker.** Diese Stoffe werden als **Kohlenhydrate** zusammengefasst. Auch **Eiweiße** und **Fette** liefern Energie – Fette sogar besonders viel.

Wo kommen die Nährstoffe her?

Nährstoffe sind in den Nahrungsmitteln enthalten, die wir aus pflanzlichen und tierischen Produkten herstellen. So essen wir Kartoffeln, Gemüse oder Popcorn oder stellen Brot aus Weizen her. Oder wir essen zum Beispiel Fisch, Fleisch, Wurst, Eier, Milch oder Milchprodukte.

Wie kommt die Energie in die Pflanzen?

Die Pflanzen nutzen über die **Fotosynthese** die Energie des Sonnenlichtes, um Zucker und Stärke aufzubauen. Auch Fette und Eiweiße können sie mit dieser Energie produzieren.

Wie kommt die Energie in die Tiere?

Hühner, Kühe oder Schweine fressen Pflanzen und nehmen so über die pflanzlichen Nährstoffe Energie auf. Fressen Tiere Fleisch, wird die Energie über die sogenannte **Nahrungskette** noch eine oder zwei Stufen weitergereicht, kommt aber ursprünglich auch von den Pflanzen.

Energiefluss von der Sonne bis zum Menschen

So verläuft der Weg der Energie vom Sonnenlicht über die Fotosynthese der Pflanzen und die Nahrungskette bis zu uns Menschen.

> Du kannst den Weg der Energie vom Sonnenlicht bis zum Menschen beschreiben.

Basiskonzepte S. 125

Körperzellen speichern Nährstoffe

1. ≣ (A)

Gib an, in welcher Form und an welchen Orten unser Körper Nährstoffe speichert.

2. ≣ (A)

Fette sollten höchstens ein Drittel deines täglichen Energiebedarfs liefern.
a) Informiere dich im Bild 1 über deinen Energiebedarf.
b) Berechne mit Hilfe der Angaben aus Bild 2 deinen Tagesbedarf an Fett.

Alter	Mädchen	Jungen
7 – 9 Jahre	7 500 kJ	8 000 kJ
10 – 12 Jahre	8 400 kJ	9 200 kJ
13 – 14 Jahre	9 200 kJ	10 900 kJ
15 – 18 Jahre	9 600 kJ	12 600 kJ

1 Energiebedarf nach Altersstufe

Nährstoff	Energiegehalt
Kohlenhydrate	17 kJ je Gramm
Fett	38 kJ je Gramm
Eiweiß	17 kJ je Gramm

2 Energiegehalt von Nährstoffen

> **HINWEIS**
> Kilojoule (kJ) ist eine Maßeinheit für Energie. Manchmal wird noch die veraltete Maßeinheit Kilokalorie (kcal) verwendet.

Nährstoffe liefern dem Körper Energie

Durch den Abbau der Nährstoffe aus unseren Lebensmitteln versorgt sich der Körper mit Energie. Diese Energie benötigt er für die lebenswichtigen Grundfunktionen Herzschlag, Atmung, Gehirntätigkeit und Verdauung. Auch für die Muskeltätigkeit ist viel Energie erforderlich. Der größte Teil wird dabei aber nicht in Bewegung umgewandelt, sondern in Wärme. Fett liefert mehr als doppelt so viel Energie wie die gleiche Menge Eiweiß oder Kohlenhydrate.

Energie, die der Körper in Bewegung oder Wärme umgesetzt hat, muss durch neue Nährstoffe nachgeliefert werden. Dein Körper signalisiert das durch Hunger.

Nährstoffe werden im Körper gespeichert

Unser Körper verfügt über verschiedene Energiespeicher. Dort speichert er die Nährstoffe, die er nicht sofort verbraucht. Deshalb müssen wir nicht ständig neue Nahrung zu uns nehmen, sondern können längere Zeit aus diesen Reserven Energie beziehen. Der größte Energiespeicher des Körpers sind die Fettzellen. Außerdem speichert der Körper Kohlenhydrate in den Muskelzellen und in der Leber.

Übergewicht

Wird dem Körper längere Zeit über die Nahrung mehr Energie zugeführt, als er durch Bewegung verbraucht, entsteht Übergewicht. Wer mehr energiereiche Nahrung als nötig zu sich nimmt, wird nicht größer oder stärker, sondern nur dicker und leichter krank.

> Du kannst angeben, wie sich unserer Körper mit Energie versorgt und wo er sie speichert.

Energiezufuhr = Energieverbrauch

3 Der Energiehaushalt im Gleichgewicht

Bewegung macht hungrig

1. ☰ **A**
Gib an, was mit deinem Körper geschieht, wenn du dich körperlich stark anstrengst.

2. ☰ **O**
Recherchiere den Energiegehalt verschiedener Lebensmittel. Berechne, wie viel du davon jeweils essen könntest, um die bei den in Bild 1 abgebildeten Tätigkeiten verbrauchte Energie wieder aufzunehmen.

3. ☰ **O**
Erkläre, wie es dazu kommt, dass unsere Haut durch Schweiß gekühlt wird.

Schwimmen: 2800 kJ

Rennrad fahren (20 $\frac{km}{h}$): 2200 kJ

Fußball spielen: 2000 kJ

Sitzen: 400 kJ

1 Energieverbrauch pro Stunde bei verschiedenen Tätigkeiten

Energieverbrauch

Der Energiebedarf kann von Mensch zu Mensch und je nach Aktivität sehr unterschiedlich sein. Für die schnelle Energiegewinnung nutzt der Körper Kohlenhydrate. Das Gehirn wird fast ausschließlich damit versorgt. Wenn deinem Körper nicht genügend Kohlenhydrate zur Verfügung stehen, fühlst du dich müde und schwach und kannst dich nur schlecht konzentrieren.

> **HINWEIS**
> Wir sagen oft: „Energie wird verbraucht". Energie geht aber nicht verloren. Sie wird nur in Energieformen umgewandelt, die wir nicht verwerten können.

Reserven

Wenn dem Körper über längere Zeit keine Kohlenhydrate zugeführt werden, greift er auf seine Fettreserven zurück. Wenn auch diese Reserven aufgebraucht sind, wird zur Energiegewinnung das körpereigene Eiweiß abgebaut, zum Beispiel das Muskelgewebe.

Zusätzlicher Energiebedarf

Wenn sich ein Mensch bewegt, benötigt er zusätzliche Energie und sein Verbrauch an Nährstoffen steigt. Je länger die Bewegung dauert oder je anstrengender sie ist, desto mehr Energie verbraucht der Körper.
Wer sportlich aktiv ist, verbraucht dabei aber nicht nur mehr Energie, sondern er baut auch Muskeln auf. Muskelgewebe verbrennt selbst bei geringer Anstrengung mehr Nährstoffe als anderes Körpergewebe.

Körperzellen verbrennen Nährstoffe

Beim Verbrennen eines Lagerfeuers wird die Energie im Brennstoff in Licht und Wärme umgewandelt. Für die Verbrennung braucht das Lagerfeuer zusätzlich Sauerstoff.
Auch unsere Körperzellen benötigen Sauerstoff, um die Energie aus den Nährstoffen zu gewinnen. Daher nennt man diese Vorgänge in unserem Körper auch **Verbrennung.** Ohne Sauerstoff kann die Energie aus den Nährstoffen nicht verwertet werden. Wenn wir durch höhere Belastung viel Energie verbrauchen, müssen wir mehr Sauerstoff einatmen. Wir atmen dann schneller und tiefer.

Schwitzen

Unser Körper muss seine Körpertemperatur ständig auf einem konstanten Wert von 37 °C halten. Durch die Verdunstung von Schweiß kühlt die Hautoberfläche ab. Aus dem Körperinneren wird die Wärme durch das Blut abtransportiert. Die Blutgefäße in der Haut weiten sich. Jetzt kann mehr Blut hindurchfließen und die Wärme wird nach außen abgegeben. Die Haut rötet und erwärmt sich dabei.

> Du kannst erklären, wie und wofür der Körper Energie umsetzt. Du kannst erklären, warum du bei Anstrengung schwitzt und schneller atmest.

Basiskonzepte S. 125

Nachhaltig mobil?

Mobilität – nicht ohne Energie

Wir wollen beweglich sein: zur Schule, zum Arbeiten, zu Besuchen, zur Freizeit, zum Einkaufen und zum Transport von Waren. Egal, ob wir mit dem Pferd, dem Auto, der Bahn oder mit dem Flugzeug unterwegs sind, Energie wird immer gebraucht. Pferde müssen fressen, Autos und Flugzeuge brauchen Benzin. Viele Bahnen werden elektrisch betrieben.

Energie ist kostbar

Energie steht, gleich in welcher Form, nur in begrenzten Mengen zur Verfügung. Deshalb ist sie teuer. Ein weiteres Problem: Bei der Verbrennung von Erdöl oder Erdgas, aus denen die meisten Kraftstoffe bisher hergestellt werden, entsteht Kohlenstoffdioxid (CO_2), das das Klima der Erde verändert. Es ist also nicht nachhaltig, wenn wir die Energievorräte aufbrauchen oder die Erde mit zu viel CO_2 belasten. Elektroautos fahren zwar mit elektrischer Energie und tanken „an der Steckdose", aber auch die elektrische Energie muss zuvor aus anderen Energieträgern gewonnen werden.

Nachhaltig unterwegs?

Biokraftstoffe werden aus Biomasse hergestellt. Biodiesel wird aus Pflanzenölen gewonnen. Bioethanol wird aus Zucker oder Stärke hergestellt, indem man ähnlich wie bei der Wein- oder Bierherstellung durch Gärung Alkohol produziert.

Zwar wachsen Energiepflanzen nach und die Biokraftstoffnutzung ist CO_2-neutral. Aber bei unserem derzeitigen Benzinverbrauch müssten in Deutschland auf allen Ackerflächen Energiepflanzen wachsen, um alle Autos zu versorgen.

Fährt man mit **Elektroautos,** muss man sich fragen, wo die elektrische Energie herkommt – aus Kern- oder Kohlekraftwerken, regenerativ aus Wasser-, Wind- oder Solarenergie oder ebenfalls aus Biomasse?

Um nachhaltig unterwegs zu sein, müssten wir sehr viel **Energie sparen:** durch sparsamere Autos, durch Umstieg auf Busse und Bahnen und auch durch Radfahren oder als Fußgänger.

1. ≣ Ⓠ
An Tankstellen werden verschiedene Kraftstoffe angeboten. Recherchiere, welche davon Biokraftstoffe enthalten und was die Bezeichnungen bedeuten.

Energie aus Biomasse

Raps

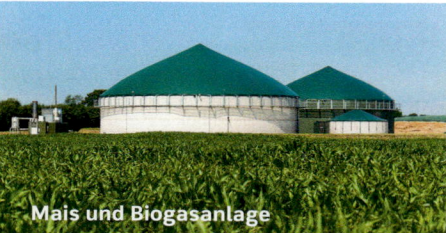

Mais und Biogasanlage

Zuckerrohr

Energie aus Biomasse

Schon immer nutzten die Menschen Energie aus Biomasse, indem sie beispielsweise mit Holz heizten oder kochten. Auch heute leistet Biomasse einen wichtigen Beitrag zur Energieversorgung.

Als **Biomasse** bezeichnet man das Material, aus dem Lebewesen bestehen, einschließlich totem Pflanzen- und Tiermaterial. In Biomasse ist Energie gespeichert, die die Pflanzen bei der **Fotosynthese** aus dem Sonnenlicht gewonnen haben oder die Tiere über die Nährstoffe aufgenommen haben.

Biomasse kann fast alles

Moderne **Heizungen** oder Kaminöfen können mit Holzpellets oder Holzscheiten befeuert werden. In Biogasanlagen wird Biogas aus landwirtschaftlichen Produkten gewonnen. Biogas lässt sich ins Gasnetz speisen und wie Erdgas nutzen. Autos können mit **Biokraftstoffen** betrieben werden. Biodiesel wird aus ölhaltigen Pflanzen wie Raps oder Palmfrüchten hergestellt. Bioethanol (Alkohol) wird aus zucker- und stärkehaltigen Pflanzen wie Zuckerrohr, Zuckerrüben, Kartoffeln oder Getreide gewonnen. **Elektrische Energie** lässt sich in Kraftwerken durch Verbrennung von Biomasse wie Altholz, Stroh oder Papier gewinnen. Aber es werden auch speziell Pflanzen dafür angebaut.

Biomasse wächst nach

Energiepflanzen zur Biomasseproduktion wachsen in Wäldern oder auf Äckern. Nach der Ernte wird wieder gesät und neue Pflanzen wachsen. Biomasse ist also ein **nachwachsender Rohstoff.** Als Energiequelle ist Biomasse somit **erneuerbar,** was auch als **regenerativ** bezeichnet wird.

Energiepflanzen brauchen Platz zum Wachsen

Oft werden auf großen Flächen Pflanzen einer Art angebaut. Solche **Monokulturen** verdrängen artenreiche Ökosysteme wie Naturwälder. Auf Äckern kommt es zur **Konkurrenz** mit Nutzpflanzen zur Nahrungsmittelproduktion. Dadurch können sich **Nahrungsmittel** verteuern. Das kann zu mehr Hunger in der ärmeren Bevölkerung führen.

1. ≡ Ⓐ
Erstelle ein Fließdiagramm zum Thema „Vom Acker in den Tank", das den Weg der Sonnenenergie bis zur Bewegungsenergie des Autos darstellt.

```
┌──────────────┐
│ Sonnen-      │
│ energie      │
└──────────────┘
       ↓
┌──────────────┐
│     ...      │
└──────────────┘
       ↓
```

2. ≡ Ⓐ
Beschreibe an je einem Beispiel, wie aus Biomasse elektrische Energie, Heizenergie und ein Kraftstoff gewonnen werden kann.

3. Ⓠ
a) Sammelt in Gruppen Pro- und Contra-Argumente für die Nutzung von Biomasse zur Energieversorgung.
b) Diskutiert die Argumente.
c) Zieht Schlussfolgerungen und bewertet verschiedene Nutzungsformen.

≡ Nachhaltigkeit

Bei der Verbrennung von Kohle, Erdöl oder Erdgas wird klimaschädliches Kohlenstoffdioxid (CO_2) frei. Kohlenstoffdioxid entsteht auch bei der Verbrennung von Biomasse. Allerdings wurde zuvor genauso viel CO_2 beim Pflanzenwachstum durch die Fotosynthese aus der Luft gebunden. Daher ist die Nutzung nachwachsender Biomasse **CO_2-neutral.** Nachhaltig ist dies nur, wenn nicht mehr Biomasse verbrannt wird als im gleichen Zeitraum nachwächst.

> Du kannst an Beispielen die Nutzung von Biomasse zur Energiegewinnung beschreiben. Du kannst Vor- und Nachteile dieser Nutzung erklären und bewerten.

Bewegungsarten

1 Der Schwan startet.

1. 🅰
Beschreibe die Bewegung des Schwans in Bild 1. Was kannst du über seine Geschwindigkeit beim Starten sagen?

2. 🅰
Beschreibe die Bewegung der Ente in Bild 2. Was kannst du über ihre Geschwindigkeit beim Wassern sagen?

3. 🅰
a) Was würde beim Skater in der Halfpipe (Bild 3) ein Tacho beim Herunterfahren anzeigen, was beim Hochfahren?
b) Nenne jeweils die Bewegungsart bei a)

4. 🆅
a) Fahre mit dem Fahrrad auf ebenem Gelände zunächst mit gleichbleibender Tachoanzeige. Fahre nun schneller. Fahre jetzt langsamer.
b) Was musst du jeweils einsetzen, damit du deine Geschwindigkeit ändern kannst?

5. 🅰
a) Ordne die folgenden Bewegungen in gleichförmige Bewegung, beschleunigte Bewegung und Verzögerung ein: Zeiger einer Uhr, hochgeworfener Stein, 100 m-Läufer direkt nach dem Start, Flugzeug beim Landen, Waren auf einem Förderband.

2 Eine Ente wassert.

Bewegung braucht Energie
Fährst du mit dem Fahrrad zur Schule, so musst du Bewegungsenergie einsetzen. Ohne Energie fährt kein Auto, bewegt sich keine Katze und fliegt kein Vogel.

Schneller und langsamer
Auf der Fahrt zur Schule änderst du oft deine **Geschwindigkeit**. Steigst du auf dein Fahrrad, so bist du mit deinem Fahrrad in Ruhe. Trittst du dann in die Pedalen, so wirst du schneller. Dazu musst du aber zusätzlich Bewegungsenergie einsetzen. Schaltet die Ampel auf rot, bremst du ab. Auch dazu setzt du Energie

ein. Einen Teil deines Schulweges fährst du so, dass die Tachoanzeige des Fahrrades immer den selben Wert anzeigt. An der Schule wirst du langsamer und bleibst schließlich stehen.

Geschwindigkeit bleibt gleich
Fährst du auf ebener Strecke mit gleichbleibender Geschwindigkeit, so führst du eine **gleichförmige Bewegung** aus. Du erkennst das an der gleichbleibenden Tachoanzeige. Du setzt für diese Bewegungsart nur wenig Energie ein.

3 Skater in der Halfpipe

Geschwindigkeit nimmt zu
Beim Anfahren nimmt die Geschwindigkeit des Fahrrades zu. Es bewegt sich schneller. Diese Bewegung mit zunehmender Geschwindigkeit heißt **Beschleunigung**. Der Tacho zeigt eine immer höhere Geschwindigkeit an. Für diese Bewegungsart musst du mehr Energie einsetzen als bei einer gleichförmigen Bewegung.

Geschwindigkeit nimmt ab
Beim Bremsen nimmt deine Geschwindigkeit ab. Diese Art der Bewegung mit abnehmender Geschwindigkeit heißt **Verzögerung**. Der Tacho zeigt eine immer kleinere Geschwindigkeit an. Auch zum Verzögern muss wieder Energie eingesetzt werden.

> Du kannst verschiedene Bewegungsarten erklären und weißt, wie Energiezufuhr die Geschwindigkeit beeinflusst.

„Energiespartricks" in der Natur

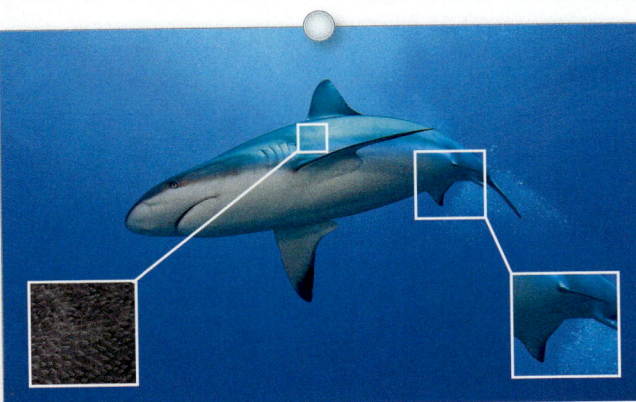

Energieeffizienz
Je besser ein Tier die Energie aus seiner Nahrung nutzen kann, umso länger kann mit einer bestimmten Nahrungsmenge überleben. Wer also energieeffizient lebt, verhungert nicht so schnell.

Haie – Körperform, Flossen, Haut
Haie schwimmen sehr energieeffizient. Ihr Körper ist stromlinienförmig und bietet dem Wasser dadurch wenig Widerstand. Dieser wird weiter verringert, weil die schuppige Haut nicht glatt, sondern von vielen feinen Rillen durchzogen ist. Das Wasser strömt durch diese Rillen ohne größere Wirbel zu bilden, die den Hai bremsen würden. Viele Haie haben Beckenflossen, die das Wasser zusätzlich vom Körper wegleiten. Auch dies verringert den bremsenden Widerstand.

Kängurus – federnde Energiesparer
Die Fortbewegung der Kängurus ist sehr energieeffizient: Bei der Landung spannen sich Muskeln und Sehnen in den Beinen wie Federn an, speichern einen großen Teil der „Sprungenergie" und geben ihn beim Absprung wieder ab. So kann ein Känguru ohne viel Kraftaufwand weiterspringen. Schnelles Springen strengt die Tiere daher sogar weniger an als langsames.

1. ❓
Viele „Energiespartricks" der Tiere nutzen wir inzwischen für technische Erfindungen.
a) Recherchiere, was man mit „künstlicher Haihaut" machen kann und berichte kurz.
b) Finde weitere Beispiele für energieeffiziente Fortbewegung, die wir der Natur abgeschaut haben.

2. ❓
„Das Leben der Faultiere hat nichts mit Faulheit, sondern mit Energieeffizienz zu tun." Informiere dich über Faultiere und nimm Stellung zu dieser Aussage.

Faultier

Albatrosse – leichte und aktive Segler
Das Skelett der Albatrosse ist so konstruiert, dass sie ihre Flügel mit teilweise über 3 m Spannweite aufgespannt halten können, ohne Muskelkraft einzusetzen. Sie nutzen den Wind über den Wellen so geschickt, dass sie wochenlang segeln können und dazu kaum Energie benötigen. So können sie 20 000 km ohne Landung zurücklegen.

Die Geschwindigkeit

1. **Q**
Die Skifahrerin in Bild 1 will wie ihre Konkurrentinnen den Abfahrtslauf gewinnen. Erläutere, was gemessen werden muss, um die Siegerin zu ermitteln.

2. **V**
Drei Schüler fahren mit dem Fahrrad aus dem Stand eine 30 m lange Strecke. Stoppe die benötigten Zeiten. Notiere die Zeiten jeweils in einer Tabelle.

Schüler	Strecke s	Zeit t
1	30 m	
2		
3		

3. **V**
Rolle auf dem Schulhof ein 50 m-Maßband ab. Drei Schülerinnen fahren mit dem Fahrrad nacheinander schnell am Band entlang. Ab einem festgelegten Startpunkt auf dem Maßband wird gemessen, wie weit die Schülerinnen nach 3 s jeweils gekommen sind. Notiere die zurückgelegten Strecken in der Tabelle.

Schüler	Strecke s	Zeit t
1		3 s

4. **A**
a) Ergänze die Tabellen aus den Versuchen 2 und 3 um eine weitere Spalte. Trage dort den Quotienten aus s und t ein.
b) Wer ist die schnellste Fahrerin und wer der schnellste Fahrer? Begründe deine Antworten.

5. **A**
Gib folgende Geschwindigkeiten in $\frac{km}{h}$ an: 15 $\frac{m}{s}$, 50 $\frac{m}{s}$, 65 $\frac{m}{s}$.

6. **Q**
Begründe den Umrechnungsfaktor von $\frac{m}{s}$ in $\frac{km}{h}$.

Umrechnung der Einheiten von Geschwindigkeiten:

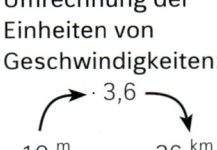
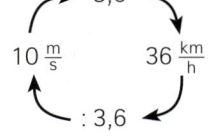

$10 \frac{m}{s}$ · 3,6 → $36 \frac{km}{h}$: 3,6

Wer ist die Schnellste beim Rennen?

Wird wie beim Abfahrtsrennen eine bestimmte Strecke vorgegeben, so ist die Fahrerin am schnellsten, die diese Strecke in kürzester Zeit schafft.
Ist dagegen eine bestimmte Zeit vorgegeben, gewinnt diejenige, die in dieser Zeit die längste Strecke zurücklegt. Jedes Mal ist die Gewinnerin mit der größten **Geschwindigkeit** gefahren.

> **HINWEIS**
> Beachte, dass der Buchstabe „s" sowohl als Zeichen s für die Strecke als auch als Abkürzung s für die Einheit Sekunde dient.

Berechnung der Geschwindigkeit

Die Geschwindigkeit v hängt ab von der Strecke s und von der Zeit t, die für die Strecke gebraucht wird. Du kannst die Geschwindigkeit v berechnen, indem du den Wert der zurückgelegten Strecke s durch den Wert der dazu benötigten Zeit t dividierst.

$$v = \frac{s}{t}$$

Braucht ein 400-m-Läufer für seine Strecke s eine Zeit t von 50 s, so legt er in einer Sekunde 8 m zurück. Seine Geschwindigkeit beträgt also 8 $\frac{m}{s}$ (gelesen: 8 Meter pro Sekunde).

> Du kannst die Geschwindigkeit einer geradlinig gleichförmigen Bewegung berechnen.

1 Wird sie gewinnen?

2 Start – Ziel – Sieg

3 Heiße Reifen

Grafische Darstellung von gleichförmigen Bewegungen

Zeichnen von Diagrammen

Aus einer Messreihe der Bewegung kannst du ein Diagramm erstellen. Dabei werden zwei Größen, die einander zugeordnet sind, grafisch dargestellt.

Zum Erstellen dieser Diagramme trägst du die gegebene Größe, in diesem Beispiel die Zeit t, auf der Rechtsachse ab.
Die dazugehörige gemessene Größe, die Geschwindigkeit v (Bild 1) oder die Strecke s (Bild 2), wird auf der Hochachse abgetragen. Du überträgst die Wertepaare aus einer Wertetabelle in das Diagramm und verbindest die Punkte zu einem Grafen.

Zeit-Geschwindigkeits-Diagramm für $v = 1{,}5 \frac{m}{s}$

t in s	0	1	2	3	4
v in $\frac{m}{s}$	1,5	1,5	1,5	1,5	1,5

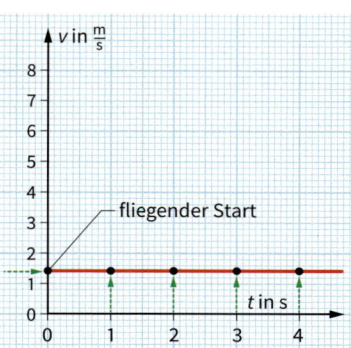

1 t-v-Diagramm

Zeit-Weg-Diagramm für $v = 2{,}0 \frac{m}{s}$

t in s	0	1	2	3	4
s in m	0	2,0	4,0	6,0	8,0

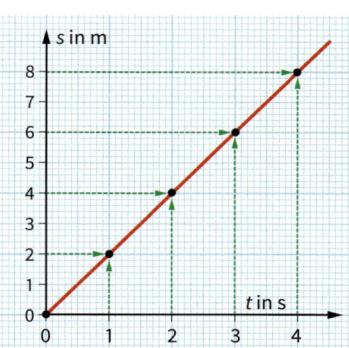

2 t-s-Diagramm

1. ≡ Ⓐ
Erstelle Wertetabellen und jeweils ein t-v-Diagramm und ein t-s-Diagramm für eine gleichförmige Bewegung mit einer Geschwindigkeit von $v = 3 \frac{m}{s}$.

Bei der gleichförmigen Bewegung bleibt die Geschwindigkeit immer gleich. Der Graf im Zeit-Geschwindigkeits-Diagramm ist eine **Parallele zur Zeitachse.**

Bei der gleichförmigen Bewegung ist der zurückgelegte Weg proportional zur Zeit. Der Graf im Zeit-Weg-Diagramm ist eine **Ursprungsgerade.**

Ablesen von Werten aus einem Diagramm

Aus einem Diagramm kannst du zusammengehörige Wertepaare bestimmen.

So kannst du ablesen, welche Strecke im t-s-Diagramm in Bild 3 nach 2 s zurückgelegt worden ist. Dazu gehst du auf der Rechtsachse bei $t = 2$ s senkrecht nach oben, bis du den Grafen erreichst. Von diesem Punkt gehst du waagerecht zur Hochachse und kannst den dazugehörigen Wert $s = 1$ m ablesen. Der Gegenstand hat also in 2 s eine Strecke von 1 m zurückgelegt.

Du kannst auch bestimmen, welche Zeit für die Strecke $s = 3$ m benötigt wird. Auf der Hochachse gehst du bei $s = 3$ m waagerecht bis zum Grafen und dann senkrecht nach unten auf die Rechtsachse. Hier kannst du die dazugehörige Zeit $t = 6$ s ablesen. Der Gegenstand hat also 6 s für die Strecke von 3 m benötigt.

2. ≡ Ⓐ
a) Bestimme aus dem Diagramm 3 die Zeiten für die Strecken 1,5 m; 2 m; 2,5 m.
b) Bestimme die Strecken für die Zeiten 1 s; 2,5 s; 3 s.

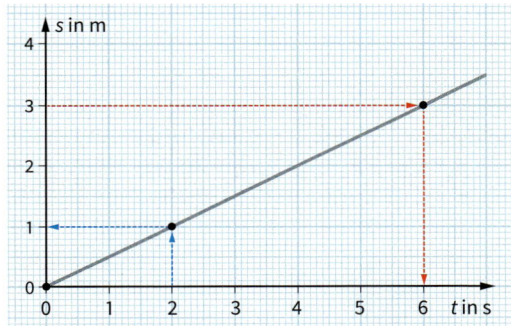

3 t-s-Diagramm

METHODE

Das Skelett gibt dem Körper Halt

1. ≡ Ⓐ
Untersuche dein Skelett mithilfe des Notizzettels.

Forschungsaufträge am Skelett

- Gesamtzahl der Knochen des menschlichen Skeletts: 153, 211 oder 317?
- Länge der größten und der besonders kleinen Knochen bestimmen. Hinweis: Der mit nur 2,7 mm kleinste Knochen des Skeletts befindet sich im Mittelohr.
- Anzahl der Knochen, aus denen die Hand besteht, bestimmen. Beweglichkeit des Handgelenks und der Finger feststellen.
- Unterschiede zwischen Röhrenknochen und Plattenknochen bestimmen. Beispiele für beide Typen finden.
- Hohlräume des Skeletts nennen und die in ihnen geschützt liegenden Organe aufzählen.

2. ≡ Ⓐ
a) Vergleiche Arm- und Beinskelett miteinander und nenne Gemeinsamkeiten im Aufbau. Stelle dazu die einander entsprechenden Knochen in einer Tabelle gegenüber.

Armskelett	Beinskelett
Oberarm	Oberschenkel
Elle	

b) Begründe, warum die Knochen des Beinskeletts viel kräftiger als die des Armskeletts sind.

3. ≡ Ⓥ
a) Baue aus den abgebildeten Materialien ein einfaches Modell für Röhrenknochen.
b) Teste mithilfe von Büchern oder anderen Gewichten, aus welchen Richtungen Röhrenknochen besonders gut belastet werden können.

Eiffelturm (Paris), 324 m hoch

4. ≡ Ⓐ
a) Betrachte die Bauweise des Eifelturms und vergleiche sie mit der Abbildung des Oberschenkelknochens auf der nächsten Seite.
b) Welche Aufgabe erfüllen die Knochenbälkchen im Oberschenkelknochen und welche Aufgabe die Metallstreben im Eiffelturm? Notiere deine Ergebnisse.

5. ≡ Ⓥ
Besorge dir den Knochen eines Hähnchenbeins.
- Säubere den Knochen mit Wasser von Fleisch und Fettresten.
- Lege den Knochen in ein Gefäß und gieße so viel Essig hinein, dass der Knochen vollständig bedeckt ist. Essigessenz nicht trinken! Verätzungsgefahr! Dämpfe nicht direkt einatmen! Bedecke das Ganze dann mit einem Deckel.
- Entnimm den Knochen nach drei bis vier Tagen, säubere ihn unter Wasser und versuche, ihn zu verbiegen.

TIPP
Essig löst Kalk auf.

a) Was fällt dir auf?
b) Erkläre deine Beobachtung.

Erwachsene Menschen haben ungefähr 210 Knochen. Man fasst die Knochen nach ihrer Lage und Funktion zu Knochengruppen zusammen, die du an den unterschiedlichen Farben auf der Abbildung erkennen kannst.

Das Skelett stützt den Körper

Die Gesamtheit der Knochen nennt man Skelett oder Knochengerüst. Wie ein Gerüst sich selbst trägt, so stützt das Skelett den gesamten Körper. Das **Armskelett** ermöglicht die Ausübung sehr vieler Tätigkeiten. Es ist über den **Schultergürtel** an der Wirbelsäule befestigt. Das **Beinskelett** trägt das Körpergewicht. Über den **Beckengürtel** ist es mit der Wirbelsäule beweglich verbunden.

Das Skelett schützt den Körper

Kleine Stöße und Verletzungen lassen sich im Alltag nicht vermeiden. Vor größeren Verletzungen ist man durch das Skelett aber gut geschützt. Der **Schädel** umgibt das Gehirn wie ein Schutzhelm und verhindert so Verletzungen. Ähnlich schützt der **Brustkorb** das Herz und die empfindliche Lunge.

Knochen sind stabil

Röhrenknochen sind innen markhaltig. Kalkverbindungen in den Knochen sorgen für deren Festigkeit, Knorpelanteile machen sie dennoch elastisch. Durch dieses Zusammenspiel bleiben Knochen biegsam und halten dennoch großen Belastungen stand.

> Du kannst die wichtigsten Knochen des menschlichen Skeletts aufzählen und den jeweiligen Knochengruppen zuordnen. Du kannst die Aufgaben des Skeletts beschreiben.

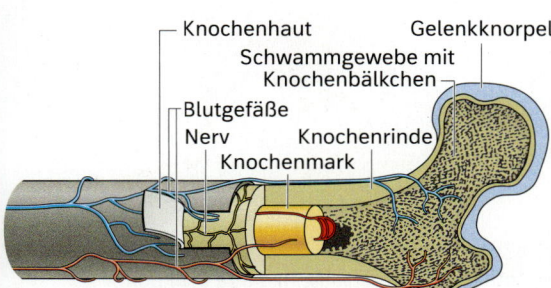

1 Aufbau des Oberschenkelknochens

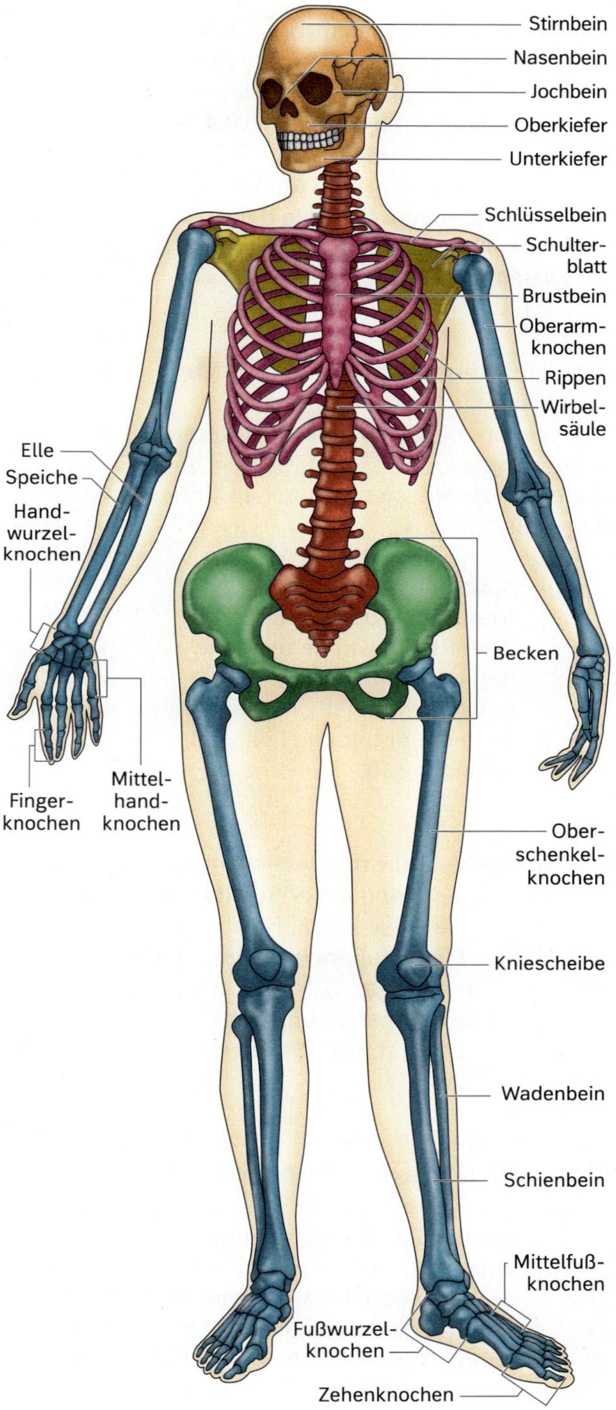

Knochenhaut — Gelenkknorpel — Schwammgewebe mit Knochenbälkchen — Blutgefäße — Nerv — Knochenrinde — Knochenmark

Stirnbein — Nasenbein — Jochbein — Oberkiefer — Unterkiefer — Schlüsselbein — Schulterblatt — Brustbein — Oberarmknochen — Rippen — Wirbelsäule — Elle — Speiche — Handwurzelknochen — Becken — Fingerknochen — Mittelhandknochen — Oberschenkelknochen — Kniescheibe — Wadenbein — Schienbein — Mittelfußknochen — Fußwurzelknochen — Zehenknochen

2 Skelett des Menschen:
Schädel, Wirbelsäule, Brustkorb, Schultergürtel, Beckengürtel, Arm- und Beinskelett

Die Wirbelsäule – Hauptstütze des Skeletts

1. ≡ **V**
a) Beuge deinen Rumpf nach vorne, nach hinten und zu beiden Seiten. Beschreibe, in welchen Abschnitten der Wirbelsäule welche Bewegungen möglich sind. Wo ist die Beweglichkeit am größten?
b) Ertaste die Wirbelsäule am Rücken deines Partners. Nenne die Teile der Wirbelknochen in Abbildung 1C, die du fühlen kannst.

2. ≡ **V**
a) Miss deine Körperhöhe morgens nach dem Aufstehen und abends vor dem Schlafengehen möglichst genau. Notiere diese Ergebnisse.
b) Vergleiche die Messwerte und begründe das Ergebnis.

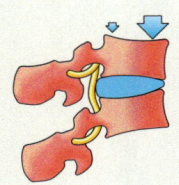

3. ≡ **A**
Nenne die Bereiche der Wirbelsäule, an denen Schäden durch falsches Sitzen auftreten können. Vergleiche dazu die Abbildung links mit Abbildung 1B.

4. ≡ **A**
a) Berechne die Zeit, die du durchschnittlich an einem Tag sitzend in der Schule verbringst. Rechne diese Zeit auf ein Schuljahr hoch. Ein Schuljahr hat durchschnittlich 182 Schultage.
b) Wie viel Zeit verbringst du ungefähr während deiner zehnjährigen Schulzeit sitzend in der Schule?

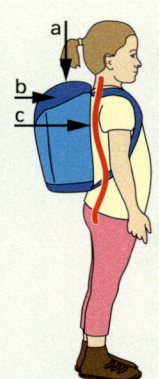

5. ≡ **A**
Betrachte die linke Abbildung. Die Pfeile zeigen dir, wie du deinen Schulranzen optimal einstellst.
a) Ordne den Pfeilen folgende Begriffe zu: Abschluss in Schulterhöhe – dicht am Körper – Schultasche senkrecht.
b) Überprüfe, ob dein Schulranzen richtig eingestellt ist.

Die Wirbelsäule hält den Körper aufrecht

Als stabile, aber trotzdem bewegliche Stütze durchzieht die Wirbelsäule deinen Körper. Weil sie wie ein „Doppel-S" gekrümmt ist, kann sie beim Laufen und Springen Stöße abfedern.

Die Wirbelsäule besteht aus übereinander gelagerten Wirbelknochen. Dazwischen liegen elastische **Bandscheiben,** welche Bewegungen ermöglichen. Sie wirken beim Laufen und Springen als Stoßdämpfer. Alle Wirbel werden durch starke Muskeln und Bänder zu einer stabilen und beweglichen Säule verspannt. Zwischen Wirbelkörper und Wirbelbogen befindet sich das Wirbelloch. Übereinander gereiht bilden diese Öffnungen den Wirbelkanal. Hier verläuft gut geschützt das **Rückenmark,** der Hauptnervenstrang. **Dornfortsätze** und **Querfortsätze** an den Wirbelknochen dienen als Ansatz für die Rückenmuskulatur.

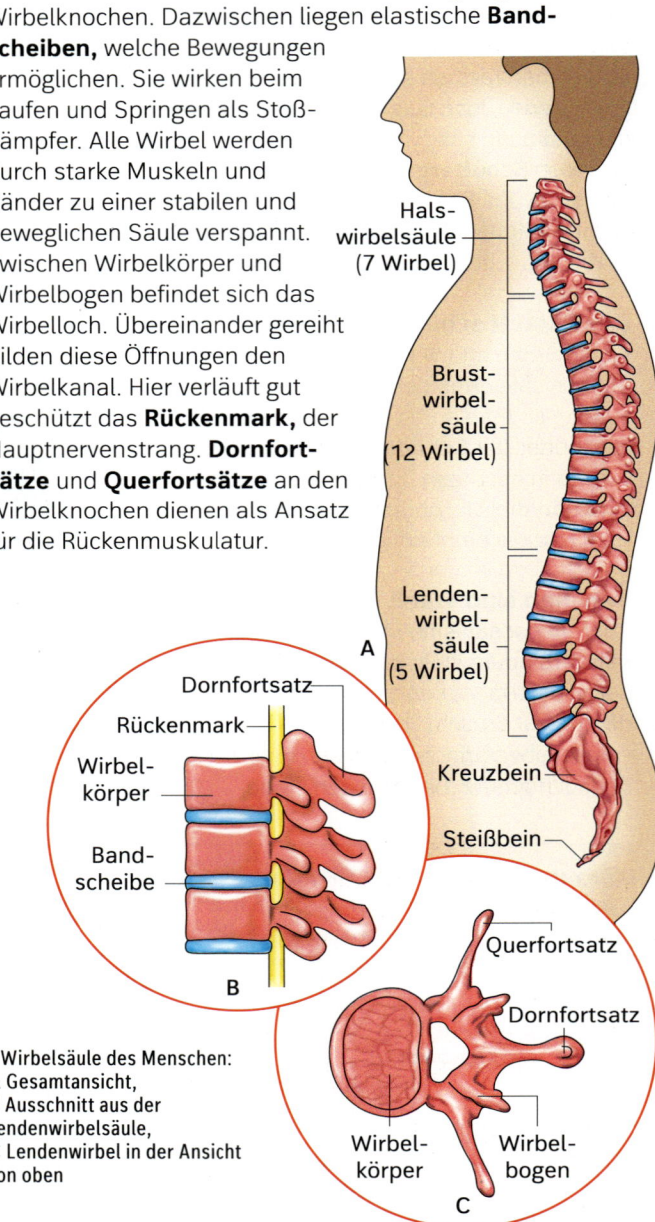

1 Wirbelsäule des Menschen:
A Gesamtansicht,
B Ausschnitt aus der Lendenwirbelsäule,
C Lendenwirbel in der Ansicht von oben

Du kannst den Aufbau der Wirbelsäule und ihre Funktion beschreiben.

Arbeiten mit Modellen

Modelle machen Kompliziertes einfach

Modelle veranschaulichen die Wirklichkeit und helfen, sie besser zu verstehen. Dabei werden nur bestimmte Eigenschaften und Merkmale des Originals vereinfacht dargestellt. Modelle werden immer dann eingesetzt, wenn komplizierte Sachverhalte besonders anschaulich gezeigt werden sollen.

Mit dem rechts abgebildeten Modell kannst du den **Bau der Wirbelsäule** sehr viel leichter verstehen.

Du erkennst sofort, dass sie sich im Wesentlichen aus zwei Bestandteilen zusammensetzt. Dies zeigt folgende Tabelle:

Wirklichkeit	Modell
Wirbelkörper	Scheiben aus Wellpappe
Bandscheiben	Scheiben aus Schaumstoff

Das Modell veranschaulicht aber noch mehr. Mit einem einfachen Versuch kannst du dir die **Funktion der Wirbelsäule** verdeutlichen:

- Drückst du von oben auf das Modell, verformt sich der Schaumstoff. Du erkennst daran, dass die Bandscheiben für die stoßdämpfende Wirkung der Wirbelsäule verantwortlich sind.
- Belastest du das Modell seitlich, dann neigt es sich, was dir die seitliche Beweglichkeit der Wirbelsäule verdeutlicht.

Modelle zeigen nicht alles!

Auch wenn das Modell den Bau und die Funktion der Wirbelsäule recht gut veranschaulicht, so hat es doch auch seine Grenzen:

- Der unterschiedliche Bau von Hals-, Brust- und Lendenwirbeln wird nicht gezeigt.
- Weder Wirbelkanal noch die Dornfortsätze sind zu erkennen. Das Gleiche gilt für die stabilisierenden Muskeln und Bänder.
- Es ist nicht erkennbar, dass die Wirbel im Brustbereich mit den Rippen verbunden sind.
- Im Bereich der Lendenwirbelsäule ist auch eine Drehbewegung möglich. In unserem Modell wird dies nicht deutlich.

Bauanleitung:

- Schneide 11 runde Scheiben aus Wellpappe und 10 aus Schaumstoff (0,5 cm dick) heraus. Der Durchmesser sollte etwa 5 cm betragen.
- Verbinde die Teile mit Kunststoffkleber oder Silikon.

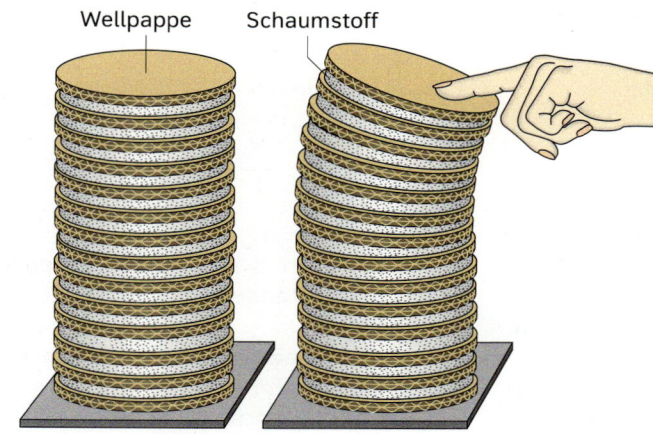

1 Einfaches Modell der Wirbelsäule

METHODE

1.

a) Biege mit zwei 40 cm langen und etwa 2 mm dicken Drahtstücken die unten abgebildeten Wirbelsäulenformen nach. Achte dabei genau auf die unterschiedliche Krümmung. Überprüfe, welches Modell mehr der menschlichen Wirbelsäule ähnelt.
b) Belaste beide Modelle, zum Beispiel mit einem Murmelsäckchen oder etwas Ähnlichem.

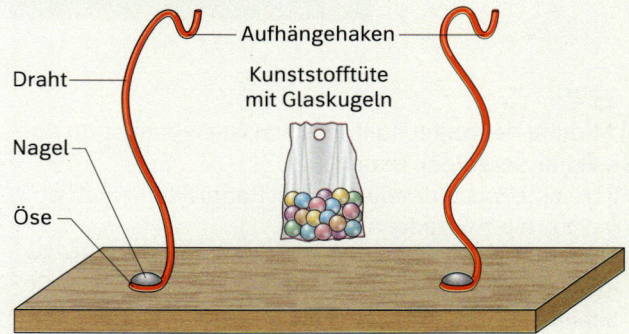

c) Beschreibe, wie beide Modelle auf die Belastung reagieren. Welche Form ist stärker belastbar?
d) Vergleiche in einer Tabelle Wirklichkeit und Modell.

Gelenke machen uns beweglich

1.
Knochen sind durch Gelenke beweglich miteinander verbunden. Das linke Bild zeigt dir, wie biegsam unser Körper dadurch ist.
a) Welche Gelenke sind bei dieser Übung beteiligt?
b) Suche an deinem Körper nach diesen Gelenken und überprüfe, in welche Richtungen du sie bewegen kannst.

Gelenktyp	Beispiele
Kugelgelenk	Hüfte, . . .
. . .	

2.
a) Betrachte das Skelett aus der Biologie-sammlung.
b) Untersuche die Beweglichkeit von Hüft-, Knie-, Ellenbogen- und Handgelenk.
c) Erstelle in einer übersichtlichen Tabelle (siehe links) Beispiele für die verschiedenen Gelenktypen. Finde dafür weitere Beispiele.

3.
Betrachte die drei abgebildeten Gegenstände links, rechts und unten.
a) Ordne jeweils einen Gelenk-typ zu.
b) Wo befinden sich diese Gelenktypen am Skelett?
c) Nenne weitere Gelenkformen, zum Beispiel an technischen Geräten, die bei dir zuhause Anwendung finden.

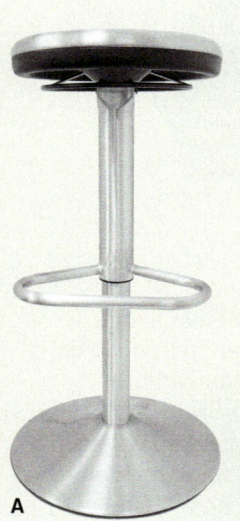

A

B

C

4.
a) Mithilfe der abgebildeten Materialien kannst du dir ein Scharniergelenk bauen.
- Schneide aus einer der beiden Papprollen einen etwa 3 cm breiten Streifen heraus.
- Klebe mit Heiß- oder Zwei-Komponenten-Kleber die Rundhölzer an die „Gelenkenden".
- Schiebe beide „Knochen" ineinander und überprüfe die Bewegungsmöglichkeiten.
b) Überlege, wie du das Modell eines Kugelgelenks bauen kannst. Fertige es an und probiere es aus.

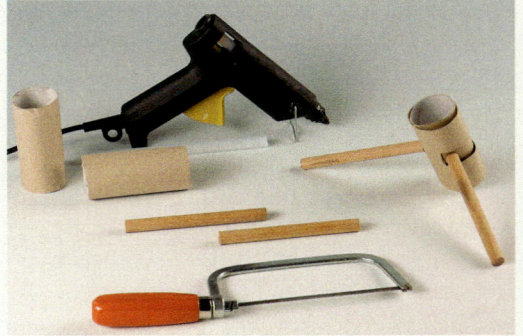

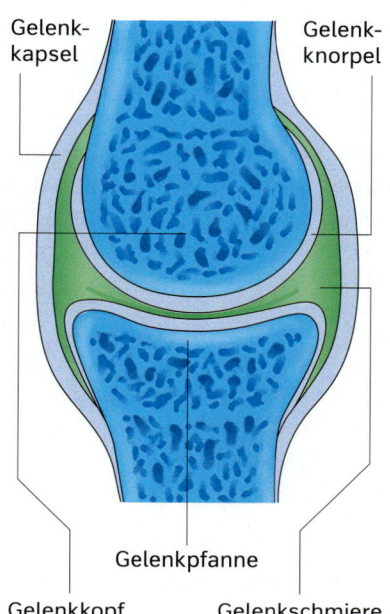

1 Bau eines Gelenks

Gelenk-kapsel

Gelenk-knorpel

Gelenkpfanne

Gelenkkopf

Gelenkschmiere

Aufbau eines Gelenks

Damit du dich bewegen kannst, müssen deine Knochen beweglich miteinander verbunden sein. Diese Aufgabe übernehmen die Gelenke. Am Skelett kannst du erkennen, dass das Ende eines Knochens, der **Gelenkkopf,** genau in die Vertiefung des anderen Knochens, die **Gelenkpfanne,** passt. Die **Gelenkkapsel** verbindet beide Knochenenden elastisch und gleichzeitig fest miteinander. Dies wird durch Bänder und Muskeln verstärkt. Damit die beiden Knochen nicht aneinander reiben, sind die Gelenkflächen von **Gelenkknorpel** überzogen. Dieser wirkt wie ein Stoßdämpfer. Im Gelenkspalt befindet sich zusätzlich **Gelenkschmiere.** Sie wirkt wie ein Gleitmittel. Die über 100 Gelenke des Menschen besitzen alle denselben Grundaufbau. Man unterscheidet aber nach ihrer Beweglichkeit mehrere Gelenkformen:

Das Kugelgelenk
Dein Oberschenkel ist fest mit dem Becken verbunden, trotzdem kann sich das Bein in fast alle Richtungen frei bewegen. Das Hüftgelenk ist ein **Kugelgelenk,** weil sein Gelenkkopf wie eine Kugel aussieht. Auch das Schultergelenk ist ein Kugelgelenk. Kugelgelenke sind die beweglichsten Gelenke deines Körpers.

Das Scharniergelenk
Deinen Unterarm kannst du nur in eine Richtung bewegen. Weil das Ellenbogengelenk an das Scharnier einer Tür erinnert, nennt man es **Scharniergelenk.** Knie- und Fingergelenke zählen auch dazu.

Das Drehgelenk
Die Drehung deines Kopfes ermöglichen die beiden oberen Halswirbel. Sie sind durch ein **Drehgelenk** miteinander verbunden.

Das Sattelgelenk
Dein Daumen kann sich in zwei Richtungen bewegen wie ein Reiter auf einem gesattelten Pferd - nach vorne und hinten, nach links und nach rechts. Das Daumengrundgelenk ist ein **Sattelgelenk.** Deshalb hat der Daumen eine Sonderstellung gegenüber den anderen Fingern: Er kann der Handfläche gegenübergestellt werden, was zum Beispiel das präzise Greifen und damit den Werkzeuggebrauch ermöglicht.

> Du kannst den Aufbau eines Gelenks beschreiben. Du kannst vier verschiedene Gelenkformen nennen, ihre Bewegungsrichtungen beschreiben und Beispiele dafür am menschlichen Skelett aufzählen.

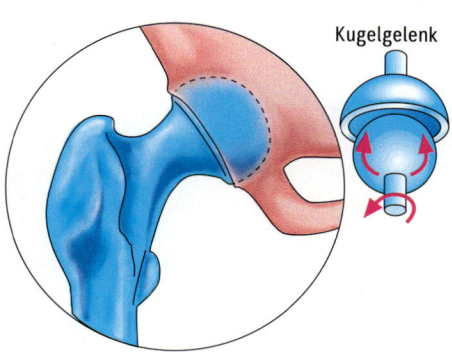

Hüftgelenk

Kugelgelenk

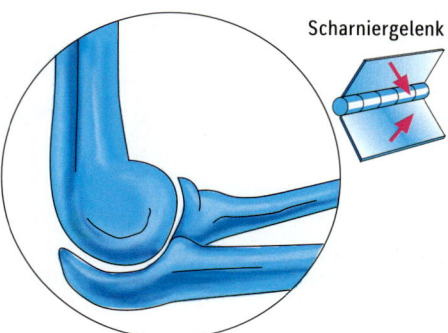

Ellenbogengelenk

Scharniergelenk

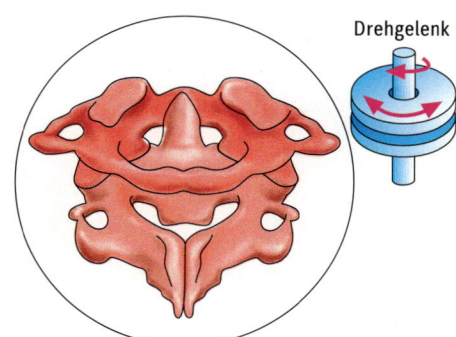

Die ersten beiden Halswirbel

Drehgelenk

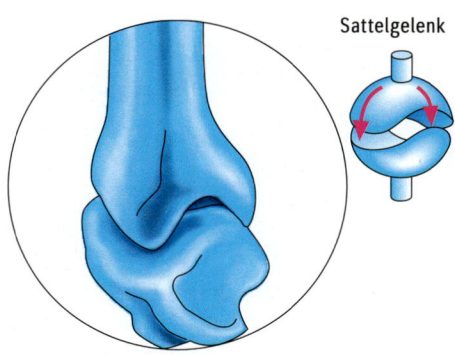

Daumengrundgelenk

Sattelgelenk

2 Gelenktypen

Muskeln brauchen Training

1. ☰ Ⓐ

Im Fitnesscenter trainieren viele Menschen ihre Muskeln, um gut in Form zu bleiben.

a) Nenne die Muskeln, die bei der Übung auf dem unteren Bild besonders beansprucht werden.

b) Zähle weitere Möglichkeiten auf, Muskeln zu trainieren.

c) Stelle der Klasse deine Lieblingssportart vor und beschreibe, welche Muskeln dabei besonders trainiert werden.

2. ☰ Ⓐ

Modelle helfen dir, die Wirklichkeit besser zu verstehen. Betrachte dazu das selbst gebaute Modell der Beinmuskulatur beim Beugen und Strecken.

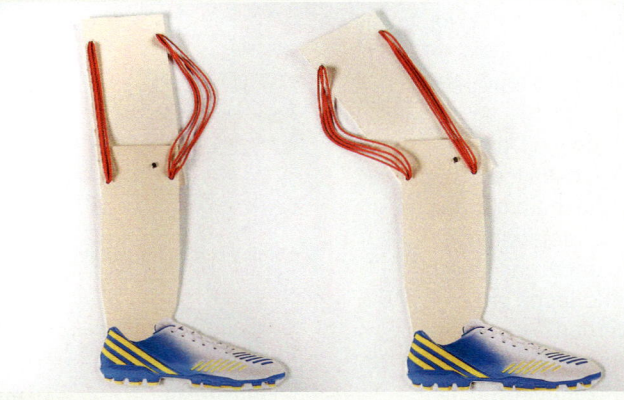

Modell	Wirklichkeit
rote Bänder	

a) Übertrage die Tabelle in dein Heft und fülle sie aus.

b) Was stellt das Modell gut dar?

c) Was wird nicht oder nicht so gut dargestellt? Nenne zwei bis drei Beispiele.

3. ☰ Ⓥ

a) Untersuche den Aufbau einer Schweinshaxe.

b) Nenne die Bestandteile eines Muskels, die du erkennen kannst. Orientiere dich dabei auch an der Zeichnung über den „Feinbau eines Muskels" auf der nächsten Seite.

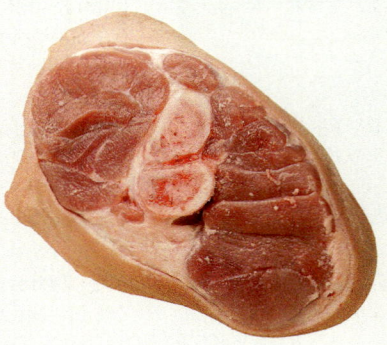

4. ☰ Ⓥ

a) Führe folgende Experimente durch: Setze dich auf einen Stuhl vor den Tisch. Drücke mit dem Arm von unten gegen die Tischplatte. Ein Mitschüler soll deinen Oberarm umgreifen und fühlen, was mit ihm passiert.

b) Drücke nun von oben gegen die Tischplatte. Was passiert jetzt?

c) Beschreibe, was mit den Oberarmmuskeln in den jeweiligen Versuchen passiert ist. Benutze folgende Begriffe: dünn, dick, hart, weich, kurz, lang, entspannt, angespannt.

5. ☰ Ⓐ

a) Betrachte die Abbildung unten. Beschreibe, wie ein Muskel auf Training reagiert.

b) Erkläre, warum es wichtig ist, dass der Muskel so reagiert.

c) Was kann mit deinen Muskeln passieren, wenn du dich vor dem Sport nicht genügend aufwärmst?

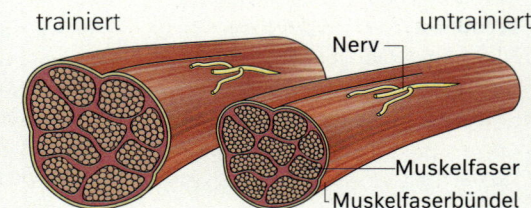

trainiert · untrainiert · Nerv · Muskelfaser · Muskelfaserbündel

Ohne Muskeln keine Bewegung

In deinem Körper befinden sich etwa 600 verschiedene Muskeln, die über die Hälfte des Körpergewichtes ausmachen. Sie ermöglichen dir deine Bewegungen. Deine Muskeln arbeiten im Team. Für ein Lächeln benutzen wir etwa 15 Muskeln und mehr als 40, um unsere Stirn zu runzeln. Die Augenmuskeln spannen sich an einem Tag rund 100 000-mal an. Auf Kurzstrecken ermöglichen die Beinmuskeln maximale Laufgeschwindigkeiten von mehr als 40 km/h.

≡ Muskeln haben einen speziellen Aufbau

Der Muskel ist über eine stabile **Sehne** mit dem Knochen verbunden. Betrachtest du den Querschnitt des Muskels, so kannst du einzelne **Muskelfasern** erkennen. Zusammen bilden sie **Muskelfaserbündel,** die in **Bindegewebe** eingebettet sind. Blutgefäße versorgen den Muskel mit Nährstoffen und Nerven leiten Informationen weiter.

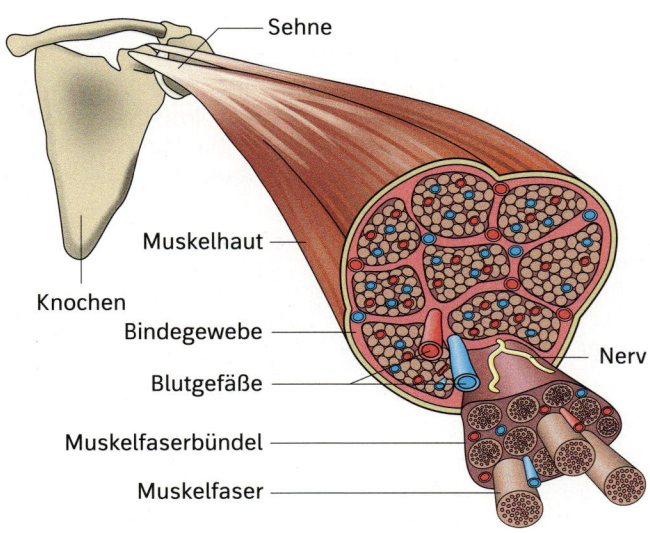

1 Feinbau eines Muskels

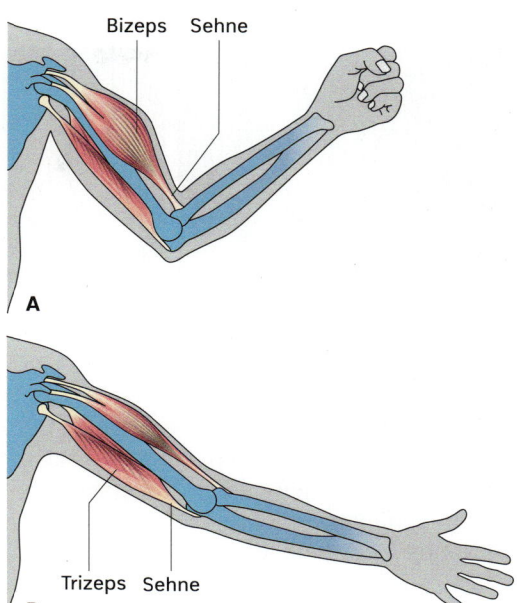

2 Muskeln des Oberarms: **A** Bizeps beim Armbeugen, **B** Trizeps beim Armstrecken

Bewegung hält fit

Regelmäßige sportliche Bewegung kräftigt die Muskeln. Sie nehmen an Umfang zu und werden leistungsfähiger. Wenig benutzte Muskeln werden mit der Zeit schwächer. Nach einer ungewohnten Belastung können Muskelschmerzen auftreten. Dieser **„Muskelkater"** entsteht durch winzige Risse im Inneren der Muskelfasern. Die Beschwerden verschwinden nach wenigen Tagen wieder.

Bei einem **Muskelfaserriss** sind meist mehrere Muskelfasern betroffen. Solche Sportverletzungen kannst du durch **Aufwärmtraining** und **Dehnübungen** vermeiden. Die Muskulatur wird dann besser durchblutet und mit Sauerstoff versorgt. Die Muskeln werden elastisch und besser dehnbar.

Muskeln arbeiten zusammen

Beugst du deinen Arm, wird der Unterarm von einem Muskel, dem Bizeps, Richtung Oberarm gezogen. Der Bizeps ist also ein **Beuger.** Beim Beugen zieht er sich zusammen. Er wird kürzer und dicker.
Zum Strecken des Armes muss der Beuger wieder gedehnt werden. Das kann er nicht selbstständig. Deshalb braucht er einen **Gegenspieler,** den Trizeps. Dieser **Strecker** befindet sich an der Rückseite des Oberarms. Er wird beim Strecken des Arms dick und kurz. Gleichzeitig entspannt sich der Beuger und wird wieder dünn und lang.

> Du kannst einige Beispiele für Skelettmuskeln nennen und deren wichtigste Bestandteile aufzählen. Du kannst beschreiben, wie Muskeln mit Knochen verbunden sind. Du kannst beschreiben, was beim Beugen und Strecken mit den beteiligten Muskeln passiert und erklären, warum ein Skelettmuskel in der Regel einen Gegenspieler braucht.

Haltung bewahren

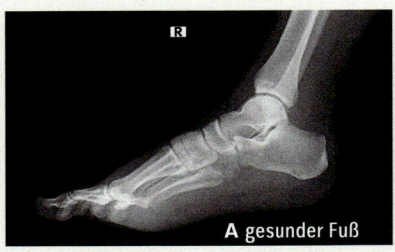
A gesunder Fuß

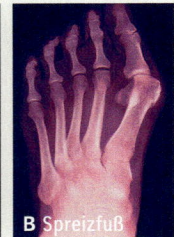
B Spreizfuß

1. ☰ Ⓐ
a) Beschreibe, warum ein gesunder Fuß das Körpergewicht gut tragen kann.
b) Beschreibe, wie sich Füße aufgrund falscher Schuhe verändern können.
c) Bewerte das regelmäßige Tragen von hohen Schuhen.
d) Nenne Merkmale, die gesunde Schuhe haben sollten.

2. ☰ Ⓐ
a) Beschreibe die abgebildeten Fehlhaltungen.
b) Gib mögliche Folgen an, die sich aufgrund einer dauerhaften Fehlhaltung ergeben können.
c) Beschreibe Möglichkeiten, wie sich diese Fehlhaltungen vermeiden lassen.

A

B

C

Fester Stand auf gesunden Füßen

Aufgrund ihres Baus können die Füße großen Belastungen standhalten. Bei gesunden Füßen bilden die Fußknochen ein Gewölbe, das durch zahlreiche Bänder und Muskeln gefestigt wird. Durch falsches Schuhwerk oder Übergewicht kann das Fußgewölbe abflachen und ein **Spreizfuß** entstehen. Die Folgen können Haltungsschäden und Schmerzen in den Beinen und im Rücken sein.

Haltungsschäden

Die Wirbelsäule wird durch starke Rumpfmuskeln aufrecht gehalten. Sind diese zu schwach, oder nimmt man häufig eine falsche Haltung ein, kann es zu einer Verkrümmung der Wirbelsäule und zu Fehlstellungen, den **Haltungsschäden,** kommen. Dabei verändert sich die Form der Wirbelsäule.
Ist der Bogen an der Brustwirbelsäule zu stark ausgeprägt, entsteht ein **Rundrücken.** Betrifft der Fehler die Lendenwirbelsäule, spricht man von einem **Hohlrücken** oder Hohlkreuz. Ist die Wirbelsäule dauerhaft zur Seite verbogen, entsteht **seitlicher Schiefwuchs.** Ständige Rückenschmerzen oder Bandscheibenvorfälle können die Folge sein. Verkrümmungen kann man vor allem im Jugendalter durch gezieltes Training wieder beseitigen.

Auf die Haltung kommt es an

Mit Schuhen, die deine Füße unterstützen, beugst du Fehlstellungen der Füße vor. Durch eine aufrechte Körperhaltung, richtiges Heben, richtiges Aufnehmen von schweren Gegenständen oder richtiges Tragen kannst du Haltungsschäden vermeiden.

> Du kannst verschiedene Haltungsschäden der Wirbelsäule und deren Ursachen benennen. Du kannst Tipps zur Vermeidung von Haltungsschäden geben.

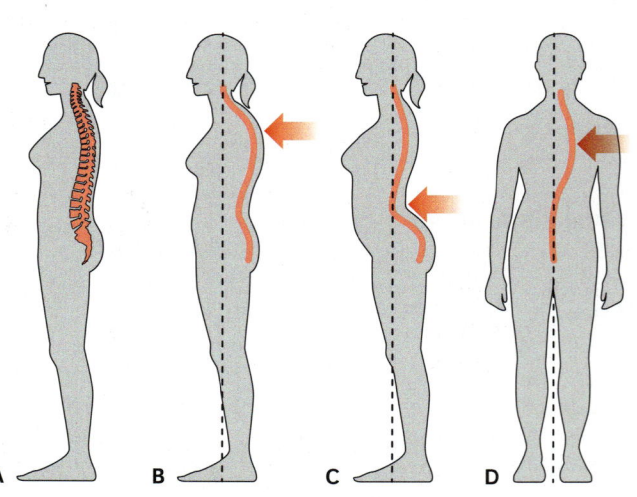
A   **B**   **C**   **D**

Bewegte Schule

Training für Body & Soul

Diese Übung mobilisiert nicht nur deinen Körper, sondern macht auch dein Gehirn wieder fit.

Gehe langsam auf der Stelle und ziehe ein Knie nach oben. Berühre das Knie mit dem entgegengesetzten Ellenbogen. Wiederhole die Übung mit dem anderen Knie und Ellenbogen. Wiederhole beides mehrere Male hintereinander.

1. ☰ Ⓥ
Probiere die Übungen aus.
a) Notiere nach jeder Übung, welche Muskeln du besonders gespürt hast.
b) Bewerte, ob dir die Übungen gut getan haben oder nicht. Lege hierzu eine Tabelle an.

Übung	☺	☺	☹

c) Überlege Möglichkeiten, wie ihr euch während der Schulzeit noch mehr als bisher bewegen könnt.

2. ☰ Ⓐ
Mache Vorschläge für Bewegungsmöglichkeiten in der Pause. Achte dabei auch auf eure Sicherheit.

PINNWAND

Es gibt viele Gründe sich zu bewegen. Es macht Spaß und fördert die Gesundheit. Durch regelmäßiges Training kannst du Verletzungen vorbeugen.

Bewegung in der Pause

Beim Bouldern wird fast der ganze Körper trainiert, da sehr viele Muskelgruppen benötigt werden. Kraft, Beweglichkeit, die Körperspannung und die Koordination werden verbessert.

TIPP
Drücke bei der letzten Übung die Knie gegen deine inneren Oberschenkel.

Übungen für zwischendurch

Nimm die jeweilige Position ein. Halte jede Übung mindestens acht Atemzüge lang. Atme dabei entspannt aus und ein.

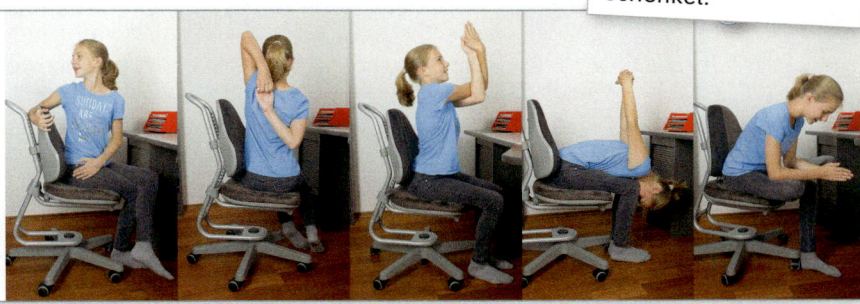

Wie arbeiten Forscher und Erfinder?

1. ≡ Ⓐ
Sammle Berufe, bei denen etwas erforscht wird.

2. Ⓠ
Recherchiere und berichte über „Explore science", „Schüler experimentieren" und andere Schülerwettbewerbe.

3. ≡ Ⓐ
Liste Einrichtungen auf, in denen Forscher arbeiten.

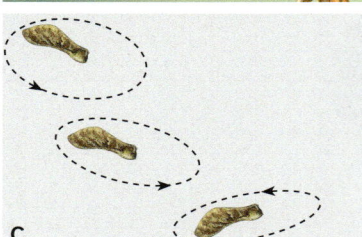

1 Forschen: **A** Beobachtung, **B** Vermutung, **C** Experimente, **D** Auswertung, **E** Erklärung

Rätselhafte Natur
Am Anfang jeder Forschung stehen **Beobachtungen,** aus denen sich eine Frage ableitet. Wie kann beispielsweise ein kleiner Ahorn weit entfernt von der Mutterpflanze wachsen?

Erste Erklärungsversuche
Im nächsten Schritt werden **Vermutungen** aufgestellt. Vielleicht hat der Wind die Ahornfrucht mit dem Samen davon getragen.

Naturwissenschaft und Technik
Dann werden **Experimente** geplant, durchgeführt und ausgewertet, um die Vermutung zu überprüfen. Dabei setzen Forscher meist technische Geräte wie Messgeräte, Computer und Laborgeräte ein. Die Ahornfrüchte werden vermessen, gewogen und mit Flugexperimenten untersucht.

Stimmt die Vermutung?
Anschließend findet eine **Auswertung** der Experimente statt. Ahornfrüchte sind für ihre Größe sehr leicht und die Flugversuche bestätigen, dass sie beim Fliegen weite Entfernungen zurücklegen können.

Jede Antwort bringt neue Fragen
Am Schluss werden die Vermutungen bewertet, Fragen beantwortet und **Erklärungen** für die Beobachtungen gegeben. Ahornfrüchte sind so gebaut, dass sie vom Wind über weite Strecken getragen werden können. Diese Erklärung ist so lange gültig, bis sie vielleicht irgendwann durch andere Beobachtungen widerlegt wird. Forschungsergebnisse wie dieses sind oft auch die Grundlage für technische Erfindungen.

2 Ahornfrucht im Flug

4.
Nenne fünf Berufe, bei denen etwas erfunden wird.

5.
Zeige an drei Beispielen, wie Erfindungen das Leben der Menschen verändert haben.

6.
Erkläre Unterschiede und Ähnlichkeiten zwischen Forschen und Erfinden.

Der Traum vom Fliegen

Am Anfang jeder Erfindung steht der **Wunsch,** Dinge zu schaffen, die unser Leben einfacher und schöner machen. Der Wunsch, fliegen zu können, ist einer der ältesten Wünsche der Menschheit.

Die Natur als Vorbild

Oft können wir uns **Ideen** aus der Natur holen. Fällt eine Ahornfrucht vom Baum, fängt sie bald an, sich um die eigene Achse zu drehen. Nach dem Vorbild der Ahornfrucht entstanden die ersten Ideen zum Bau eines „Drehflüglers", des heutigen Hubschraubers.

Technik und Naturwissenschaft

Jetzt kommt der schwierigste Teil einer Erfindung, die **Konstruktion.** Techniker nutzen die Forschungsergebnisse von Naturwissenschaftlern nun als Grundlage für ihre Berechnungen und Simulationen.

Herstellung

Endlich ist es soweit. Die **Herstellung** kann beginnen. Wurde bei der Konstruktion alles richtig gemacht? Mit Spannung wird getestet, ob auch alles so funktioniert, wie es geplant war.

Technik entwickelt sich weiter

Die **Weiterentwicklung** von Dingen ist ein Grundbedürfnis der Menschen. Sie wird durch ständig neue Erkenntnisse in den Naturwissenschaften unterstützt.

Du kannst die Arbeitsschritte beim Forschen und Erfinden beschreiben und vergleichen.

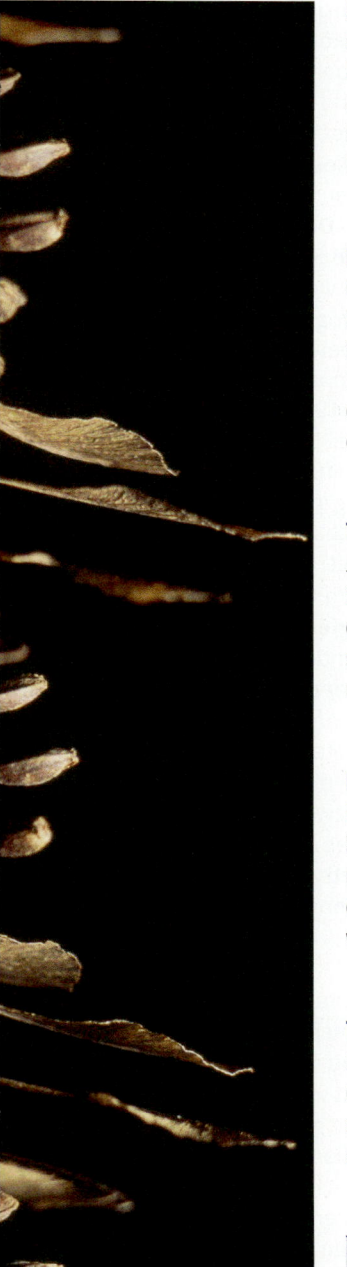

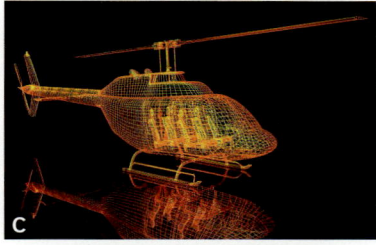

3 Erfinden: **A** Wunsch, **B** Idee, **C** Konstruktion, **D** Herstellung, **E** Weiterentwicklung

Vögel – Wirbeltiere in Leichtbauweise

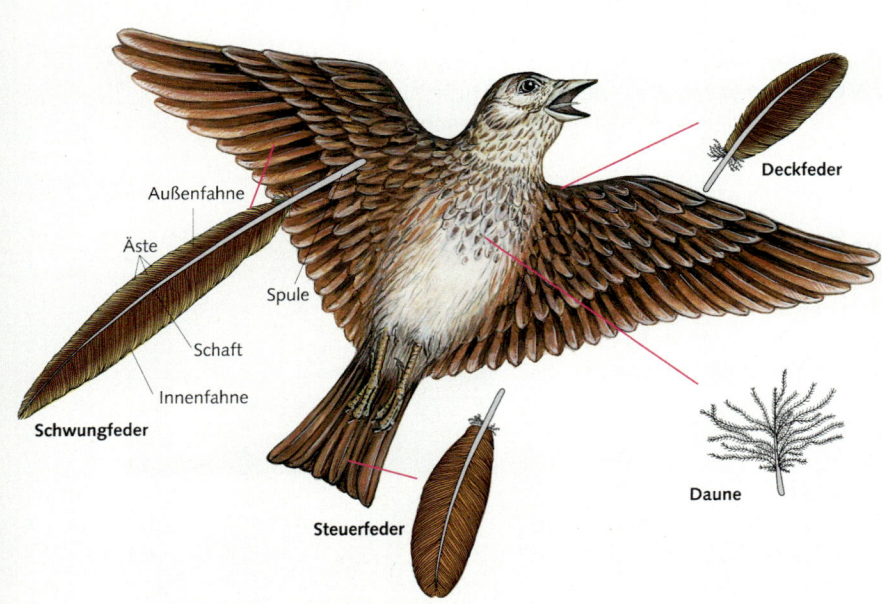

Außenfahne

Äste

Spule

Schaft

Innenfahne

Schwungfeder

Deckfeder

Steuerfeder

Daune

Die meisten Vögel sind gut an die Lebensweise in der Luft angepasst. Zum Fliegen benötigen sie viel Energie. Um Energie zu sparen, ist der Vogelkörper in einer speziellen Leichtbauweise und **stromlinienförmig** gebaut.

Federkleid

Der Vogelkörper ist fast ganz von einem Federkleid bedeckt. Die Federn sind dachziegelartig angeordnet. So kann die Luft ohne großen Widerstand vorbeiströmen. Unter den **Deckfedern** bilden die **Daunenfedern** eine wärmende Schutzschicht. Sie schließen viel Luft ein und schützen den Vogel vor Wärmeverlust. Vögel haben eine **gleichwarme** Körpertemperatur. Um diese bei 38 °C bis 42 °C zu halten, benötigen sie viel Energie.
Die Schwanzfedern dienen der Steuerung im Flug. Sie werden daher auch als **Steuerfedern** bezeichnet. Die Flügel besitzen große, zum Fliegen notwendige **Schwungfedern.** An ihnen lässt sich besonders gut der Aufbau einer Feder erkennen. Von einem hohlen Schaft zweigen nach beiden Seiten viele Federäste ab. Sie bilden die Fahnen. Von jedem Federast zweigen wiederum Strahlen ab. Sie sind – wie bei einem Klettverschluss – miteinander verzahnt.

Skelett

Eine weitere Angepasstheit an den Lebensraum Luft ist das leichte und stabile Skelett. Vögel sind meist wesentlich leichter als Säugetiere gleicher Größe. In ihren großen **Röhrenknochen** befindet sich Luft. Ein Netzwerk aus knöchernen Verstrebungen verleiht den Knochen Stabilität. Säugetierknochen dagegen sind mit Mark gefüllt.

1. Ⓥ
a) Betrachte verschiedene Vogelfedern und sortiere sie nach gemeinsamen Merkmalen. Begründe deine Zuordnung.
b) Nimm eine Vogelfeder und betrachte sie mit der Lupe. Ziehe auch die Äste auseinander. Fertige eine beschriftete Zeichnung an.

2. ≡ Ⓐ
In der obigen Abbildung sind die unterschiedlichen Federn eines Vogels dargestellt. Beschreibe, welche Funktionen sie jeweils haben.

3. ≡ Ⓐ
Beschreibe, wie Vögel an das Leben in der Luft angepasst sind. Berücksichtige dabei den Körperbau, die Ernährungsweise und die Fortpflanzung.

4. ≣ Ⓐ
In der nebenstehenden Abbildung siehst du die Knochen eines Säugetieres.
a) Beschreibe sie und vergleiche sie mit Vogelknochen.
b) Vergleiche den jeweiligen Knochenaufbau. Ziehe Rückschlüsse auf das Gewicht der jeweiligen Tiere.

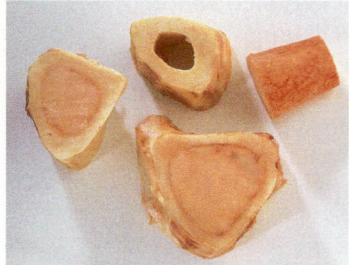

Die **Wirbelsäule** ist starr, da alle Wirbel von der Brust bis zum Schwanz miteinander verwachsen sind. Dadurch können Vögel während des Fluges die stabile Körperhaltung bewahren. Auch die Rippen und das Brustbein sind fest miteinander verbunden. An dem kielförmig gebauten **Brustbein** sitzen die starken Brustmuskeln, mit denen die Flügel bewegt werden.

Luftsäcke

Eine besondere Einrichtung bei Vögeln sind die Luftsäcke. Sie zweigen von der **Lunge** ab und liegen zwischen den Muskeln und Organen des Rumpfes. Im Flug funktionieren die Luftsäcke wie ein Blasebalg und unterstützen so die Atmung. Außerdem kühlen sie die Flugmuskulatur, die bei ihrer Arbeit warm wird.

Ernährungsweise

Auch die Ernährungsweise der Vögel ist dem Fliegen angepasst. Vögel fressen häufig. Dabei nehmen sie immer nur kleine Mengen an energiereicher, wasserarmer Nahrung zu sich. Die Nahrung wird rasch verdaut. Unverdauliche Reste werden schnell ausgeschieden. So wird der Körper nicht durch zusätzliches Gewicht belastet.

Fortpflanzung

Die Art der Fortpflanzung dient ebenfalls der Gewichtsverminderung. Vögel pflanzen sich mithilfe von **Eiern** fort. Diese reifen nicht gleichzeitig, sondern nacheinander. Sie werden mit zeitlichem Abstand gelegt. So sparen Vögel Gewicht. Außerdem entwickeln sich die Jungen außerhalb des Vogelkörpers. Auch das bringt im Vergleich zu Säugetieren eine Gewichtseinsparung.

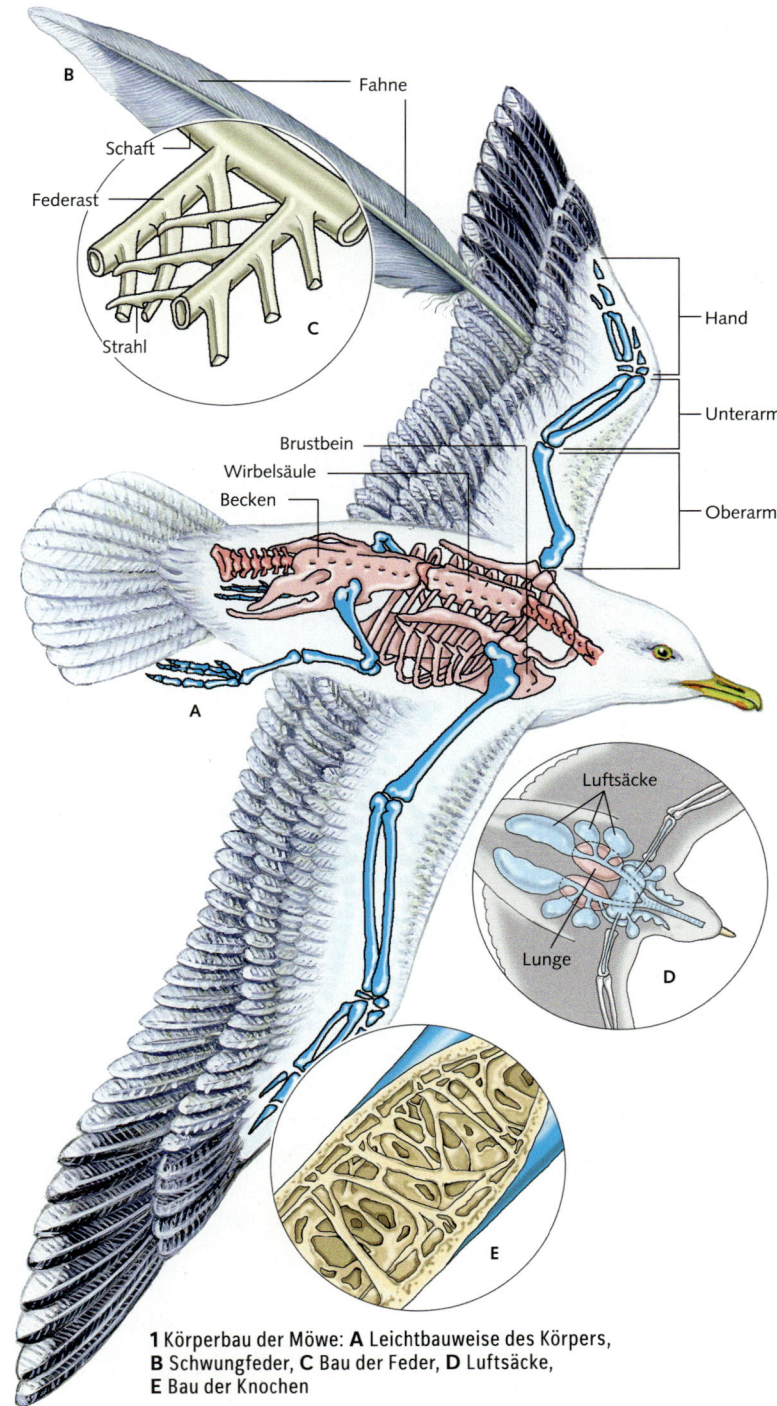

1 Körperbau der Möwe: **A** Leichtbauweise des Körpers, **B** Schwungfeder, **C** Bau der Feder, **D** Luftsäcke, **E** Bau der Knochen

Du kannst erklären, wie Vögel aufgrund ihres Körperbaus, ihrer Ernährungsweise und ihrer Art der Fortpflanzung Energie einsparen und damit gut an den Lebensraum Luft angepasst sind.

Wie Vögel fliegen

1. 🟡 A

Beschreibe anhand der Abbildungen die Flugtechnik der Blaumeise. Achte dabei auf den Einsatz der Flügel und die Stellung der Schwungfedern.

Aufwind am Berg
aufsteigende Warmluft

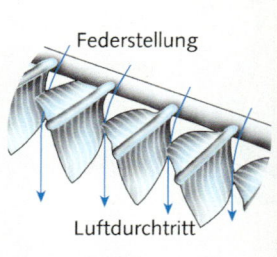
Federstellung
Luftdurchtritt

2. 🟡 A

Du siehst auf der Abbildung oben das Fluggelände eines Mäusebussards.
a) Erkläre, warum an manchen Stellen Luft nach oben steigt.
b) Wie nutzt der Mäusebussard unterschiedliche Geländeformationen als Flughilfe? Beschreibe sein Flugverhalten.

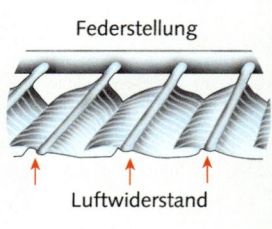
Federstellung
Luftwiderstand

3. 🟡 A

Erkläre die Begriffe Ruderflug, Gleitflug, Segelflug, Rüttelflug und Schwirrflug. Ordne sie unterschiedlichen Vogelarten zu. Benutze dazu den Informationstext.

Ruderflug

Die Flugtechnik der Vögel ist beim Höckerschwan gut zu beobachten. Bevor der Schwan von einer Wasserfläche auffliegen kann, nimmt er Wasser tretend einen langen Anlauf. Dabei bewegt er die Flügel auf und ab, um den nötigen Vortrieb und Auftrieb zu erzeugen. Hierzu benötigt er sehr viel **Energie.**

Beim Abwärtsschlag werden die Flügel schräg nach unten geführt. Die Federn bilden eine geschlossene, luftundurchlässige Fläche. So kann sich der Schwan in der Luft halten und gleichzeitig einen Vorwärtsschub entwickeln.

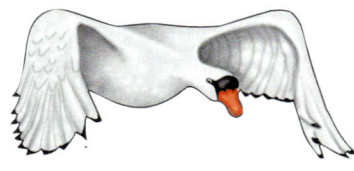
2 Ruderflug des Höckerschwans

1 Auffliegender Höckerschwan

Beim Aufwärtsschlag werden die Federn so gedreht, dass die Fahnen der Federn senkrecht stehen und die Luft zwischen ihnen hindurchströmen kann. Die Flügel werden angewinkelt nach oben gezogen, sodass der Flug durch den Luftwiderstand nicht abgebremst wird und der Schwan so wenig wie möglich an Höhe verliert. Diese Art des Fliegens nennt man **Ruderflug.** Er ist die häufigste Art des Vogelflugs.

Gleitflug

Die Landung erfolgt im **Gleitflug.** Dabei werden die Flügel nicht mehr bewegt, sondern ausgebreitet in der Luft gehalten. Die Anziehungskraft der Erde sorgt dafür, dass der Vogel zu Boden gleitet.

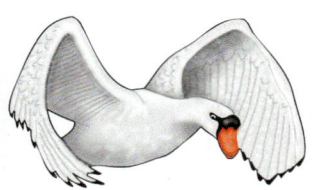

Segelflug

Größere Vögel wie der Mäusebussard können sich auch während des Fluges lange Zeit ohne Flügelschlag in der Luft halten. Sie nutzen bei ihrem **Segelflug** aufsteigende warme Luftströmungen oder Aufwinde, wie das auch Segelflieger tun. Diese Flugtechnik kostet die Vögel kaum Energie.

Schwirrflug und Rüttelflug

Eine ganz besondere Flugtechnik beherrschen die Kolibris. Sie bewegen ihre Flügel bis zu 70 Mal in der Sekunde vor und zurück. Dadurch können sie im **Schwirrflug** auf der Stelle „stehen", senkrecht nach oben oder unten und sogar rückwärts fliegen.

Auch der Turmfalke „steht" beim **Rüttelflug** auf der Stelle. Er benutzt diese Technik, um den Erdboden nach Beutetieren abzusuchen. Dabei bewegt er seine Flügel sehr schnell. Die Schwanzfedern sind gegen die Flugrichtung gestellt und breit gefächert. Sie wirken als Bremse. Diese schnellen Flugbewegungen sind anstrengend und benötigen sehr viel Energie.

> Du kannst unterschiedliche Flugtechniken von Vögeln beschreiben. Du kannst verschiedene Flugtechniken in Bezug auf ihren Energiebedarf beurteilen.

3 Flugtechniken: **A** Segelflug des Mäusebussards, **B** Rüttelflug des Turmfalken, **C** Schwirrflug des Kolibris

Fliegen

Vögel, Fledermäuse, Insekten und von Menschenhand gebaute Flugmaschinen fliegen alle nach denselben physikalischen Gesetzen. Ihr könnt in Teams Versuche zum Fliegen durchführen. Vielleicht habt ihr auch eigene Ideen zum Thema Fliegen.

TEAM ❶
Der beste Papierflieger

In der nebenstehenden Abbildung seht ihr mehrere Papierflieger. Versucht einen dieser Flieger nachzubauen. Findet heraus, wie sich die Flugeigenschaften eures Fliegers verbessern lassen.

Sucht nach weiteren Anleitungen von Papierfliegern und baut diese nach.

Führt einen Wettbewerb durch:
- Welcher Flieger fliegt am weitesten?
- Welcher gleitet am besten?
- Welcher kann die besten Kunstflüge?

TEAM ❸
Federn – ein tolles Material

Für diesen Versuch braucht ihr folgendes Material: Schwungfedern und Deckfedern, eine Kerze, einen Trinkhalm, ein Geschirrtuch, ein Glas Wasser, eine Stereolupe.

- Taucht eine Deckfeder in ein Glas mit Wasser und nehmt sie wieder heraus.

- Nehmt eine Deckfeder und streicht zunächst mit den Fingern sanft von der Spule zur Spitze der Feder und anschließend in die andere Richtung. Macht dieselbe Bewegung mehrmals. Was könnt ihr feststellen?

TEAM ❷

Aufsteigende warme Luft treibt auch Weihnachtspyramiden an. Probiert die Funktionsweise einer Weihnachtspyramide aus. Verändert auch die Stellung der Flügel.

Blast wie in der Abbildung über ein Blatt Papier.

- Haltet ein Stück Stoff, zum Beispiel ein Geschirrtuch, vor eine brennende Kerze und versucht sie mithilfe des Trinkhalmes auszublasen. Wiederholt den Versuch, indem ihr eine Schwungfeder wie in der Abbildung vor eine brennende Kerze haltet.

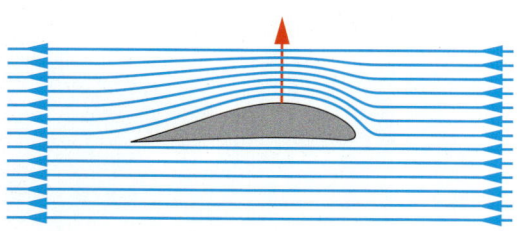

- Betrachtet eine Feder mit offenen und geschlossenen Ästen unter einer Stereolupe. Fertigt eine Sachzeichnung an.

Stellt Zusammenhänge her zwischen den durchgeführten Versuchen und dem Flug von Vögeln.

Beschreibt jeweils eure Beobachtungen und überlegt euch die Vorteile, die sich daraus für die Vögel und den Vogelflug ergeben.

Strömungswiderstand – erwünscht oder unerwünscht?

1. ≡ **V**
Fahre mit dem Fahrrad und beobachte dabei den Fahrtwind. Beschreibe, wie sich die Luftbewegungen verändern, wenn du immer schneller fährst.

2. ≡ **A**
Nenne Beispiele für Strömungswiderstände. Erläutere, ob diese Widerstände jeweils erwünscht oder unerwünscht sind.

3. ≡ **Q**
Recherchiere, warum heutzutage auch Fall- und Gleitschirme eingesetzt werden, die anders geformt sind als der runde Fallschirm im Bild links.

Gehemmte Bewegung

Fahrrad fahren bei starkem Gegenwind kann sehr anstrengend sein. Der Widerstand der Luft ist dann deutlich zu spüren. Wenn sich ein Körper in einem Gas oder einer Flüssigkeit bewegt, muss diese um den Körper herumströmen. Dadurch wird die Bewegung des Körpers gehemmt. Diesen Widerstand nennt man **Strömungswiderstand**.
Wie stark der Strömungswiderstand ist, hängt von der Größe, der Form und der Oberflächenbeschaffenheit des Körpers ab. Ein hoher Strömungswiderstand entsteht, wenn sich hinter dem Körper Wirbel bilden.

Luftwiderstand unerwünscht

Je höher die Geschwindigkeit ist, mit der du dich auf dem Fahrrad vorwärts bewegst, desto größer wird der Strömungswiderstand. Um dem Fahrtwind möglichst wenig Angriffsfläche zu bieten, nehmen Radrennfahrer eine stark gebeugte Sitzhaltung ein (Bild 1). Auch die Form des Helms und eine eng anliegende Kleidung verringern den Luftwiderstand.

1 Radrennfahrer in strömungsgünstiger Haltung

Stromlinienform spart Energie

Lebewesen brauchen weniger Kraft zur Fortbewegung und sparen Energie, wenn ihr Körper dem Wasser oder der Luft möglichst wenig Widerstand entgegensetzt. Körper, die nur einen geringen Strömungswiderstand bieten, werden als **stromlinienförmig** bezeichnet.
Auch bei der Konstruktion von Fahrzeugen wird auf einen stromlinienförmigen Wagenaufbau geachtet. Dazu werden die Fahrzeuge im Windkanal getestet (Bild 2). Stromlinienförmige Autos verbrauchen weniger Kraftstoff.

2 Fahrzeug im Windkanal

Luftwiderstand erwünscht

Solange ein Fallschirmspringer seinen Schirm geschlossen hat, fällt er mit Geschwindigkeiten bis zu 200 $\frac{km}{h}$ zur Erde. Wenn er den Fallschirm dann öffnet, wird er durch den Luftwiderstand des geöffneten Schirms stark abgebremst. Die Geschwindigkeit wird so wirksam verringert, dass er sanft auf dem Boden aufkommt. Je größer der Schirm ist, umso geringer ist die Geschwindigkeit, mit der der Fallschirmspringer landet.

> Du kannst beschreiben, wie Strömungswiderstand entsteht und Beispiele für unerwünschte und erwünschte Strömungswiderstände nennen.

Fische – angepasst an das Leben im Wasser

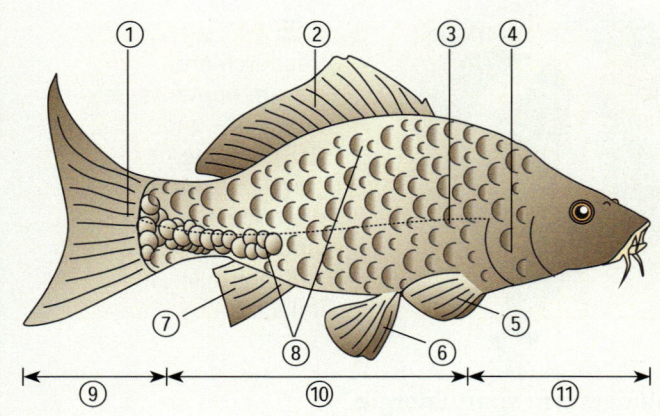

1. ≡ **A**
a) Benenne die mit Ziffern bezeichneten Körperteile des Karpfens mit den entsprechenden Fachbegriffen.
b) Gib die Funktionen der Körperteile 1 bis 8 an.
c) Beschreibe die Fortbewegung eines Fisches anhand der Abbildungen A bis D.

2. **V**
Beobachtet die Art der Fortbewegung bei Fischen im Aquarium oder in einem Teich. Fertigt ein Beobachtungsprotokoll an.

3. ≡ **A**
Nenne zwei Besonderheiten der Haut, die den Körper des Fisches schützen.

4. **Q**
Informiert euch über unterschiedliche Körperformen von Fischen. Stellt Beispiele für den Zusammenhang zwischen der Körperform und der Angepasstheit an den Lebensraum vor.

1 Seepferdchen

2 Scholle

A

B

C

D

5. ≡ **V**
Welche Körperform ermöglicht es Fischen, sich möglichst schnell im Wasser fortzubewegen? Führt dazu folgenden Versuch durch.
a) Baut mithilfe der Abbildung eine „Teststrecke" in einem Blumenkasten und formt aus gleich schweren Portionen Knetgummi die abgebildeten Körper. Bringt an jedem der Körper eine Büroklammer an.
b) Stellt Vermutungen an, welche Form am schnellsten durch das Wasser gleitet.
c) Hängt den Faden mit dem Gewicht an einen der Körper. Legt den Körper in den Blumenkasten. Die Büroklammer soll sich direkt hinter der Startmarke befinden. Messt mit einer Stoppuhr die Zeit, in der der jeweilige Körper auf der Teststrecke durchs Wasser gleitet. Wiederholt den Versuch mit den anderen Körpern.
d) Schreibt ein Versuchsprotokoll.

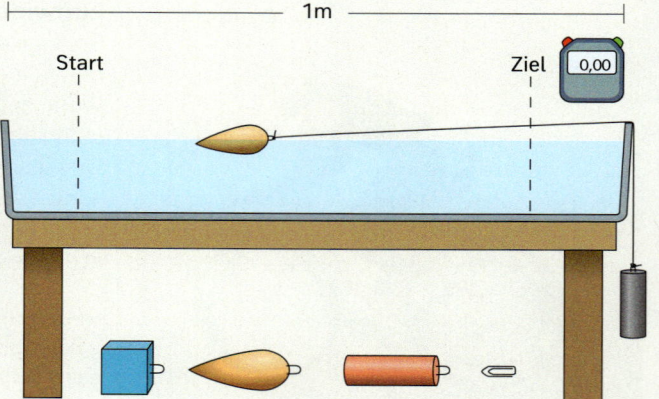

3 Goldfisch: **A** Körperform, **B** Seitenlinienorgan und Schuppen

Körperform

Goldfische gleiten durchs Wasser, verharren bewegungslos und schwimmen dann mit wenigen Schwanzschlägen weiter. Ihr Körper ist lang gestreckt. Der Kopf geht ohne Hals in den Körper über. Er wird zum Kopf- und zum Schwanzende hin schmaler. Durch diese **Stromlinienform** können sich Fische besonders leicht im Wasser fortbewegen. Aber nicht alle Fische sind so gebaut. In den Meeren leben auch Arten mit abweichenden Körperformen, beispielsweise Plattfische wie Schollen.

Flossen

Mit den Flossen bewegen sich Fische fort und steuern ihre Körperlage. Dazu schlagen sie mithilfe von Muskeln mit dem Schwanz hin und her. Dabei drückt die Schwanzflosse gegen das Wasser und der Fisch wird schlängelnd vorwärts getrieben. Brust- und Bauchflossen dienen der Steuerung. Rücken- und Afterflossen verhindern wie der Kiel eines Schiffes das seitliche „Umkippen".

Haut und Seitenlinienorgan

Die Fischhaut ist von einer Schleimschicht bedeckt. Diese fördert das mühelose Gleiten durchs Wasser. In der Haut liegen dünne, dachziegelartig übereinander liegende Knochenplättchen, die **Schuppen.** Zusammen mit der Schleimschicht schützen sie den Körper vor Verletzungen. An beiden Körperseiten sieht man in einer Linie angeordnete Poren. Sie führen zum **Seitenlinienorgan.** Damit nehmen Fische kleinste Änderungen der Wasserströmung wahr, können Hindernissen ausweichen und Beute oder Feinde erkennen.

Schwimmblase

Ein Fisch kann bewegungslos im Wasser schweben. Dies wird durch die **Schwimmblase**, einen gasgefüllten Hautsack, ermöglicht. Schwimmt der Fisch in tieferes Wasser, wird die Schwimmblase durch den zunehmenden Druck des Wassers zusammengedrückt. Dadurch verliert er an **Auftrieb**. Um nicht weiter abzusinken, gibt der Fisch solange Gas aus den Blutgefäßen in die Schwimmblase ab, bis er wieder schwebt.

Beim Aufsteigen lässt der Druck nach und die Schwimmblase vergrößert sich. Um nicht weiter aufzusteigen, nimmt der Fisch Gas aus der Schwimmblase in die Blutgefäße auf. Mithilfe der Schwimmblase kann der Fisch also in jeder Tiefe schweben.

4 Auftrieb im Wasser

Du kannst erklären, wie Fische durch ihre Körperform und Organe an das Leben im Wasser angepasst sind.

Basiskonzepte S. 125

Schwimmen, steigen, schweben, sinken

1. **A**
Nenne Stoffe, die
a) auf dem Wasser schwimmen,
b) im Wasser auf den Grund sinken.

2. **A**
Erkläre die Begriffe Schwimmen, Steigen, Schweben, Sinken. Verwende dafür die Fachausdrücke Masse, Volumen und Dichte.

3. **A**
Erkläre den Zusammenhang zwischen Masse, Volumen und Dichte. Bilde Je-desto-Sätze.

4. **V**
Plane einen Versuch, um die Dichte verschiedener Körper zu bestimmen und führe ihn durch.

5. **A**
Erkläre, wie ein Taucher mithilfe seiner Tarierweste die Zustände Schwimmen, Steigen, Schweben und Sinken erzeugen kann.

Masse und Dichte

Ob ein Körper auf dem Wasser schwimmt oder auf den Grund sinkt, hängt von der Dichte des Körpers ab. 10 ml Wasser haben ein Volumen von 1 cm³ und wiegen 10 g. Bei gleichem Volumen haben andere Körper eine andere Masse als Wasser (Bild 1A). Bei gleicher Masse haben die Körper ein anderes Volumen als Wasser (Bild 1B).

Schwimmen und steigen

Hat ein Körper mit gleichem Volumen eine **kleinere** Masse als Wasser, so ist seine Dichte kleiner. Ein solcher Körper kann viel größer sein als Wasser, damit er genauso viel wiegt wie Wasser. Solche Körper **schwimmen** auf dem Wasser. Massive Körper aus Holz oder Kork schwimmen. Wird ein Körper mit gleichem Volumen und kleinerer Masse unter Wasser gedrückt, **steigt** er wieder an die Oberfläche.

Schweben und Sinken

Hat eine Körper mit gleichem Volumen die **gleiche** Masse wie Wasser, hat er auch die gleiche Dichte. Ein solcher Körper **schwebt** im Wasser.
Hat ein Körper mit gleichem Volumen eine **größere** Masse als Wasser, so ist seine Dichte größer. Um die gleiche Masse wie Wasser zu haben, muss er viel kleiner sein. Solche Körper **sinken** in Wasser. Massive Körper aus Eisen oder Stein sinken.

Gleiche Dichte wie Wasser

Kein Stoff hat exakt die gleiche Dichte wie Wasser. Um im Wasser zu schweben, wird das Volumen eines Körpers mit einer größeren Dichte durch Luft vergrößert. Dann ist die Dichte des Gesamtkörpers insgesamt kleiner. Der Körper schwebt. Dieses Prinzip wenden Taucher an, die in einer bestimmten Tiefe Fische beobachten wollen.

☰ Eine Formel für die Dichte

Die Dichte ρ (griech. Buchstabe, gelesen rho) eines Körpers kann aus seiner Masse m und seinem Volumen V berechnet werden: $\rho = \frac{m}{V}$

A

Wasser	Cola: gleiche Dichte wie Wasser	Kork: kleinere Dichte als Wasser	Stein: größere Dichte als Wasser
10 g	10 g	5 g	20 g

B

10 g	10 g	10 g	10 g

1 Volumen und Masse beschreiben die Dichte:
A gleiches Volumen – unterschiedliche Masse,
B gleiche Masse – unterschiedliches Volumen

Schwimmen
Die Dichte des Körpers ist kleiner als die Dichte des Wassers

Schweben
Die Dichte des Körpers ist gleich groß wie die Dichte des Wassers

Sinken
Die Dichte des Körpers ist größer als die Dichte des Wassers

2 Der Zustand hängt von der Dichte ab.

> Du kannst das Schwimmen, Steigen, Schweben und Sinken in Wasser mithilfe der Dichte erklären.

Bionik

Was ist Bionik?

Der Begriff **Bionik** setzt sich aus den Wörtern **Bio**logie und Tech**nik** zusammen. Man versteht darunter ein Arbeitsgebiet, in dem Forscherinnen und Forscher die Natur gezielt untersuchen, um dort Anregungen zur Lösung von technischen Fragestellungen zu finden.

Federung

Der Rüssel der Schnabelschwebfliege hat eine stoßdämpferähnliche Struktur. Diese unterstützt wahrscheinlich das Abfedern von Erschütterungen beim Landen. Die Federbeine einer Fahrradgabel funktionieren ähnlich.

Fliegen wie ein Hai

Die Haut von Haien hat Schuppen mit kleinen Rillen – sie ermöglichen den Haien schnell zu schwimmen und Energie zu sparen. In Anlehnung an die Haihaut wurde ein Beschichtung entwickelt, die man auf die Rümpfe von Schiffen und Flugzeugen aufträgt. Damit kann Treibstoff eingespart werden.

Fortbewegung

Spinnen können klettern und behalten immer einen sicheren Stand. Deshalb werden Laufroboter mit einem Bewegungsapparat nach Vorbild der Spinnen entwickelt.

Dies betrifft beispielsweise die technische Gestaltung von Oberflächen, die Fortbewegung, die Stabilität von Strukturen oder das Zusammenfügen unterschiedlicher Stoffe.
So wird zum Beispiel die Hautoberfläche von Haien und Delfinen untersucht, die einen sehr geringen Strömungswiderstand im Wasser aufweisen. Die Ergebnisse tragen dazu bei, den Treibstoffverbrauch von Booten und Flugzeugen zu verringern. Auch wirbellose Tiere liefern viele Anregungen für die Struktur und Funktion von Gebrauchsgegenständen.

1 Saugrüssel einer Schwebfliege und Federung einer Radgabel

2 Hai und Flugzeug

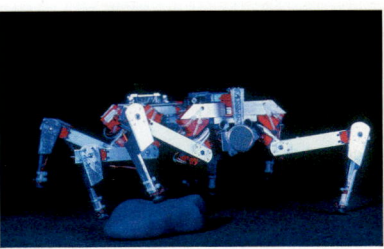

3 Spinne und achtbeiniger Roboter

1. Ⓐ
Nenne Beispiele für Gebrauchsgegenstände, die sich in Aufbau und Funktion an Körpermerkmalen wirbelloser Tiere orientieren.

2. Ⓥ
a) Verbinde ein Papiertaschentuch, ein Radiergummi und eine Schnur so, dass deine Konstruktion möglichst langsam zu Boden fällt.
b) Beschreibe und erläutere deine Beobachtungen.

3. Ⓠ
Informiere dich über weitere Anwendungsbereiche der Bionik und stelle ein Beispiel vor.

Schwimmen

Ein Stein geht im Wasser unter. Ein Schiff schwimmt, obwohl es aus Stahl besteht. Ein Fisch kann sich nah an der Wasseroberfläche oder auch dicht über dem Meeresboden aufhalten. Manche Tiere können sich sehr schnell im Wasser fortbewegen. Boote und Fische haben ähnliche Formen.

LERNEN IM TEAM

TEAM ❶
Was schwimmt?

Betrachtet die Gegenstände und überlegt, welche schwimmen und welche nicht. Schreibt eure Vermutungen auf und führt danach den Versuch durch.

Sucht zu Hause weitere Gegenstände, bringt diese mit und findet heraus, ob sie schwimmen oder versinken.

Wählt Gegenstände aus verschiedenen Materialien und in unterschiedlichen Größen. Haltet eure Beobachtungen schriftlich fest, damit ihr später mit den anderen Teams über eure Ergebnisse reden könnt.

TEAM ❷
Ein Schiff aus Metall?

Lasst eine leere Teelichthülle auf dem Wasser schwimmen. Beladet euer „Schiff" vorsichtig mit Münzen, ohne dass es umkippt.

Wie weit könnt ihr das Teelicht beladen, ohne dass es sinkt? Warum kann ein Schiff aus Metall schwimmen, obwohl eine gleich schwere Metallkugel untergeht?

TEAM ❸
Schwimmen Murmeln?

Ihr habt Knetmasse und einige verschieden große Glasmurmeln.

Gelingt es euch, die Murmeln zum Schwimmen zu bringen? Wie könnt ihr vorgehen? Beschreibt eure Lösung.

TEAM ❹
Ein Ei schwebt im Wasser

Ihr braucht zwei Eier, Salz, Wasser und zwei schlanke Bechergläser. Befüllt ein Becherglas halbvoll mit Wasser und legt vorsichtig ein Ei hinein. Befüllt das andere Becherglas ebenfalls mit Wasser und verrührt vier Teelöffel Salz darin. Legt das zweite Ei in das Salzwasser. Beobachtet. Wenn ihr das Ei im Salzwasser vorsichtig mit Leitungswasser begießt, könnt ihr das Ei mitten in der Flüssigkeit schweben lassen. Verändert den Versuch so, dass das Ei in verschiedenen Höhen schwebt. Findet eine Erklärung für das Schweben des Eis.

TEAM ❺
Luftblase unter Druck

Ihr braucht eine große Getränkeflasche aus Kunststoff mit Schraubverschluss und ein Reagenzglas. Füllt die Flasche bis zum Rand mit Wasser. Füllt das Reagenzglas etwa zu zwei Dritteln mit Wasser und bringt es mit der Öffnung nach unten in die Wasserflasche, ohne dabei viel Wasser zu verlieren.

Das Reagenzglas soll in der Flasche schwimmen. Schraubt die Flasche nun fest zu. Drückt die Flasche seitlich zusammen und beobachtet, was passiert. Versucht das Reagenzglas in der Mitte der Flasche zum Schweben zu bringen.

TEAM ❻
Boot mit Schiffschraube

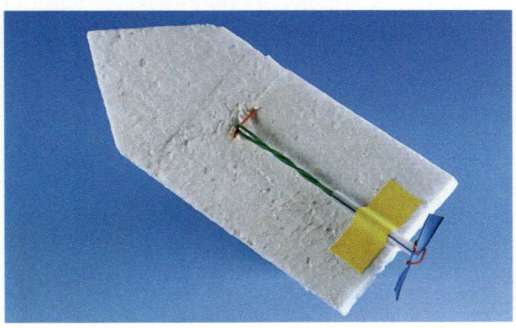

TEAM ❼
Auf die Form kommt es an

Ihr habt Schaumstoff, Haushaltsgummis, Büroklammern, Klebeband, Trinkhalme und Gefrierbeutelklammern zur Verfügung.
Baut ein Boot mit einem Gummimotor und einer Schraube. Lasst das Boot in einer größeren Wanne schwimmen. Beobachtet die Bewegung des Bootes. Erklärt, warum das Boot vorwärts fährt.

Teilt Knetmasse in gleichschwere, nicht zu kleine Stücke. Verwendet zur Kontrolle eine Waage. Modelliert Formen, die in einem Eimer unterschiedlich schnell sinken. Messt mit einer Stoppuhr die Sinkzeiten.
Welche Formen sinken besonders schnell? Formt jetzt Körper, welche besonders langsam sinken.
Vergleicht eure Körper mit der Form von Fischen und Booten.

Bewegung im Wasser, an Land und in der Luft

Energie
Energie ist die Voraussetzung für sämtliche Lebensprozesse und für jede Art der Fortbewegung von Körpern.

Energieträger
Energie ist in Energieträgern wie Nahrungsmitteln, Brenn- oder Kraftstoffen gespeichert.

Energieformen
Energie kann in verschiedenen Formen vorliegen. So gibt es Lichtenergie, Bewegungsenergie, chemische Energie, elektrische Energie oder auch Wärme.

Energieumwandlung
Energie kann von einer Energieform in eine andere umgewandelt werden.
Bei jeder Energieumwandlung wird immer Energie in Form von Wärme oder Licht an die Umgebung abgegeben.

Energiefluss
Pflanzen bilden während der Fotosynthese mithilfe von Sonnenlicht energiereiche Stoffe wie Traubenzucker oder Stärke. Über die Nahrungsmittel nehmen wir die energiereichen Produkte direkt oder über Lebensmittel tierischen Ursprungs indirekt auf.

In unseren Körperzellen werden die Nährstoffe gespeichert. Um die Energie aus den Nährstoffen zu gewinnen, benötigen die Zellen den Sauerstoff aus der eingeatmeten Luft. Bei höherer Belastung benötigen wir mehr Energie und daher auch mehr Sauerstoff – wir atmen schneller und uns wird warm.

Bewegung bei Menschen
Unser Skelett stützt den Körper und schützt die inneren Organe. Die Bewegungen des Körpers werden durch Gelenke zwischen den Knochen ermöglicht. Bewegungen entstehen durch das Zusammenwirken von Muskeln. Sehnen verbinden Muskeln mit den Knochen.

Bewegung von Körpern
Die Geschwindigkeit v eines Körpers kannst du berechnen, indem du den Wert der zurückgelegten Strecke s durch den Wert der dazu benötigten Zeit t dividierst: $v = \frac{s}{t}$
Die Einheit ist $\frac{m}{s}$ oder $\frac{km}{h}$.

Anpassungen an das Fliegen
Durch Flügel, Federn und die Leichtbauweise des Skeletts sind Vögel an das Fliegen angepasst. Die großen Röhrenknochen sind mit Luft gefüllt. Knöcherne Verstrebungen verleihen den Knochen Stabilität. In Luftsäcken, die mit den Lungen verbunden sind, kann der Vogel zusätzlich Luft aufnehmen.

Stromlinienform und Strömungswiderstand
Fische sind häufig stromlinienförmig gebaut. Dadurch können sie sich besonders leicht im Wasser fortbewegen. Vogelkörper sind ebenfalls stromlinienförmig, um Energie zu sparen. Stromlinienförmige Fahrzeuge verbrauchen weniger Kraftstoff.

Wenn ein Fallschirmspringer seinen Schirm öffnet, wird er durch den Strömungswiderstand des geöffneten Schirms stark gebremst. Dadurch landet er sicher auf der Erde. Radrennfahrer verringern den Strömungswiderstand durch eine stark gebeugte Sitzhaltung und spezielle Kleidung. Dadurch können sie schneller fahren.

Bionik
Der Begriff Bionik setzt sich aus den Wörtern Biologie und Technik zusammen. In diesem Arbeitsgebiet wird die Natur gezielt untersucht, um Lösungen für technische Probleme zu finden. Die Form von Flugzeugen orientiert sich beispielsweise am Körper von Vögeln.

Energie

**Struktur
Eigenschaft
Funktion**

Struktur – Eigenschaft – Funktion
1. Ⓐ
a) Beschreibe den allgemeinen Bau eines Gelenks.
b) Nenne die vier Gelenktypen. Beschreibe ihren Aufbau und die daraus abzuleitende Funktionsweise.

→ S. 104-105

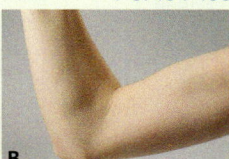
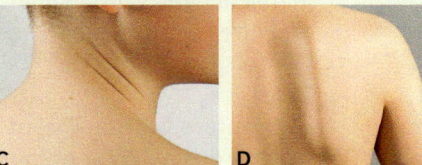

A   B
C   D

Energie, Struktur – Eigenschaft – Funktion
3. Ⓐ
a) Beschreibe, wie sich deine Atmung bei körperlicher Anstrengung verändert.
b) Beschreibe, wie sich deine Körpertemperatur bei Anstrengung verändert.
c) Erkläre, wie körperliche Anstrengung, Atmung und Körpertemperatur zusammenhängen.

→ S. 92-93

**Energie,
Struktur – Eigenschaft – Funktion**
4. 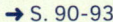 Ⓐ
Erläutere, wie der Fischkörper an das Leben im Wasser angepasst ist.

→ S. 117–119

Energie
2. 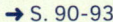 Ⓐ
a) Erkläre, woher die Energie kommt, die du zum Leben brauchst.
b) Beschreibe, wie die Energie in den Körper gelangt und nutzbar gemacht wird.

→ S. 90-93

BASISKONZEPTE

Bewegung im Wasser, an Land und in der Luft

Energie, Energieumwandlung, Bewegung

Kannst du schon ...

...verschiedene Energieträger und Energieformen nennen? (S. 84 – 89)

...die Umwandlung von Energie beschreiben? (S. 84 – 89)

...den Weg der Energie vom Sonnenlicht bis zum Menschen beschreiben? (S. 91)

...erklären, wie und wofür der Körper Energie umsetzt? (S. 92 – 93)

...erklären, warum dir bei Anstrengung warm wird? (S. 89, S. 92 – 93)

...die Geschwindigkeit v, den Weg s oder die Zeit t berechnen, wenn zwei der drei Größen gegeben sind? (S. 98 – 99)

...eine gleichförmige Bewegung grafisch darstellen? (S. 99)

Bewegung beim Menschen

Kannst du schon ...

...den Aufbau und die Funktionen des menschlichen Skeletts beschreiben? (S. 100 – 103)

...das Zusammenwirken der Muskulatur, der Knochen und der Gelenke bei der Bewegung beschreiben? (S. 107)

Zeig, was du kannst!

1. ≡ Ⓐ
a) Wie gelangt die Energie der Sonne in unsere Nahrungsmittel?
b) Wofür benötigen wir Energie?

2. ≡ Ⓐ
Zähle dir bekannte Energieformen auf.

3. ≡ Ⓐ
a) Was ist ein Energiewandler?
b) Welche Energieumwandlungen treten in folgenden Wandlern auf: Solarzelle, Windrad, Auto, Fahrrad?
c) Zeichne dazu die entsprechenden Energieflussdiagramme.

4. ≡ Ⓐ
a) Erkläre, warum du beim Fahrradfahren schneller atmen musst.
b) Warum wird dir warm?
c) Zeichne ein Energieflussdiagramm.

Zeig, was du kannst!

5. ≡ Ⓐ
Von welchen Größen hängt die Geschwindigkeit v eines sich bewegenden Körpers ab?

6. ≡ Ⓐ
Ein Zug legt in 60 min 120 km zurück.
a) Zeichne das Zeit-Weg-Diagramm.
b) Berechne die Geschwindigkeit des Zuges.

7. ≡ Ⓐ
Ein Auto fährt mit einer Geschwindigkeit von 30 $\frac{km}{h}$. Berechne,
a) nach welcher Zeit es eine Strecke von 100 m zurückgelegt hat,
b) welche Strecke es in 30 s zurücklegt.

Zeig, was du kannst!

8. ≡ Ⓐ
Vergleiche in einer Tabelle den Aufbau des Arm- und Beinskeletts.

9. ≡ Ⓐ
Benenne die Teile der menschlichen Wirbelsäule und ihre Funktion.

10. ≡ Ⓐ
a) Erläutere, warum Bizeps und Trizeps als Beuger und Strecker bezeichnet werden.
b) Erkläre, warum es an Gelenken immer eines Gegenspielers bedarf.

11. ≡ Ⓐ
Notiere die Bestandteile eines Muskels in der Skizze.

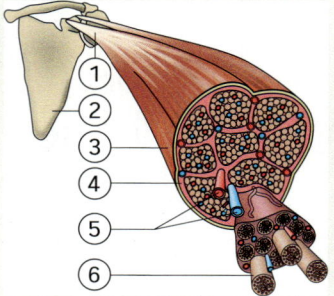

Fliegen

Kannst du schon ...

...erklären, wie Vögel Energie einsparen und gut an den Lebensraum Luft angepasst sind? (S. 112 – 113)

...unterschiedliche Flugtechniken von Vögeln beschreiben? (S. 114 – 115)

Zeig, was du kannst!

12. ≡ Ⓐ
a) Beschreibe den Segelflug des Mäusebussards. Gib an, unter welchen Bedingungen er diese nutzen kann.
b) Vergleiche diese Technik mit weiteren Flugtechniken bezüglich des Energiebedarfs.

13. ≡ Ⓐ
a) Nenne die in der folgenden Abbildung gezeigten Teile einer Feder.
b) Erkläre, welche Funktion dieser Aufbau besitzt.
c) Beschreibe, wie durch unterschiedliche Stellung der Federn der Flug eines Vogels ermöglicht wird.

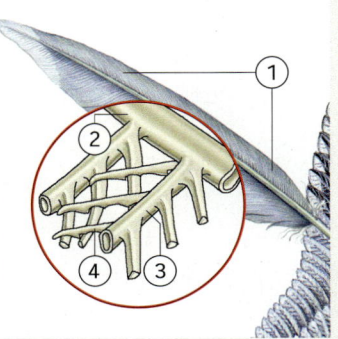

Strömungswiderstände

Kannst du schon ...

...beschreiben, wie Strömungswiderstände entstehen? (S. 117)

...jeweils mindestens ein Beispiel für erwünschte und unerwünschte Strömungswiderstände nennen? (S. 117)

Zeig, was du kannst!

14. ≡ Ⓥ
Du möchtest ein schnelles Boot bauen. Plane einen Versuch, mit dem du untersuchen kannst, welche Form sich besonders dafür eignet.

15. ≡ Ⓐ
Nenne drei Beispiele für unerwünschte Strömungswiderstände.

16. ≡ Ⓐ
Du fährst mit deinem Fahrrad abwechselnd schnell und langsam. Beschreibe, wie sich der Luftwiderstand mit der Geschwindigkeit verändert.

17. ≡ Ⓐ
Erkläre, wie sich Fallschirmspringer den Strömungswiderstand zunutze machen.

Schwimmen

Kannst du schon ...

...erklären, wie Fische durch ihre Körperform und Organe an das Leben im Wasser angepasst sind? (S. 118 – 119)

...erklären, wie Fische im Wasser schweben können? (S. 120 – 121)

Zeig, was du kannst!

18. ≡ Ⓐ
Zeichne einen Fisch und beschrifte die einzelnen Körperteile mit folgenden Begriffen: Rückenflosse, Schwanzflosse, Afterflosse, Bauchflossen, Brustflossen, Kiemendeckel, Seitenlinienorgan, Schuppen.

19. ≡ Ⓐ
Erkläre die Funktionsweise der Schwimmblase bei Fischen.

Wichtige Begriffe

- Energieträger, Energieform, Energieumwandlung
- Geschwindigkeit
- Angepasstheit der Lebewesen in Körperbau und Funktion an ihren Lebensraum
- Leichtbauweise
- Stromlinienform
- Strömungswiderstand
- Bionik
- Knochen, Skelett, Wirbelsäule
- Muskeln, Gelenke

Tiere, Pflanzen, Lebensräume

Wieso kann ein kleines Tier eine große Verantwortung bedeuten?

Welche Pflanzen und Tiere entdecke ich im Wald?

Selbst auf einer Mauer leben Pflanzen und Tiere. Wie schaffen sie das?

Ich wünsche mir ein Haustier

1. ≡ Ⓐ
Berichtet von Haustieren, mit denen ihr zusammenlebt. Beschreibt, was euch an euren Haustieren gefällt und was euch nicht gefällt.

2. ≡ Ⓐ
a) Ein Haustier halten bedeutet Verantwortung übernehmen. Erläutere, was man darunter versteht.
b) Fertige eine Tabelle mit Argumenten für und gegen die Haltung eines Haustieres an.

3. ≡ Ⓐ
Berichte, was bei der Haltung von Meerschweinchen zu beachten ist.

4. ≡ Ⓐ
Sind Goldhamster, Meerschweinchen und Rennmäuse als Haustiere geeignet? Begründe deine Meinung.

5. Ⓠ
Erstelle Pflegetipps für dein Lieblingshaustier. Suche dazu Informationen in Büchern über Tierhaltung oder im Internet. Achte besonders auf eine artgerechte Tierhaltung.

Goldhamster
- schläft tagsüber, ist nachts aktiv
- lebt als Einzelgänger
- wird selten älter als drei Jahre
- braucht viel Bewegung
- buddelt gerne, benötigt viel Einstreu im Käfig
- benötigt Drahtgitterkäfig, da er Holzwände durchnagt

Mongolische Rennmäuse
- haben einen großen Bewegungsdrang
- dürfen nicht einzeln gehalten werden, da Mäuse in Großfamilien leben
- sind immer aktiv
- dürfen nicht gedrückt werden
- sind einfach zu halten
- beißen nicht, werden schnell zahm

Meerschweinchen als Haustiere

Meerschweinchen sind als Haustiere bei Kindern sehr beliebt. Sie lassen sich streicheln und herumtragen. Meerschweinchen werden etwa 25 cm lang und können bis zu zehn Jahre alt werden. Das Fell unterscheidet sich je nach Rasse. Natürlich müssen ihre Ansprüche an Unterbringung, Ernährung und Pflege beachtet werden, damit sie sich wohl fühlen. Meerschweinchen können wie andere Säugetiere Allergien auslösen.

Herkunft der Meerschweinchen

Die Heimat der Meerschweinchen ist Mittel- und Südamerika. Wildmeerschweinchen leben dort in kleinen Gruppen und wohnen in Erdbauten. Seit über 3000 Jahren werden sie in ihrer Heimat als Haustiere gehalten. Vor etwa 300 Jahren brachten Seeleute einzelne Tiere nach Europa.

2 Meerschweinchen – zutrauliche Haustiere

1 Ein Käfig für zwei Meerschweinchen

Wie hält man Meerschweinchen?

Meerschweinchen sollten mindestens zu zweit gehalten werden. Zu beachten ist, dass es schnell Nachwuchs geben kann, wenn man ein Pärchen hat.
Untergebracht werden Meerschweinchen in einem Käfig mit Metallgitter und Kunststoffwanne. Der Käfig muss leicht zu reinigen sein. Der Boden wird mit einer Schicht Holzspäne und darüber einer Schicht Stroh eingestreut. Die Tiere brauchen außerdem ein Schlafhäuschen und einen rauen Ziegelstein, an dem sie sich die Krallen abwetzen können. Auch zwei Futternäpfe sind notwendig: einer für Körnerfutter, der andere für Frischfutter wie Salat, Gemüse oder Obst. Eine kleine Raufe mit frischem Heu und ein Mineralleckstein sollten nicht fehlen. Außerdem brauchen Meerschweinchen täglich frisches Wasser aus einer Trinkflasche. Einmal wöchentlich sollte das Fell gebürstet werden. Meerschweinchen benötigen täglich Auslauf. Dabei muss man darauf achten, dass sie keine Kabel anknabbern können. Ein Freigehege im Garten ist ideal, es darf allerdings nicht in der prallen Sonne stehen.

3 Rassen: **A** Glatthaarmeerschweinchen, **B** Angorameerschweinchen

Du kannst beschreiben, was man bei der Unterbringung, Ernährung und Pflege von Meerschweinchen beachten muss, um ihren Bedürfnissen gerecht zu werden.

Artgerechte Tierhaltung?

Was heißt „artgerecht"?
§2 Tierschutzgesetz:
„Wer ein Tier hält, betreut oder zu betreuen hat, muss das Tier seiner Art und seinen Bedürfnissen entsprechend angemessen ernähren, pflegen und verhaltensgerecht unterbringen und darf die Möglichkeit des Tieres zu artgemäßer Bewegung nicht so einschränken, dass ihm Schmerzen oder vermeidbare Leiden oder Schäden zugefügt werden."

Zierfische
Zierfische benötigen ein Aquarium von mindestens 60 cm Breite und 40 cm Höhe.
Weiterhin sind Versteckmöglichkeiten aus Wurzeln und Steinen sowie eine dichte Bepflanzung notwendig. Das Wasser muss gefiltert und je nach Tierart beheizt werden.

Wellensittiche
Wellensittiche gehören zu den Papageien. Sie stammen aus Australien und leben dort in Schwärmen. Ein Käfig für Wellensittiche sollte mindestens 70 cm lang und 50 cm hoch sein. Die Gitterstäbe müssen waagerecht angeordnet sein, damit die Wellensittiche umherklettern können. Weiterhin werden Kletterstangen, Trink- und Futtergefäße benötigt. Zweige und Äste dienen zum Spielen.

Exoten als Haustiere?
Bei einem Ausflug an einen Baggersee entwischte Kaiman „Sammy" seinem Besitzer. Fast eine Woche lang wurde nach dem kleinen Krokodil mit Netzen und Fallen gejagt. Endlich eingefangen kam er in einen Tierpark. Der Besitzer hatte Sammy zuhause in einer Badewanne gehalten. Heute ist Kaiman Sammy auf 150 cm angewachsen und wiegt 50 kg.

Einzelhaft
Das Bundestierschutzgesetz schreibt vor, soziale Tierarten mindestens zu zweit zu halten. Dennoch müssen viele ihr Leben in Einzelhaft verbringen.

1. Ⓐ
a) Beschreibe das Bild mit dem Kaninchen.
b) Erläutere, wie im Gegensatz zur Abbildung eine artgerechte Haltung aussehen könnte.

2. ☰ Ⓐ
Die abgebildete Haltung der Goldfische ist Tierquälerei. Begründe.

3. ☰ Ⓐ
Was hältst du von Exoten, die als Haustiere gehalten werden? Begründe deine Meinung.

4. ☰ Ⓐ
Begründe, warum Tiere trotz des Tierschutzgesetzes oftmals nicht artgerecht gehalten werden. Welche Überlegungen müssen Tierhalter anstellen, bevor ein Tier angeschafft wird?

Ein Hund kommt ins Haus

1. ⓠ
Besucht ein Tierheim und informiert euch über die dort lebenden Hunde.
a) Fragt nach den Bedürfnissen eines Hundes und notiert wichtige Stichpunkte.
b) Erkundigt euch, warum Menschen ihre Hunde im Tierheim abgeben. Macht euch Notizen.
c) Sprecht über die genannten Gründe.

Kosten für einen Hund pro Jahr (Beispiel)	
100 kg Trockenfutter	150,00 €
50 Dosen Fleischnahrung	50,00 €
50 Kauknochen	74,50 €
Grundausstattung für einen Hund	83,00 €
(Leine, Körbchen, Wasser- und Futternapf, Bürste, Krallenschere, Transportbox usw.)	
Haftpflichtversicherung	50,00 €
Hundesteuer	72,00 €
Tierarztkosten	80,00 €
Hundeschule	125,00 €

1 Hunde aus dem Tierheim suchen ein Zuhause.

2. ▤ ⓐ
Berechne mithilfe der Aufstellung, mit welchen Kosten ein Hundehalter jährlich, wöchentlich und täglich rechnen muss.

3. ▤ ⓐ
Fertigt ein Merkblatt „Tipps zur Hundehaltung" an. Vergleicht eure Ergebnisse.

Der Wunsch nach einem Hund

Viele Kinder wünschen sich einen Hund, denn Hunde sind treue und anhängliche Tiere. Sie machen ihren Besitzern meist viel Freude. Kinder können mit kinderlieben Familienhunden spielen und toben.

Was ein Hund braucht

Bevor ein Hund ins Haus kommt, sollte die ganze Familie überlegen, wie sie den gewünschten Hund artgerecht halten kann.
Hunde werden durchschnittlich 10 bis 12 Jahre alt. So lange muss der Hund in der Familie gut betreut werden. Die Familie sollte gemeinsam überlegen, wie die Aufgaben, die bei der Hundebetreuung anfallen, verteilt werden sollen. Mehrmals täglich muss der Hund „Gassi" geführt werden. Bei längeren Spaziergängen sollte er auf andere Artgenossen treffen, um mit ihnen spielen zu können.
Fütterung, Fellpflege und das Spielen erfordern ebenfalls Zeit. Insgesamt sollte die Familie sich ein bis zwei Stunden täglich um den Hund kümmern.
Auch an die Kosten, zum Beispiel für Futter, Tierarzt oder Steuern, müssen zukünftige Hundehalter denken. Die Frage, ob der Hund in den Urlaub mitgenommen oder zuhause versorgt wird, sollte ebenfalls vorher geklärt werden. Mit Lob, Belohnung und Konsequenz können Hunde erzogen werden. Hundeschulen helfen dabei.

2 Ein Zuhause ist gefunden.

Wenn man Hunde liebevoll versorgt und genügend Zeit für sie hat, fügen sie sich gerne in Menschengruppen ein.
Nachdem alle Familienmitglieder gemeinsam die Entscheidung getroffen haben, einen Hund anzuschaffen, geht es um die richtige Rasse. In Tierheimen warten Rassehunde und Mischlinge auf ein neues Zuhause.

> Du kannst Aussagen über eine artgerechte Hundehaltung machen. Du kannst die dabei anfallenden Kosten abschätzen.

Der Hund – Freund, Partner, Helfer

1. Q
Führt in eurer Klasse eine Umfrage durch:
a) Erfragt mögliche Gründe, warum Menschen Hunde als Haustiere halten.
b) Welche Hunderassen werden in den Familien eurer Mitschülerinnen und Mitschüler gehalten?
c) Welche besonderen Eigenschaften haben unterschiedliche Hunderassen? Stellt die Ergebnisse zusammen und wertet sie aus.

2. Q
Die auf den Fotos abgebildeten Hunde haben jeweils unterschiedliche „Aufgaben".
a) Beschreibe die Aufgaben und ordne sie – wenn möglich – bestimmten Hunderassen zu.
b) Notiere jeweils Sinnesorgane und Fähigkeiten des Hundes, die besonders gefordert werden.

3. ≡ A
Erläutere die in der Überschrift verwendeten Begriffe: Freund, Partner, Helfer.

4. Q
Informiere dich über so genannte „Kampfhunde".
a) Benenne Hunderassen, die als solche eingestuft werden.
b) Erkläre, warum deren Haltung mit vielen gesetzlichen Auflagen verbunden ist.

5. ≡ A
a) Berichte über die Entwicklung von Wölfen zu Haushunden.
b) Beschreibe die Rolle der Züchtung in diesem Zusammenhang.

6. ≡ A
Erläutere, warum Hunde zu den Raubtieren gezählt werden. Beziehe dich dabei auf das Jagdverhalten und die Form des Gebisses. Denke daran, dabei die richtigen Fachbegriffe zu verwenden.

Die Abstammung des Hundes

Menschen hielten schon vor mehr als 14000 Jahren Hunde. Der Hund gilt als **ältestes Haustier.** Es gibt etwa 400 Hunderassen, die alle vom Wolf abstammen. Man vermutet, dass Wölfe den Steinzeitmenschen folgten, um an Nahrungsreste zu gelangen. Möglicherweise schafften es die Jäger dabei, junge Wölfe zu fangen und sie zu zähmen.

Nützliche Eigenschaften der Wölfe

Wölfe leben in Rudeln und brauchen die Gemeinschaft einer Gruppe. Die Menschen erkannten, dass Wölfe bestimmte nützliche Eigenschaften besitzen. Mit ihrem ausgeprägten **Geruchssinn** spüren sie Wild auf. Durch den sehr guten **Hörsinn** nehmen sie Geräusche wahr, die wir Menschen nicht hören können. Durch Knurren oder Bellen machen sie auf Gefahren aufmerksam.

2 Wölfe

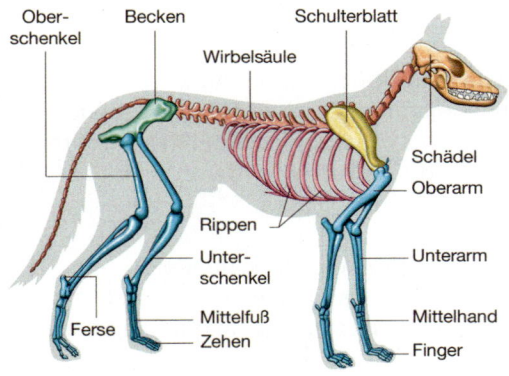

1 Skelett des Hundes

Züchtung der Hunderassen

Jungtiere erben wesentliche Eigenschaften von ihren Eltern. In jeder Generation treten aber auch kleine Veränderungen auf, also Merkmale, die die Eltern nicht besaßen. Solche Veränderungen, die **Variationen,** sind die Grundlage für die **Züchtung.** Die Steinzeitjäger wählten als Elterntiere für die Weiterzucht immer wieder Tiere aus, die für den Menschen besonders nützliche Eigenschaften zeigten. So entwickelten sich im Laufe der Zeit viele **Hunderassen,** die ihren Ahnen, den Wölfen, nur noch wenig ähneln.

Der Hund ist ein Raubtier

Schaut man Kindern beim Spiel mit ihrem Hund zu, glaubt man nicht, dass Hunde **Raubtiere** sind. Spüren Hunde im Gelände jedoch einen Hasen oder ein Kaninchen auf, so hetzen sie hinterher. Wegen dieser Jagdweise bezeichnet man sie als **Hetzjäger.** Hunde haben lange Beine, mit denen sie ausdauernd laufen können. Als **Zehengänger** treten sie nur mit den Zehen auf. Diese sind mit weichen Ballen gepolstert. Die kurzen Krallen können nicht eingezogen werden.

Das typische **Raubtiergebiss** des Hundes besitzt lange und spitze Eckzähne, die auch als Fangzähne bezeichnet werden. Die kräftigen, gezackten und scharfen Backenzähne dienen dazu, Fleisch abzureißen und zu zerkleinern. Die stärksten Backenzähne heißen daher auch Reißzähne. Die recht kleinen Schneidezähne dienen vor allem dazu, Fleischreste von Knochen abzuzupfen.

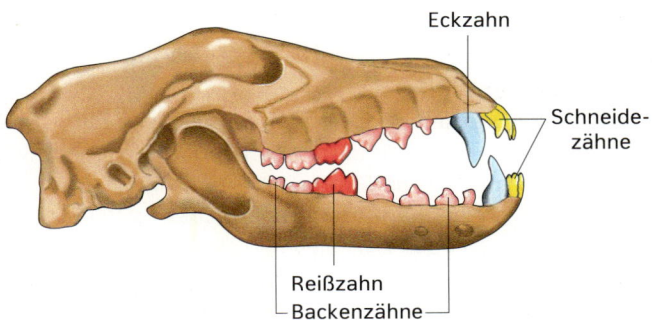

3 Raubtiergebiss des Hundes

> Du kannst die Entwicklung von Wölfen zu Haushunden beschreiben und nützliche Eigenschaften der Hunde benennen. Du kannst Besonderheiten des Raubtiergebisses benennen.

Wie sich Hunde verhalten

A

B

C

D

1. ☰ Ⓐ
Betrachte die Bilder B–D und berichte über typische Verhaltensweisen des Hundes. Vergleiche sie mit denen der Wölfe (A). Lege dazu eine Tabelle an.

Verhalten	Wölfe	Hunde
Rangordnung		

2. ☰ Ⓐ
Beschreibe, wie die Geburt und die Aufzucht der Welpen bei Hunden ablaufen. Benutze hierzu die Bilder und Texte auf der folgenden Seite. Achte bei der Beschreibung darauf, dass du die Fachbegriffe verwendest.

3. Ⓠ
Informiere dich über drei weitere Säugetiere.
a) Erläutere Gemeinsamkeiten dieser Säugetierarten.
b) Nenne weitere Haustiere, die ebenfalls Säugetiere sind.

Verhalten der Wölfe

Um Hunde zu verstehen, muss man etwas über Wölfe wissen, von denen die Hunde abstammen. Wölfe leben zu mehreren in einem **Rudel.** Dort nimmt jedes Mitglied seinen Platz in einer **Rangordnung** ein. Diese wird durch Auseinandersetzungen zwischen den Tieren festgelegt. Rangniedere Tiere unterwerfen sich dem stärkeren Tier, indem sie sich auf den Rücken drehen und ihre Kehle zum „Biss" anbieten. Wirklich gebissen wird jedoch nicht. Der Leitwolf führt das Rudel. Die Tiere jagen in der Regel gemeinsam. Jagden sind nur dann erfolgreich, wenn die Mitglieder des Rudels eng zusammenarbeiten. Einige Wölfe hetzen ein Beutetier, andere schneiden ihm den Fluchtweg ab. Schließlich überwältigen sie es gemeinsam. Das Jagdgebiet, das **Revier,** wird mit Urin und Kot markiert und so gegen Eindringlinge abgegrenzt.

Hunde sind Rudeltiere

Hunde werden meist einzeln gehalten. Sie sehen im Menschen ihren „Leithund", die Familie ist das Rudel. Haus und Garten stellen das Revier dar, das gegen fremde Personen verteidigt wird. Da der Geruchssinn für den Hund der wichtigste Sinn ist, werden Personen erst einmal beschnüffelt. Aufgeregtes Herumzappeln begreifen Hunde oft als Angriffssignal. Menschen, die weglaufen, werden als „Beutetiere" verfolgt.
Begegnen sich Hunde, beschnüffeln sie sich gegenseitig. Dies ist ein wichtiges Begrüßungsverhalten. Männliche Hunde, die Rüden, setzen im Revier zur **Reviermarkierung** einige Tropfen Urin als Duftmarken ab.

Fortpflanzung

Hündinnen werden, je nach Rasse, zwischen dem achten und zwölften Lebensmonat geschlechtsreif und dann normalerweise zwei Mal im Jahr läufig. Diese **Läufigkeit** dauert etwa drei Wochen. Paart sich die Hündin in dieser Zeit mit einem Rüden, kann sie trächtig werden. Die **Tragzeit** dauert etwas mehr als zwei Monate. Steht dann schließlich die Geburt kurz bevor, wird die Hündin unruhig, schnüffelt in allen Ecken und versucht, ein „Nest" zusammenzuscharren.

Bei der Geburt wirft sie dann meist vier bis zehn Jungtiere. Man nennt diese **Welpen.** Sie sind von einer Fruchtblase umgeben, die die Hündin aufreißt und frisst. Anschließend beißt sie die Nabelschnur durch und leckt das noch nasse Junge trocken.

Jungenaufzucht

Neugeborene Welpen sind völlig hilflos. Sie sind **Nesthocker.** Ihre Augenlider sind noch miteinander verwachsen. Unmittelbar nach der Geburt kriechen die Welpen unbeholfen an den Bauch der Mutter und suchen mit seitlichen Pendelbewegungen des Kopfes nach den Milchzitzen. Haben sie eine Zitze gefunden, beginnen sie mit dem Saugen. Dabei treten sie mit ihren Vorderpfoten gegen den Bauch der Mutter. Dadurch werden die Milchdrüsen angeregt, Milch zu bilden.

Brutpflege

Hunde ernähren ihre Jungen in den ersten Lebenswochen mit Muttermilch. Die Jungen werden von der Mutter nicht nur gesäugt, sondern auch geschützt, gewärmt und sauber geleckt. Ein solches Verhalten bezeichnet man als **Brutpflege.**

Nach zehn bis zwölf Tagen öffnen sich die Augen der Jungen. Die Körperbewegungen werden zunehmend sicherer. Im Alter von drei bis vier Wochen beginnt die Entwöhnung und die Welpen erhalten zusätzlich zur Muttermilch Welpenfutter. Der Anteil der Muttermilch nimmt immer mehr ab, der Anteil fester Nahrung nimmt zu. Welpen sollten nicht von ihrer Mutter getrennt werden, bevor sie acht Wochen alt sind.

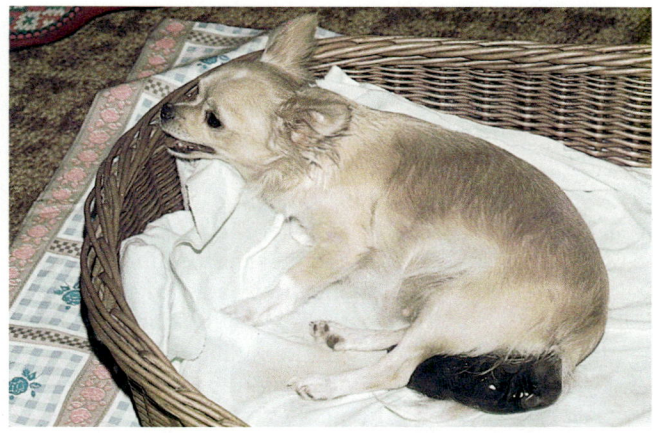

1 Geburtsvorgang: Ein Welpe in der Fruchtblase wird durch die Scheide gepresst.

Hunde sind Säugetiere

Tiere, die wie Hunde ihre Jungen mit Milch säugen, gehören zu den **Säugetieren.** Ein weiteres charakteristisches Merkmal der Säugetiere ist die gleichwarme Körpertemperatur. Nur Säugetiere haben Haare. Außerdem atmen alle Säugetiere über Lungen.

2 Hundewelpen

3 Hündin säugt ihre Welpen.

Du kannst typische Verhaltensweisen von Hunden benennen und diese mit denen der Wölfe vergleichen. Du kannst die Fortpflanzung der Hunde beschreiben und erläutern, warum man Hunde zu den Säugetieren zählt.

Die Hauskatze – ein „Stubentiger"

1. ≡ Ⓐ
a) Betrachte die Bilder auf den beiden Seiten des Buches. Beschreibe jeweils die dort abgebildeten Verhaltensweisen der Katzen.
b) Schildere Situationen, in denen du schon einmal Katzen beobachtet hast, die sich ähnlich verhalten haben.
c) Erläutere die besondere Bedeutung des Spielens für junge Katzen.

2. Ⓠ
a) Informiere dich über den Tagesablauf einer Hauskatze. Vielleicht können dir Mitschülerinnen und Mitschüler helfen, die selbst Katzen halten.
b) Verfasse ein „Katzentagebuch" über einen Tag und eine Nacht. Schreibe dabei aus Sicht der Katze.

3. ≡ Ⓐ
a) Beschreibe den Schädel der Katze.
b) Erläutere die Auffälligkeiten am Gebiss der Katze. Benenne den Gebisstyp.
c) Vergleiche den Katzenschädel mit dem Hundeschädel.

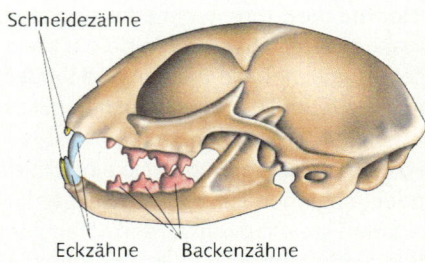

Schneidezähne

Eckzähne   Backenzähne

4. ≡ Ⓐ
Die Bildfolge oben zeigt das Verhalten einer Katze, die aus etwa 3 m fällt.
a) Beschreibe, wie die Katze es schafft, auf ihren vier Pfoten zu landen.
b) Katzen, die aus geringer Höhe zu Boden fallen, landen häufig nicht auf ihren Pfoten. Erkläre, aus welchem Grund eine Höhe von etwa 2 m bis 3 m erforderlich ist, damit die Landung auf vier Pfoten auch tatsächlich gelingt.

A

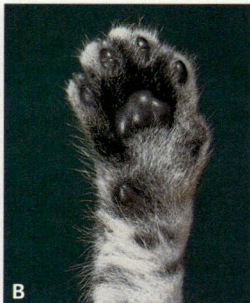

B

5. ≡ Ⓐ
Betrachte die beiden Abbildungen der Pfoten genau.
a) Erläutere die Eigenschaften der Katzenpfote, die hier deutlich werden.
b) Beschreibe, welche Vorteile die Katze durch den Bau der Pfoten hat.

1 Katze: **A** beim Spielen, **B** beim Balancieren

Immer noch ein Raubtier

Bei uns ist die Hauskatze seit etwa 1000 Jahren heimisch. Damals wurde sie zum Haustier. Dass sie aber in vielerlei Hinsicht noch ein Raubtier ist, erkennst du unter anderem an ihrem typischen **Raubtiergebiss.**

Die scharfen Krallen, die eine Katze beim Beutefang einsetzt, ermöglichen es ihr auch, senkrecht an Baumstämmen hochzuklettern. Immer wieder schärft sie ihre Krallen, indem sie diese an rauen Gegenständen wetzt. Streckt eine Katze ihre Pfote aus, klappen die Krallen automatisch nach vorne. Normalerweise sind die Krallen jedoch eingezogen. Daher ist es kaum möglich, eine sich nähernde Katze zu hören – anders als zum Beispiel einen Hund, der seine Krallen nicht einziehen kann. Die Katze kann sich deshalb gut anschleichen.

Erstaunliche Beweglichkeit

Katzen sind extrem beweglich. Die Wirbelsäule ist sehr biegsam, denn die Wirbel sind elastisch miteinander verbunden. Daher kann sich eine Katze im Fallen rasch drehen und schafft es meist, auf ihren Füßen zu landen. Der Schwanz dient als „Balancierhilfe".

Wie Katzen lernen

Katzen haben Spaß daran, mit Gegenständen zu spielen. Dieses **Spiel** hat eine wichtige Bedeutung, denn das Verfolgen, Fangen, „Erbeuten" und Loslassen von Spielgegenständen gehören zum aktiven Jagdverhalten der Katze. Der Trieb, Beute zu fangen, ist Katzen angeboren.

2 Katze beim Klettern

Die große Geschicklichkeit, mit der erfahrene Katzen aber Beute machen, muss eine junge Katze erst noch erlernen. Hierfür sind das Spielen und Herumtoben mit ihren Geschwistern und der Mutter, aber auch das spielerische Verfolgen und Fangen von Gegenständen wichtig.

Katze und Mensch

Katzen sind sehr anpassungsfähig. Sie gewöhnen sich schnell an Menschen und können sehr zutraulich und anhänglich werden. Anders jedoch als Hunde sind Katzen **Einzelgänger** und bestimmen ihren Tagesablauf und auch die Kontakte zum Menschen selbst. Will eine Katze spielen, so zeigt sie uns dies. Hat sie jedoch kein Interesse, so teilt sie das genauso unmissverständlich mit, vielleicht sogar durch einen Hieb mit ihrer Pfote.

> Du kannst Bewegungen der Katze beschreiben und die Funktion der einziehbaren Krallen erläutern. Du erkennst ein typisches Raubtiergebiss. Du kannst das Spielen von jungen Katzen als wichtig für ihr Lernen beurteilen.

Mit scharfen Sinnen auf Beutejagd

1. ≡
In der Bildserie A bis F siehst du, wie eine Katze eine Maus fängt. Beschreibe die einzelnen Abschnitte. Beachte hierbei die Körperhaltung der Katze.

2. ≡ Ⓐ
Beschreibe, welche Sinne bei der Katze besonders ausgeprägt sind, und erläutere ihre Bedeutung für eine erfolgreiche Jagd.

3. ≡ Ⓐ
Während Katzen tagsüber meist ruhen, gehen sie nachts auf Beutefang. Die drei Abbildungen unten zeigen die Augen der Katze bei unterschiedlichen Lichtverhältnissen in unsortierter Reihenfolge.
a) Ordne die drei Abbildungen den jeweiligen Lichtverhältnissen (Tag, Dämmerung, Nacht) zu und begründe deine Zuordnung.
b) Katzen haben die Fähigkeit, die Öffnungsweite der Pupillen in Abhängigkeit von der Umgebungshelligkeit zu verändern. Beschreibe den Vorteil, den die Katze davon hat.

A

B

C

D

E

F

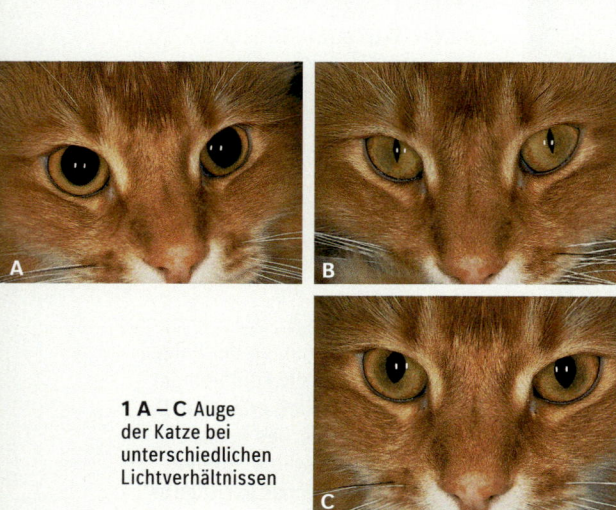

1 A – C Auge der Katze bei unterschiedlichen Lichtverhältnissen

Jagdverhalten

Katzen sind Nachtjäger. Bei der Jagd wartet eine Katze an einer geeigneten Stelle oft längere Zeit auf Beute, zum Beispiel eine Maus. Hat sie etwas gehört oder gesehen, schleicht sie sich in geduckter Körperhaltung langsam heran. Aufgrund dieses Verhaltens bezeichnet man die Katze auch als **Schleichjäger.** Immer wieder hält sie zwischendurch inne und verharrt in regloser Haltung. Ihre gesamte Konzentration ist auf die Beute gerichtet. Ist sie schließlich nahe genug herangekommen, schnellt sie vor, packt mit ihren Vorderpfoten zu und hält das Opfer mit ihren Krallen fest.

3 Hauskatze mit Beute

2 Lichtreflexion: **A** im Katzenauge, **B** am Straßenrand

Leistungsfähige Augen

Neben dem Anschleichen spielen auch die **Sinnesorgane** der Katze für die erfolgreiche Jagd eine große Rolle. Mit deren Hilfe nimmt sie ihre Umwelt wahr.

Das wichtigste Sinnesorgan der Katze ist das **Auge.** Nachts sind die Pupillen kreisrund und weit geöffnet, sodass auch schwaches Licht zum Sehen ausreicht. Wird eine Katze im Dunkeln durch das Scheinwerferlicht eines Autos angestrahlt, so leuchten ihre Augen hell auf. Wie von einem Spiegel werden die einfallenden Lichtstrahlen vom reflektierenden Augenhintergrund zurückgeworfen. Tagsüber sind die Pupillen zu einem schmalen, senkrechten Spalt verengt, sodass nur wenig Sonnenlicht in die empfindlichen Augen gelangen kann.

Bewegliche Ohren

Mit ihrem feinen **Gehör** entgehen der Katze selbst schwache Geräusche wie leises Mäusepiepsen nicht. Die beweglichen Ohrmuscheln können Katzen auf die Stellen hin ausrichten, aus denen die Geräusche kommen. Die Ohrmuscheln wirken wie Schalltrichter. Auf diese Weise stellen Katzen sowohl die Richtung als auch die Entfernung einer Geräuschquelle sehr genau fest.

Ausgeprägter Tastsinn

Auch der **Tastsinn** der Katze ist gut entwickelt. Die langen Tasthaare, die sich vorwiegend an der Oberlippe befinden, sind empfindliche Fühler für den Nahbereich. Damit können Katzen auch bei völliger Dunkelheit Hindernisse feststellen, Erschütterungen wahrnehmen und Beutetiere abtasten.

Auch Gerüche spielen für Katzen eine Rolle, jedoch orientieren sie sich wesentlich weniger mithilfe des Geruchssinnes als Hunde.

Du kannst beschreiben, wie Katzen als Schleichjäger ihre Sinnesorgane bei der Jagd in der Dämmerung oder bei schwachem Licht nutzen.

Kennzeichen von Lebewesen

1. Ⓐ
Dummys verwendet man als „Testpersonen" zum Beispiel für die Sicherheit im Auto. Erstelle eine Tabelle, in der du Gemeinsamkeiten und Unterschiede von Dummies und Menschen zusammenstellst. Betrachte zum Beispiel Stoffwechsel, Beweglichkeit, Reaktion, Gestalt, Fortpflanzung, Wachstum und Entwicklung.

2. Ⓐ
a) Beschreibe das Foto oben.
b) Erkläre, welche Kennzeichen von Lebewesen hier verdeutlicht werden.

	Dummy	Mensch
Stoffwechsel	keiner	atmen, essen, trinken
Beweglichkeit	können sich nicht selbst	

Gar keine so leichte Frage

Die Frage, was ein Lebewesen eigentlich ist und wie man es erkennen kann, stellt sich meist gar nicht. Wir werden geboren, müssen irgendwann sterben und dazwischen leben wir. Das bedeutet zum Beispiel, dass wir essen und trinken, auf die Toilette gehen, lernen, lachen und weinen, laufen und springen, älter werden und vielleicht irgendwann Eltern werden. Irgendwie wissen wir also, was Leben bedeutet.

Doch ist es gar nicht so leicht, wissenschaftlich festzulegen, was genau ein Lebewesen ist. Zwar findet man eine Reihe von Kennzeichen, die Lebewesen normalerweise auszeichnen. Aber zum einen zeigen nicht alle Lebewesen immer alle Eigenschaften und zum anderen zeigen auch unbelebte Gegenstände teilweise mehrere der eigentlich für Lebewesen typischen Merkmale.

Fortpflanzung

Gleich zu Beginn des Lebens zeigt sich ein sicheres Kennzeichen: Lebewesen entstehen immer aus anderen Lebewesen. Tiere werden von Eltern geboren oder schlüpfen aus Eiern, die von Eltern gelegt wurden. Pflanzen entstehen aus Ablegern oder aus Samen, die von Elternpflanzen gebildet wurden. Lebewesen entstehen nie "einfach so". Auch Wissenschaftlern ist es bisher nicht gelungen, Lebewesen ganz neu zu erschaffen.
Es ist aber nicht immer einfach, die Fortpflanzung bei Lebewesen zu beobachten, da sie dieses Kennzeichen nicht zu jeder Zeit zeigen.

Wachstum und Entwicklung

Kinder und junge Tiere, aber auch junge Pflanzen sind kleiner als ihre Eltern. Sie wachsen erst zu ihrer vollen Größe heran.
Sie verändern dabei aber nicht nur ihre Größe, sondern auch ihr Aussehen. Ein Kind ist nicht einfach ein kleiner Erwachsener, ein junges Bäumchen nicht einfach ein kleiner Baum. Neben dem Wachstum findet also eine Entwicklung statt. Gegenstände zeigen eine solche Entwicklung nicht. Sie altern zwar auch, werden aber nicht größer und verändern auch ihre Erscheinung nicht grundlegend.

1 Kennzeichen von Lebewesen bei Mensch und Pflanze

3. ≣ Ⓐ

Autos bewegen sich, „trinken" Benzin und reagieren darauf, was der Fahrer macht, zum Beispiel am Lenkrad drehen. Scheinbar zeigen sie also Kennzeichen des Lebendigen.

a) Autos sind aber eindeutig keine Lebewesen. Zeige dies anhand mehrerer Eigenschaften, die sie nicht haben.

b) Überlege dir ein weiteres Beispiel, in dem ein unbelebter Gegenstand einige, aber nicht alle Eigenschaften des Lebendigen hat. Erläutere dein Beispiel.

A B C

4. ≣ Ⓐ

Ordne jedem der Bilder A bis C mindestens ein Kennzeichen des Lebendigen zu, das darauf zu erkennen ist.

Stoffwechsel

Menschen und Tiere essen, trinken und atmen. Auch Pflanzen brauchen Wasser und Luft. Lebewesen nehmen Stoffe auf, verändern sie und geben andere Stoffe wieder ab. So gewinnen sie Energie und erzeugen Stoffe, die sie zum Bau ihres Körpers benötigen. Auch unbelebte Gegenstände verändern Stoffe. So braucht ein Auto Benzin und produziert Abgase. Stoffe zum Wachstum stellt es aber nicht her. Stoffe gezielt zu verändern, also Stoffwechsel zu betreiben, ist ein Kennzeichen der Lebewesen.

Bewegung

Für Bewegung gibt es viele Beispiele: von Laufen und Klettern bis zur Bewegung des schlagenden Herzens. Auch Pflanzen bewegen sich, nur langsamer. Unbelebte Gegenstände bewegen sich zum Beispiel, wenn sie einen Motor haben. Bewegung ist also ein häufig erkennbares, aber nicht eindeutiges Kennzeichen des Lebendigen.

Reizbarkeit

Wenn du mit einem Ball spielst, bewegst du dich nicht einfach irgendwie, sondern sehr gezielt: Du siehst den Ball, reagierst auf ihn und steuerst deine Bewegungen entsprechend.

Auch Pflanzen reagieren auf ihre Umwelt und steuern ihre Bewegungen. So folgen Sonnenblumen mit ihren Blättern und Blüten dem Lauf der Sonne. Sie nehmen also wahr, wo die Sonne steht und bewegen sich gezielt.

Der Ball und die Sonne sind für die Lebewesen Reize, auf die sie reagieren. Eine solche Reizbarkeit findet man bei allen Lebewesen.

Nicht sicher

An keinem dieser Kennzeichen kann man Lebewesen eindeutig erkennen. Insgesamt zeigen sie aber recht zuverlässig an, ob etwas ein Lebewesen ist.

> Du kannst typische Kennzeichen des Lebendigen nennen und an Beispielen erklären.

Einen Steckbrief für ein Lebewesen erstellen

Gesucht wird
der mehrfach vorbestrafte
Ede Klaufix

Hinweise nimmt
jede Polizeidienststelle
entgegen

Ein Steckbrief – was ist das?

Räuber und Verbrecher werden steckbrieflich gesucht. Auf öffentlich ausgehängten Plakaten wird der Gesuchte abgebildet und kurz beschrieben. So kann die Bevölkerung Hinweise geben, die oft zur Festnahme führen.

Zusätzlich werden Personen mithilfe moderner Medien gesucht, indem Fotos oder Computerzeichnungen und kurze Beschreibungen veröffentlicht werden.

In den Naturwissenschaften enthalten Steckbriefe ebenfalls oft kurze Beschreibungen, zum Beispiel zu den wichtigsten Merkmalen einer Pflanze oder eines Tieres, sowie Abbildungen. Der Leser kann sich durch diese übersichtliche Darstellung schnell über das Lebewesen informieren.

Zwerghamster

Herkunft:	Asien (Syrien)
Kennzeichen:	unterschiedliche Fellfarben und -arten
Lebensraum:	Steppenlandschaften · bauen ihre Nester in unterirdischen Röhrensystemen
Verhalten:	dämmerungs- und nachtaktiv · Einzelgänger
Nahrung:	Körner, Nüsse, Obst, Gemüse
Fortpflanzung:	7- bis 8-mal im Jahr Würfe von 6–12 Jungen
Lebenserwartung:	1,5–2 Jahre
Besonderheiten:	transportieren ihre Nahrung in Backentaschen
Haltung:	brauchen große Käfige mit Möglichkeiten zum Graben

Usambaraveilchen

Herkunft:	Ostafrika
Kennzeichen:	blaue, rosa, rote und weiße Blüten · pelzig behaarte Blätter
Vermehrung:	Blattstecklinge oder Samen
Ansprüche:	Wärme ohne direkte Sonne, hohe Luftfeuchtigkeit, niedrige Bodenfeuchtigkeit

1. Ⓠ
Erstellt Steckbriefe zu Tieren und Pflanzen auf dem Bauernhof. Jede Gruppe sucht sich ein Tier oder eine Pflanze aus. Orientiert euch an den Beispielen auf dieser Seite.

2. Ⓠ
Gestaltet mit den in Aufgabe 1 erstellten Steckbriefen eine Pinnwand.

Besuch auf einem Bauernhof

1. Futteranbauflächen
2. Fahrsilo (Futtervorrat)
3. Fressgang
4. Fressgitter
5. Futtertisch mit Grünfutter
6. Liegeboxen
7. Kraftfutterstation
8. Kälberstand
9. Melkstand
10. Milchkühltank
11. Güllesilo

Landwirtschaft früher und heute

Früher diente die Landwirtschaft hauptsächlich der Selbstversorgung. Ein Landwirt ernährte nur wenige Personen, zuerst seine eigene Familie. Heute versorgt ein Landwirt über 140 Personen. Das geht nur mit spezialisierten Großbetrieben. Auf großen Ackerflächen werden Getreide, Gemüse oder Obst angebaut. Andere Betriebe halten große Bestände an Nutztieren, zum Beispiel Schweine, Rinder oder Hühner. Dennoch arbeiten dort nur wenige Personen, denn Maschinen erleichtern die Arbeit.

Ökologische Landwirtschaft

Durch Züchtung und den Einsatz von Dünger und Pflanzenschutzmitteln wurden die Erträge deutlich gesteigert. Heute betreiben manche Betriebe ökologische Landwirtschaft und verzichten auf Pflanzenschutzmittel und künstlichen Dünger. Die Tiere werden mit Futter aus eigener Erzeugung gefüttert und nicht ständig im Stall gehalten. Das ist aufwändiger und macht die Produkte teurer, aber auch umweltfreundlicher.

1. ≣ Ⓐ
Erläutere mithilfe der Abbildung oben, wie ein Milchviehbetrieb funktioniert.

2. Ⓠ
Erkundige dich, zum Beispiel bei einem älteren Menschen, wie Bauernhöfe früher ausgesehen haben. Überlege dir dazu vorab mehrere Fragen, mache dir dann Notizen und berichte.

3. ≣ Ⓐ
Erläutere die Aussagen des Diagramms unten.

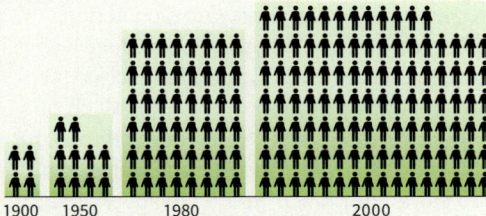

1900 1950 1980 2000
1 Anzahl der von einem Landwirt ernährten Personen

Du kannst dir zum Thema Landwirtschaft gezielt sinnvolle Fragen überlegen. Du kannst berichten, wie sich die Landwirtschaft in den letzten 100 Jahren verändert hat.

Rund um das Rind

1 Rinderrassen: **A** Schwarzbunte, **B** Charolais

1. 🅐
a) Vergleiche die beiden Rinderrassen in Bild 1. Nenne Körpermerkmale, in denen sich die Rinder deutlich unterscheiden.
b) Schließe von den Unterschieden auf die Nutzung.

2. 🅠
Für das Rind haben wir unterschiedliche Namen wie Kalb, Färse, Ochse, Kuh, Stier oder Bulle. Recherchiere die Bedeutung der unterschiedlichen Bezeichnungen. Berichte.

3. 🅐
Bild 2 A zeigt ein Rind, das auf der Weide liegt und wiederkäut. Beschreibe mithilfe von Bild 2 B und des Textes, wie Rinder Gras fressen.

Vom Urrind zum Zuchtrind

Vor mehr als 6000 Jahren hat der Mensch Auerochsen gezähmt. Sie wurden zu Nutztieren. Diese Wildform ist inzwischen ausgestorben. Heute züchtet man **Rinderrassen** mit unterschiedlichen Eigenschaften.
In der Milchwirtschaft werden Milchrinder wie die Schwarzbunte bevorzugt. Dagegen setzen Mastrinder wie das Charolais-Rind besonders schnell und viel Fleisch an. Es gibt aber auch Rassen, die für beides geeignet sind, sogenannte Zweinutzungsrinder wie die Rotbunte.

Rinder sind Pflanzenfresser

Da die Pflanzennahrung der Rinder vergleichsweise nährstoffarm ist, benötigen sie besonders große Mengen – bis zu 70 kg am Tag.
Rinder haben ein typisches **Pflanzenfressergebiss.** Die Backenzähne sind als breite Mahlzähne ausgebildet. Beim Fressen umfassen Rinder mit der Zunge ein Grasbüschel und drücken es mit den Schneidezähnen des Unterkiefers gegen die Hornleiste des Oberkiefers. Mit einem kurzen Ruck des Kopfes reißen sie das Grasbüschel dann ab.
Die Gebissform von Rindern unterscheidet sich deutlich von der eines Fleischfressergebisses oder der des Allesfressergebisses eines Schweins.

Rinder sind Wiederkäuer

Rinder schlucken ihre Nahrung unzerkaut. Sie gelangt zunächst in den **Pansen.** Hier werden die Pflanzen von Bakterien zersetzt. Aus dem Pansen gelangt die Nahrung in den **Netzmagen.** Von hier werden kleine Futtermengen zurück ins Maul befördert. Sie werden dort mit Speichel vermischt und zwischen den großen Backenzähnen zermahlen. Ihre Oberfläche hat harte Schmelzfalten und wirkt dadurch wie eine Reibe. Nach dem Grasen liegen die Rinder auf der Weide und kauen die Nahrung. Sie sind **Wiederkäuer.**

Rinder liefern Milch

Neugeborene Kälber ernähren sich in den ersten Wochen ausschließlich von der Milch der Mutterkühe. Auch für den Menschen ist Milch ein wichtiges Nahrungsmittel. Milch und Milchprodukte sind ein wertvoller Lieferant für Nährstoffe, Vitamine und Mineralstoffe.
Kühe geben nur Milch, wenn sie zuvor gekalbt haben. Sie produzieren aber weiter Milch, wenn sie regelmäßig gemolken werden.

4. ☰ Ⓐ
Beschreibe den Weg der Pflanzennahrung durch die Mägen des Rindes. Verwende dazu die Fachbegriffe aus dem Schema in Bild 3.

5. ☰ Ⓐ
a) Vergleiche die Gebissformen von Hausschwein (Bild 4 A) und Rind (Bild 4 B). Finde Unterschiede und Gemeinsamkeiten heraus.
b) Ziehe Rückschlüsse auf die jeweilige Ernährungsweise.

6. Ⓠ
Heute spricht man von sogenannten „Hochleistungskühen".
a) Informiere dich über die Entwicklung der Tagesproduktion einer Milchkuh in den letzten Jahren.
b) Nenne mögliche Folgen dieser Entwicklung.

2 Rind: **A** wiederkäuend, **B** Zunge

Je weiter die Geburt eines Kalbs zurückliegt, desto weniger Milch wird jedoch im Euter gebildet. Heute übernehmen spezielle Maschinen das Melken der Kühe. Die Milch wird in einem Milchtank gelagert. Da sie leicht verderblich ist, wird sie auf 4 °C heruntergekühlt.

Verarbeitung der Milch
Mit Kühlwagen wird die Milch in die Molkerei transportiert. Hier wird sie nach einer Prüfung kurz erhitzt und abgefüllt oder zu Butter, Joghurt, Käse, Quark und anderen Produkten weiterverarbeitet. Im Supermarkt stehen Milchprodukte meist im Kühlregal. H-Milch muss nicht gekühlt werden, da sie durch Ultrahocherhitzen haltbar gemacht wurde.

> Du kannst typische Merkmale eines Pflanzenfressergebisses benennen und den Begriff Wiederkäuer anhand des Verdauungsvorgangs von Rindern erklären.

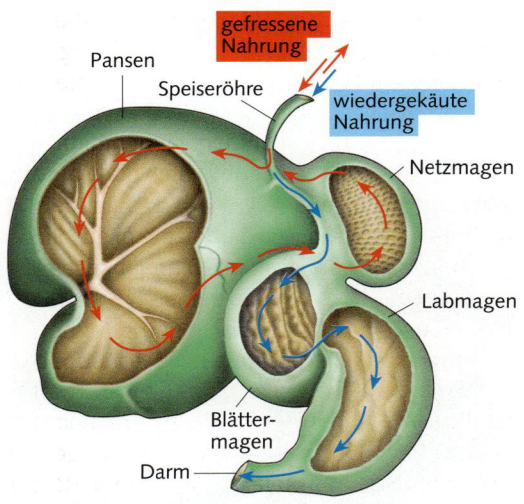

3 Weg der Nahrung durch die Mägen des Rindes

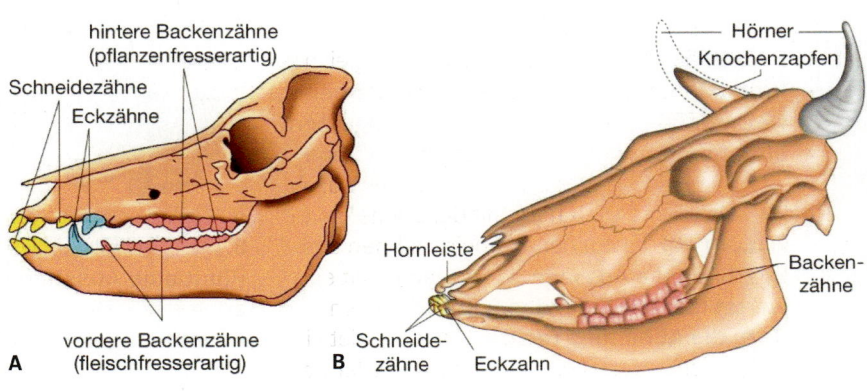

4 Gebisse: **A** Schwein, **B** Rind

Das Rind als Nutztier

Wieso ist es nötig, dass eine Milchkuh ein Kalb bekommt?

Welche Produkte werden aus Milch hergestellt?

Rezept Naturjoghurt

Zutaten
1 l H-Milch
1 Becher Naturjoghurt
6–8 Schraubdeckelgläser
1 Thermometer (mind. 50 °C)
1 Kochtopf
Heizplatte oder Herd
Thermobox

Erhitze die Milch auf etwa 37 °C. Gib in jedes Glas einen Löffel Naturjoghurt und fülle anschließend mit der erwärmten Milch auf. Stelle die Gläser für einen Tag in die Thermobox. Gekühlt schmeckt Joghurt am besten.

1. ≡ Ⓐ
Hilf den beiden Schülerinnen bei der Beantwortung ihrer Fragen.

2. ≡ Ⓐ
Beschreibe den Weg der Milch von der Kuh bis in den Supermarkt in Form eines kurzen Textes.

3. Ⓠ
Heute spricht man von sogenannten „Hochleistungskühen".
a) Informiere dich über die Entwicklung der Tagesproduktion einer Milchkuh in den letzten Jahren.
b) Nenne mögliche Folgen dieser Entwicklung.

4. Ⓥ
Probiert das Rezept aus und stellt euren eigenen Joghurt her.

5. Ⓠ
In einer Molkerei wird die Milch von Fachleuten zu unterschiedlichen Produkten verarbeitet. Informiere dich über Berufe in Molkereien. Berichte.

6. Ⓠ
Erstellt ein Plakat mit Abbildungen von Produkten, zu denen Rindfleisch verarbeitet wird. Ihr könnt euch an der Abbildung oben orientieren.

7. ≡ Ⓐ
Begründe die Aussage: „Der Mensch verwertet fast alle Teile des Rindes". Nutze dazu die Abbildung rechts.

8. Ⓠ
Plant eine Ausstellung zum Thema „Nutzung des Rindes". Die Methode „Eine Ausstellung gestalten" kann euch helfen.

Säugetiere haben gemeinsame Merkmale

A

Der Name Säugetier
Weibliche Säugetiere haben spezielle Drüsen, die nach der Geburt ihrer Nachkommen Milch bilden. Die Jungtiere können die Milch bei der Mutter saugen. Man sagt auch, die Mutter säugt ihre Jungen. Daher kommt der Name **Säugetier.** Säugetiere haben aber noch mehr gemeinsame Merkmale.

2 Säugende Hündin

B

Fortpflanzung
Die Befruchtung der Eizelle findet im Inneren des Körpers der Mutter statt. Die Nachkommen entwickeln sich in der Gebärmutter. Nach einer Tragzeit werden sie lebend geboren.

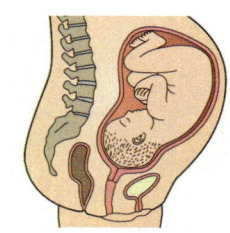

3 Schwangerschaft

C

Atmung
Alle Säugetiere atmen über eine Lunge. Sie hat zwei Lungenflügel und Millionen kleiner Lungenbläschen. Durch sie gelangt der Sauerstoff ins Blut. Kohlenstoffdioxid wird an die Luft abgegeben.

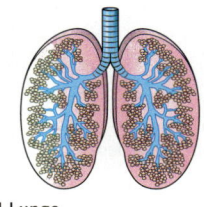

4 Lunge

D

Körperbedeckung
Nur Säugetiere haben ein Fell aus Haaren. Es schützt vor Nässe, Verletzungen und hält warm. Die Haare werden durch zahlreiche Drüsen in der Haut eingefettet und geschmeidig gehalten.

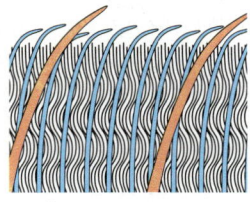

5 Fell

1 Vielfalt der Säugetiere:
A Fledermaus,
B Pferd,
C Schaf,
D Delfin

Körpertemperatur
Säugetiere haben eine gleichbleibende Körpertemperatur. Sie sind gleichwarm. Sie erzeugen gezielt Wärme, um den Körper „zu heizen". Ihr Fell und Fett unter der Haut schützen vor Wärmeverlust.

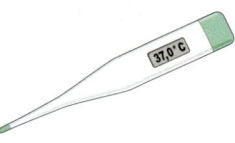

6 Körperwärme

Du kannst typische Eigenschaften der Säugetiere nennen und sie miteinander vergleichen.

1. **A**
Notiere fünf Merkmale aller Säugetiere stichpunktartig in deinem Hefter.

2. **V**
Vergleiche Fellproben verschiedener Säugetiere.

3. **A**
Vergleiche die Körpertemperatur der Säugetiere mit der von Fischen, Amphibien, Reptilien und Vögeln. Lege dazu eine Tabelle an.

Der Maulwurf – Spezialist unter Tage

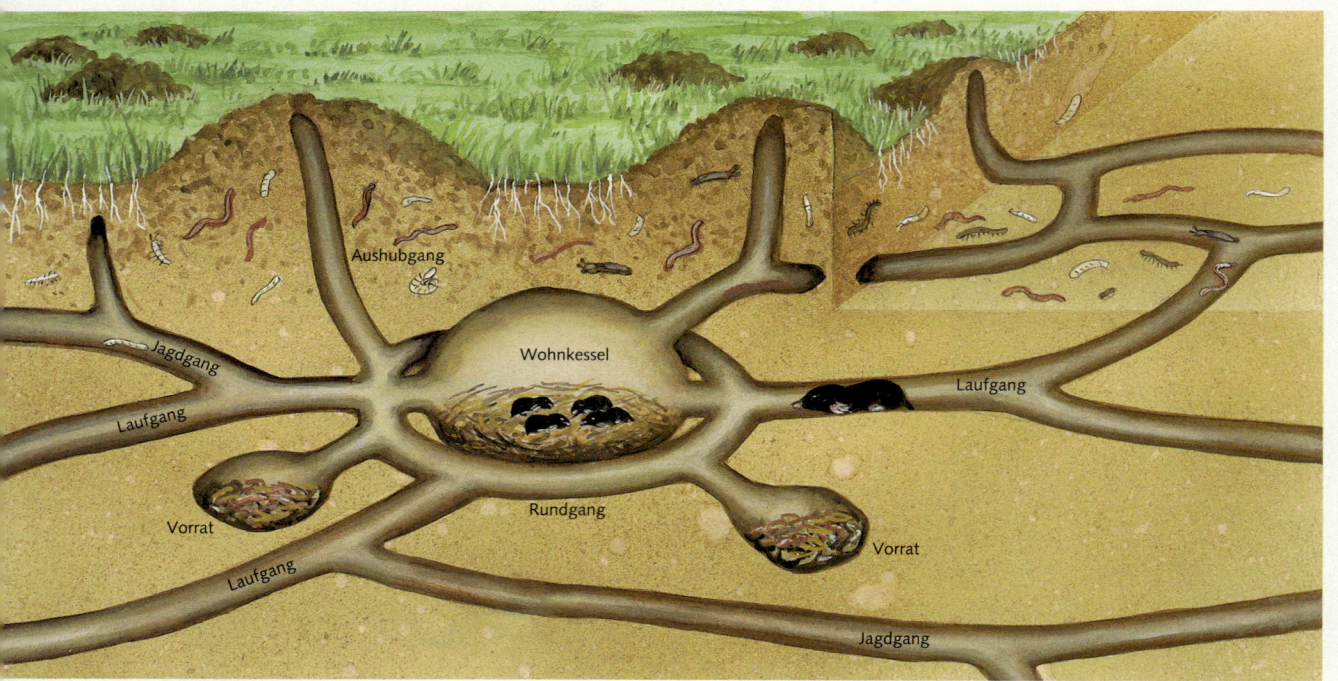

1 Maulwurfsbau

 1.

Abbildung 1 zeigt einen Maulwurfsbau.
a) Nenne die Bereiche, die sich unterscheiden lassen.
b) Beschreibe, wozu der Maulwurf die verschiedenen Bereiche nutzt.

2.

Schreibe auf, wie der Körper des Maulwurfs an die unterirdische Lebensweise angepasst ist. Berücksichtige dabei die Körperform, den Kopf, die Körperöffnungen, die Beine, das Fell und die Sinnesorgane.

3.

Manche Gartenbesitzer sehen den Maulwurf nicht gern in ihrem Garten, andere weisen auf die Nützlichkeit der Tiere hin. Finde Begründungen für die eine und für die andere Meinung.

4.

a) Nenne mithilfe der Abbildung 2 einige Beutetiere des Maulwurfs.
b) Erkläre, warum das Gebiss des Maulwurfs gut zum Fressen dieser Nahrung geeignet ist.

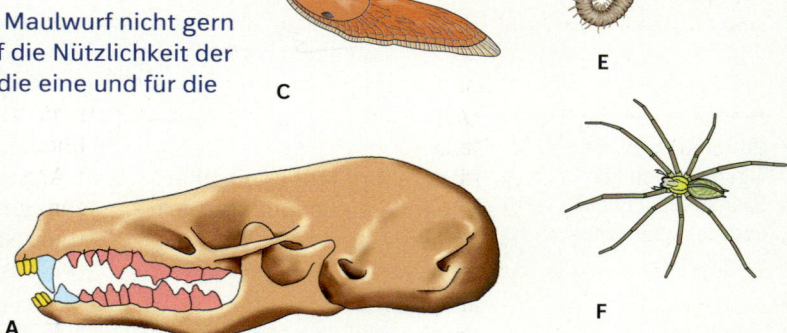

2 Angepasstheit: **A** Insektenfressergebiss, **B – F** Beutetiere

Ein Leben unter Tage

Maulwürfe sieht man nur selten, da sie unter der Erde leben. Aber sicher hast du schon einmal Maulwurfshügel gesehen - sie zeigen, dass eines dieser Tiere unter der Erde seinen Bau angelegt hat.

Darin liegt auch der **Wohnkessel.** Er ist mit Gras, Moos und anderen Pflanzenteilen ausgepolstert und wird zum Schlafen benutzt. Auch die Jungen werden hier geboren und aufgezogen. Um den Wohnkessel verläuft ein Rundgang, von dem die verschiedenen Laufgänge abzweigen. Die Wände der Gänge sind fest und glatt, sodass sich der Maulwurf schnell in ihnen bewegen kann. Die Laufgänge führen in das Jagdrevier des Maulwurfs. Hier gräbt er lockere, dicht unter der Erdoberfläche verlaufende Jagdgänge. Die losgescharrte Erde wird über besondere Aushubgänge an die Erdoberfläche geschoben. So entstehen die typischen Maulwurfshügel, über die sich manche Gartenbesitzer sehr ärgern. Andererseits vertilgt ein Maulwurf auch zahlreiche Schädlinge.

Jagd auf Bodentiere

Ein Maulwurf muss an einem Tag etwa so viel fressen, wie er selbst wiegt. Mehrmals am Tag läuft er daher sein Gangsystem ab und sucht nach Beutetieren. Er spürt sie mithilfe seines guten Geruchs- und Tastsinns und seines feinen Gehörs auf. Die Augen sind hingegen klein und im Fell verborgen. Ohrmuscheln fehlen ganz.

Er frisst zum Beispiel Insektenlarven, Käfer, Regenwürmer, Schnecken und manchmal Jungmäuse. Die harten Panzer der Insekten knackt er mit den spitzen Zähnen seines **Insektenfressergebisses.**

Maulwürfe sind das ganze Jahr über aktiv. Im Winter verlegen sie ihr Jagdrevier in tiefere Bodenschichten. Dorthin ziehen sich auch ihre Beutetiere zurück. In Maulwurfsbauten hat man Ansammlungen „angebissener" Regenwürmer gefunden. Dabei handelt es sich um Vorratsspeicher, mit denen der Maulwurf Zeiten überbrückt, in denen die Nahrung knapp ist. Die Regenwürmer werden durch den Biss gelähmt, sind aber nicht tot.

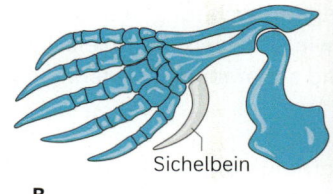
Sichelbein

B

C

3 Angepasst an das Leben in der Erde: **A** Grabhände, Tasthaare, Schnauze, **B** Skelett der Grabhand, **C** walzenförmiger Körper

Ein unterirdischer Spezialist

Der Maulwurf ist gut an das Leben in der Erde angepasst. Der kurze, walzenförmige Körper geht ohne erkennbaren Hals in den Kopf über. Dieser endet vorne in einer durch Knorpel verstärkten Rüsselspitze. Der Maulwurf ist von einem schwarzen, sehr dichten Fell bedeckt. Es hält warm und schützt vor Nässe. Das Fell hat keine Strichrichtung. So kann sich der Maulwurf in seinen Gängen vorwärts und rückwärts gleichermaßen gut bewegen. Mund- und Nasenöffnung sind nach unten gerichtet. Beim Graben werden Ohren, Mund und Nase durch besondere Hautfalten verschlossen, damit Sand und Erde nicht eindringen können.

Die Handflächen der auffälligen **Grabhände** zeigen nach hinten. Sie sind für die Wühlarbeit bestens geeignet. Die fünf kurzen Finger sind teilweise durch Häute miteinander verbunden. Außerdem hat der Maulwurf noch einen sichelförmigen Knochen. Dieses **Sichelbein** verbreitert die Hand zusätzlich. Alle Finger haben kräftige und scharfe Krallen. Die kurzen Hinterbeine dienen dagegen vorwiegend der Fortbewegung.

Du kannst beschreiben und erklären, wie Maulwürfe an ihren Lebensraum und ihre Lebensweise angepasst sind.

Fledermäuse – Jäger in der Nacht

1. **Ⓐ**
Beschreibe den Kopf einer Fledermaus. Gehe dabei vor allem auf besondere Auffälligkeiten ein.

2. **Ⓐ**
Zeige anhand mehrerer Beispiele, wie Fledermäuse an ihre Lebensweise angepasst sind. Nutze die Texte und die Abbildungen dieser Doppelseite.

3. **Ⓐ**
Verdeutliche mit selbst erstellten Zeichnungen und kurzen erklärenden Sätzen, wie sich Fledermäuse in der Dunkelheit orientieren und sogar jagen können.

4. **Ⓐ**
Vergleiche den Bau des Fledermausflügels mit dem eines Vogelflügels. Betrachte dazu auch das jeweilige Skelett. Stelle die Unterschiede gegenüber.

Handwurzelknochen — Mittelhandknochen — Fingerknochen — Unterarmknochen — Daumen — Oberarmknochen — Fuß

5. **Ⓐ**
Fledermäuse sind Säugetiere. Erstelle eine Liste mit Eigenschaften, die sie als solche kennzeichnen.

6. **Ⓠ**
Unsere einheimischen Fledermäuse sind bedroht. Recherchiere, welche Schutzprojekte es für Fledermäuse gibt. Berichtet, wodurch Fledermäuse bedroht werden, warum sie wichtig sind und wie sie geschützt werden.

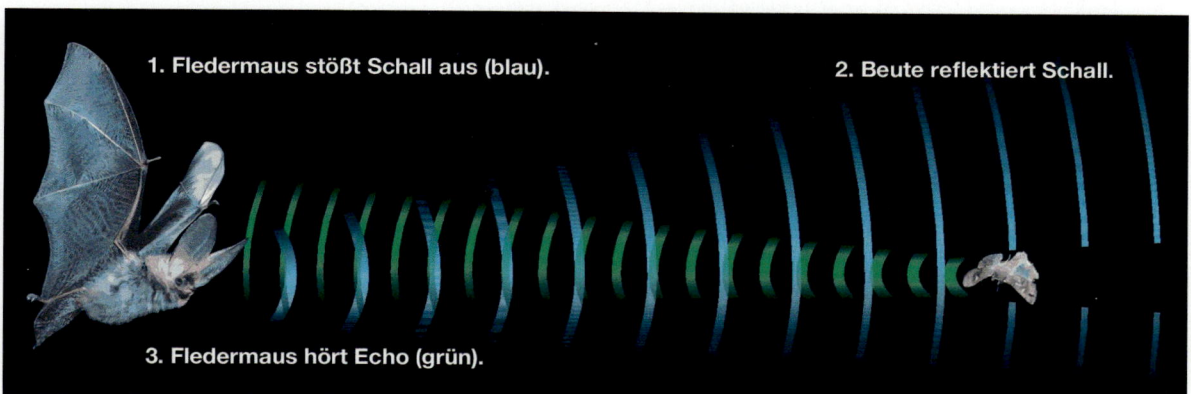

1. Fledermaus stößt Schall aus (blau).

2. Beute reflektiert Schall.

3. Fledermaus hört Echo (grün).

1 Orientierung über Ultraschall

Orientierung in der Dunkelheit

Fledermäuse jagen abends und nachts. An Sommerabenden kannst du gut beobachten, wie sie umherflattern. Sie müssen ständig mit den Flügeln schlagen, um in der Luft zu bleiben. Daher nennt man sie **Flatter-** oder **Fledertiere.** Sie sind geschickte Flieger und schnelle Jäger. Fledermäuse jagen Käfer, Nachtfalter und andere fliegende Insekten. Sehen können Fledermäuse ihre Beute aber kaum.

Fledermäuse stoßen ständig Ultraschall-Laute aus, die wir nicht hören können. Treffen diese Schallwellen auf ein Hindernis, so werden sie als Echo zurückgeworfen und mit den großen Ohren aufgefangen. Anhand dieses Echos erkennt die Fledermaus Größe und Entfernung des Gegenstandes. Dies wird als Echo-Ortung bezeichnet. So kann die Fledermaus auch im Dunkeln Beute machen und Hindernissen ausweichen.

Lebensweise

Tagsüber schlafen Fledermäuse in dunklen Verstecken wie Höhlen, alten Gebäuden oder auch in hohlen Bäumen. Sie krallen sich mit ihren Hinterbeinen fest und hängen mit dem Kopf nach unten.

Im Herbst werden die Insekten knapp. Sie sind jedoch die Hauptnahrung der meisten Fledermausarten in Europa. Um den Winter und das geringe Nahrungsangebot überstehen zu können, fliegen Fledermäuse in frostsichere Winterquartiere. Dort bilden sie oft große Kolonien. So wärmen sie sich gegenseitig und halten **Winterschlaf.**

Fledermäuse sind Säugetiere

Fledermausweibchen bringen meist ein Junges pro Jahr zur Welt. Die Neugeborenen sind zunächst nackt und blind. Sie klammern sich im Fell der Mutter fest und werden so im Flug mitgenommen. Fledermäuse sind also Nesthocker. Mit etwa sieben Wochen beginnen die Jungtiere zu fliegen. Der Körper einer Fledermaus ist mit Fell bedeckt. Ausnahme dabei sind die Flügel, die sich stark von Vogelflügeln unterscheiden. Bei Vögeln bilden hauptsächlich die Armknochen den Flügel, bei Fledermäusen sind es die Handknochen (Bild 2). Zwischen den Gliedmaßen und dem Schwanz befinden sich Flughäute. Federn fehlen bei der Fledermaus.

Daumen und Füße ragen über die Flughäute hinaus. Mit ihnen können sich Fledermäuse festhalten und klettern.

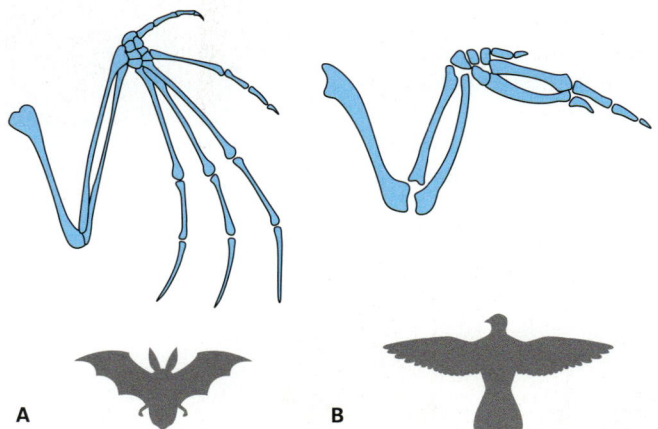

A   **B**

2 Flügelskelette: **A** Fledermaus, **B** Vogel

Du kannst die Echo-Ortung der Fledermäuse beschreiben.
Du kannst Merkmale nennen, die Fledermäuse als Säugetiere kennzeichnen.

Tiere haben Rechte

1 Hausschweine in Freilandhaltung

1. ≡ **A**

a) Beschreibe natürliche Verhaltensweisen von Hausschweinen.

b) Beschreibe und vergleiche mithilfe der Abbildungen und des Textes die Freilandhaltung (Bild 1) und die Mastbetriebhaltung (Bild 4) von Hausschweinen.

c) Beurteile, welche Haltungsform eher den natürlichen Bedürfnissen von Hausschweinen entspricht.

d) „Ich kaufe grundsätzlich Fleisch nur dort, wo es am billigsten ist." Nehmt Stellung zu dieser Aussage.

2. ≡ **Q**

a) Informiere dich über Haushühner und beschreibe deren natürliches Verhalten.

b) Recherchiere die unterschiedlichen Haltungsformen von Hühnern. Bewerte, inwieweit sie dort ihr natürliches Verhalten ausleben können.

c) Die Hühnerhaltung in engen Einzelkäfigen ist in Europa inzwischen verboten. Nenne Gründe, die für dieses Verbot sprechen.

3. ≡ **A**

a) Benenne mithilfe der Abbildung 3 die Informationen, die man dem Stempel auf Eiern entnehmen kann.

b) Nenne Vorteile, die du als Verbraucher dadurch hast.

2 Hühnerhaltung: **A** Freilandhaltung, **B** Kleingruppenhaltung, **C** Bodenhaltung, **D** ökologische Haltung

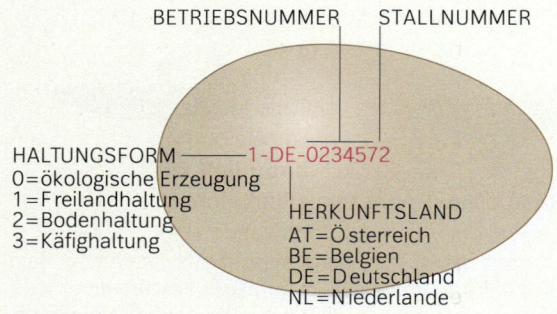

BETRIEBSNUMMER   STALLNUMMER

HALTUNGSFORM ——— 1-DE-0234572
0=ökologische Erzeugung
1=Freilandhaltung
2=Bodenhaltung   HERKUNFTSLAND
3=Käfighaltung   AT=Österreich
                           BE=Belgien
                           DE=Deutschland
                           NL=Niederlande

3 Eiercode

4. **Q**

a) Informiere dich in Supermärkten oder auf dem Wochenmarkt, aus welchen Haltungsformen und Herkunftsländern die Eier kommen. Notiere auch die Preise der angebotenen Eier.

b) Erkläre die Preisunterschiede für Eier aus den unterschiedlichen Haltungsformen.

c) Erläutere, wie du als Verbraucher Einfluss auf die Haltungsform von Hühnern nehmen kannst.

Hausschweine haben Bedürfnisse

Hausschweine leben wie ihre wilden Artgenossen, die Wildschweine, in Familienverbänden und brauchen sehr viel Platz. Sie sind Allesfresser und ernähren sich sowohl von Pflanzen als auch von kleineren Bodentieren und Aas. Bei Hausschweinen in der **Freilandhaltung** kannst du beobachten, dass sie in Gruppen über die Weide ziehen und mit ihrer Schnauze in der Erde nach Nahrung wühlen. Sie suhlen sich gern im Schlammbad, um sich abzukühlen. Ist der Schlamm getrocknet, suchen sie nach geeigneten Scheuermöglichkeiten. Das Scheuern entfernt Schlamm und lästiges Ungeziefer. Schweine sind dennoch sehr saubere Tiere. In ihren eigenen Mist würden sie sich nie legen. In Freilandhaltung können Schweine ihr natürliches Verhalten zeigen.

Hausschweine in Mastbetrieben

Für große Mastbetriebe spielen andere Aspekte eine wichtige Rolle. Um die Kosten für die Fleischproduktion möglichst gering zu halten, werden die Tiere in engen Buchten gehalten. **Mastschweine** sind so gezüchtet, dass sie schnell viel Fleisch ansetzen. Nach einem halben Jahr im Mastbetrieb wiegen sie durchschnittlich 110 kg und sind damit so schwer, dass ihre Beine das Gewicht kaum tragen können. Sie werden mit Viehtransportern zu einem Schlachthof transportiert.

Transporte werden auch aus anderen Gründen durchgeführt. Meist werden Nutztiere nicht im selben Stall geboren, in dem sie anschließend gehalten werden. Während ein Betrieb Ferkel produziert, hat sich ein anderer Betrieb auf die Schweinemast spezialisiert. Die Trennung der Tiere wirkt sich negativ auf ihr Sozialgefüge aus und führt oft zu Verhaltensstörungen.

Tiere haben Rechte

Die artgerechte Tierhaltung wird durch das **Tierschutzgesetz** geregelt. Es gilt nicht nur für Haustiere, sondern auch für alle Nutztiere, die in Zucht- oder Mastbetrieben gehalten werden.

Der Mensch trägt Verantwortung

Beim Einkaufen solltest du beachten: Die Art der Schweinehaltung und die Größe des Mastbetriebes haben Einfluss auf die Qualität und den Preis von Fleisch und Fleischprodukten.

> Du kannst die Bedürfnisse von Nutztieren benennen und die Bedingungen für eine artgerechte Tierhaltung mithilfe des Tierschutzgesetzes erläutern.

4 Schweinebuchten

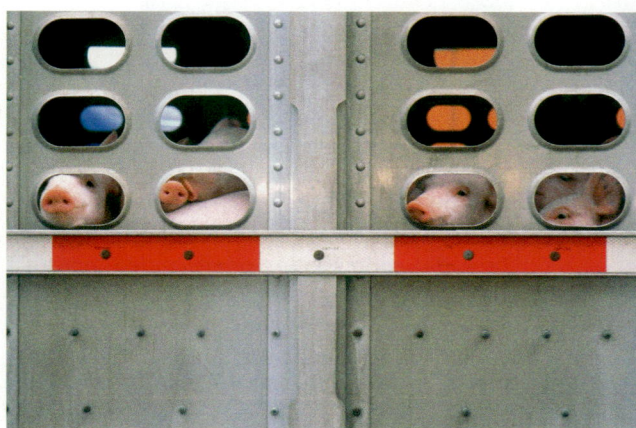

5 Schweinetransport

§ 2 Tierhaltung

Wer ein Tier hält, betreut oder zu betreuen hat,

1 muss das Tier seiner Art und seinen Bedürfnissen entsprechend angemessen ernähren, pflegen und verhaltensgerecht unterbringen,

2 darf die Möglichkeit des Tieres zu artgemäßer Bewegung nicht so einschränken, dass ihm Schmerzen oder vermeidbare Leiden oder Schäden zugefügt werden,

3 muss über die für eine angemessene Ernährung, Pflege und verhaltensgerechte Unterbringung des Tieres erforderlichen Kenntnisse und Fähigkeiten verfügen.

(Auszug aus dem Tierschutzgesetz)

Wie sich Vögel fortpflanzen und entwickeln

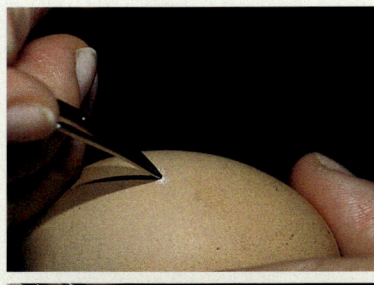

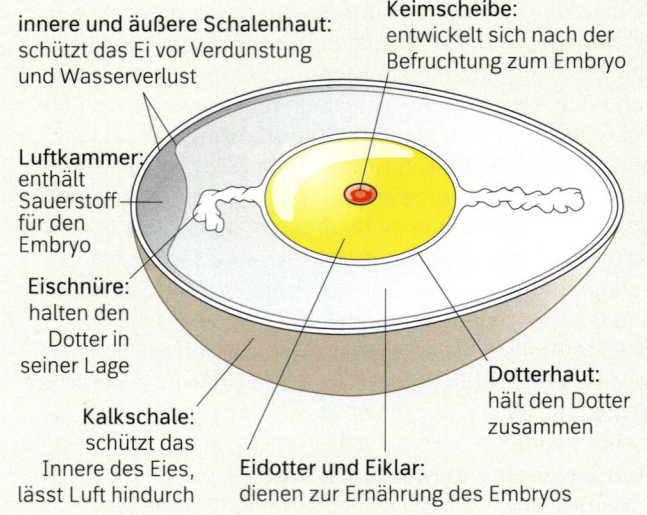

innere und äußere Schalenhaut: schützt das Ei vor Verdunstung und Wasserverlust

Keimscheibe: entwickelt sich nach der Befruchtung zum Embryo

Luftkammer: enthält Sauerstoff für den Embryo

Eischnüre: halten den Dotter in seiner Lage

Dotterhaut: hält den Dotter zusammen

Kalkschale: schützt das Innere des Eies, lässt Luft hindurch

Eidotter und Eiklar: dienen zur Ernährung des Embryos

1 Bau eines rohen Hühnereies

1.
Untersucht ein Hühnerei. Dazu benötigt ihr ein rohes Hühnerei, einen Eierkarton, einen Teelöffel, eine spitze Schere, eine Pinzette, eine flache Schale und eine Lupe.
a) Legt das Ei in den Eierkarton. Klopft mit dem Teelöffel vorsichtig auf die Oberseite des Eies, sodass in der Kalkschale ein kleiner Riss entsteht und die darunter liegende Haut nicht beschädigt wird. Löst mit der Pinzette die Kalkschale Stückchen für Stückchen ab, bis eine Öffnung wie in der Abbildung oben entsteht. Schneidet die Schalenhäute vorsichtig mit der Schere auf.

b) Benennt die Bestandteile des Eies, die ihr durch die Öffnung erkennen könnt. Die Abbildung oben hilft euch.
c) Fertigt eine Zeichnung an. Beschriftet.
d) Dreht das offene Ei leicht hin und her und achtet auf die Lage des Dotters. Beschreibt eure Beobachtung.
e) Gießt den Inhalt des Eies vorsichtig in die Schale. Sucht die Keimscheibe auf der Dotterkugel. Zieht vorsichtig mit der Pinzette an den Eischnüren. Notiert eure Beobachtungen.
f) Haltet ein größeres Stück Eischale mit Schalenhäuten gegen das Licht. Schreibt eure Beobachtungen auf und erläutert die Bedeutung für den Vogelembryo.

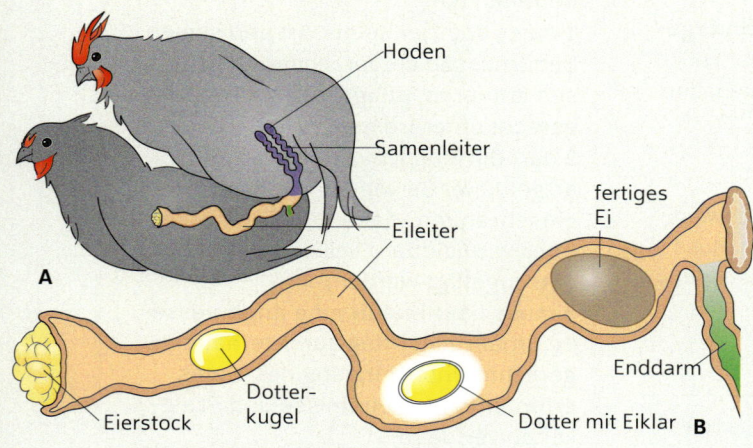

Hoden

Samenleiter

Eileiter

A

fertiges Ei

Dotter-kugel

Eierstock

Enddarm

Dotter mit Eiklar **B**

2 Entstehung Hühnerei: **A** Paarung, **B** Eientstehung

2.
a) Beschreibe die Entstehung eines befruchteten und eines unbefruchteten Hühnereis mithilfe der Abbildung.
b) Erläutere, welche Eier zum Verkauf angeboten werden.

3.
Rechts ist die Entwicklung vom Ei bis zum Küken dargestellt. Schreibe zu jedem Bild einen kurzen erklärenden Text.

4.
Erkläre, warum Vögel ihre Eier ausbrüten können und Eidechsen nicht.

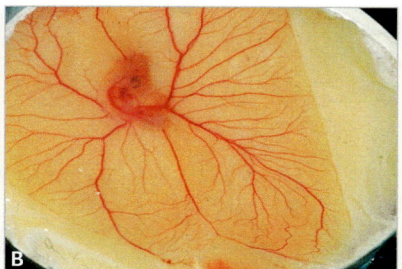
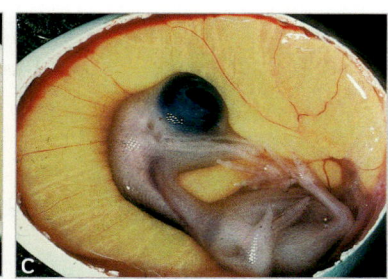

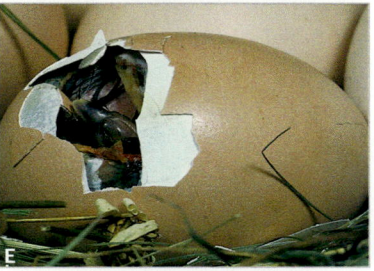

Bildung eines Eies

Zuerst wachsen im Eierstock der Henne winzige **Eizellen** zu Dotterkugeln heran. An deren Oberfläche befindet sich die **Keimscheibe** mit dem Kern der Eizelle. Die Dotterkugeln wandern nun einzeln durch den Eileiter. Nacheinander kommen das Eiklar, die Schalenhäute und die **Kalkschale** dazu. Kurze Zeit später legt die Henne das Ei.

Paarung und Befruchtung

Zur Paarung hockt sich der Hahn auf die Henne und beide pressen ihre Geschlechtsöffnungen aufeinander. Dabei gelangen zahlreiche männliche Geschlechtszellen, die **Spermien,** in den Eileiter und wandern Richtung Eierstock zu einer Dotterkugel. Die Befruchtung ist erfolgt, wenn der Zellkern eines Spermiums mit dem Zellkern einer Eizelle verschmilzt. Nur aus einem befruchteten Ei entwickelt sich ein Küken. Dies geschieht im Körper der Henne, es handelt sich also um eine **innere Befruchtung.**

Bebrüten und Schlüpfen

Der Embryo kann sich nur bei einer Temperatur von etwa 38 °C entwickeln. Daher wärmt die Henne die Eier mit ihrem Körper. Mit dem Schnabel wendet sie die Eier, damit sie gleichmäßig durchwärmt werden. Dabei halten die **Eischnüre** den Dotter so, dass die Keimscheibe immer oben, also nahe der Wärmequelle, bleibt. Aus der Keimscheibe entwickelt sich in etwa drei Wochen das Küken. In dieser Zeit liefern **Dotter** und **Eiklar** alle Nährstoffe zum Wachstum. Am 21. Bruttag drückt das Küken von innen die Kalkschale mit dem Eizahn, einem Höcker auf dem Schnabel, auf und schlüpft.

Du kannst die Entstehung eines Hühnereis beschreiben. Du kannst erklären, warum sich nur aus befruchteten Eiern Küken entwickeln können.

3 Vom Ei zum Küken:
A Dotter mit Keimscheibe,
B Embryo am 6. Bebrütungstag,
C Embryo am 12. Bebrütungstag,
D Embryo am 19. Bebrütungstag
E Aufbrechen der Kalkschale,
F Küken schlüpft, **G** der Flaum trocknet

Vögel im Umfeld des Bauernhofes

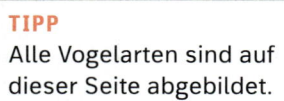

1. 〓 Ⓐ
Nenne Merkmale, die für alle abgebildeten Vögel zutreffen.

2. 〓 Ⓐ
Ordne den abgebildeten heimischen Vogelarten die Namenskärtchen zu. Ein Bestimmungsbuch kann dir dabei helfen.

3. Ⓠ
Erstelle einen Steckbrief zu einem der abgebildeten Vögel.

4. 〓 Ⓠ
Du siehst hier Schnäbel von verschiedenen Vogelarten.
a) Beschreibe die jeweilige Form und stelle Vermutungen an, was die Vögel jeweils fressen.
b) Finde heraus, zu welcher Vogelart die Schnäbel jeweils gehören.

> **TIPP**
> Alle Vogelarten sind auf dieser Seite abgebildet.

5. 〓 Ⓐ
a) Beschreibe anhand der nebenstehenden Abbildung, was im Inneren eines Nistkastens vor sich geht.
b) Begründe, warum man während der Brutzeit nicht in einen Nistkasten schauen darf.

6. 〓 Ⓐ
Bei Jungvögeln unterscheidet man zwischen Nesthockern und Nestflüchtern. Erkläre den Unterschied und finde Beispiele.

7. 〓 Ⓐ
Erläutere, warum in der Zeit von Mitte März bis Ende Juni keine Hecken und Sträucher geschnitten werden dürfen.

1 Amseln: **A** Streit unter Männchen, **B** Eier im Nest,
C brütendes Weibchen, **D** Männchen beim Füttern

Amseln in ihrem Revier

Amseln kannst du bei uns das ganze Jahr über beobachten. Sie sind häufig in Gärten, Parkanlagen und auf dem Schulgelände anzutreffen.

Die Männchen erkennst du an ihrem schwarzen Gefieder und dem gelben Schnabel. Die Weibchen sind dunkelbraun mit dunklem Schnabel. Wie bei allen **Singvögeln** singen nur die Männchen. Sie locken durch ihren Gesang die Weibchen an und markieren damit gleichzeitig ihr Revier. Dringt ein Konkurrent in das Revier ein, wird er mit einem aufgeregten „tschik-tschik-tschik" bedroht. Verlässt er das Revier nicht, gehen die Rivalen mit gespreiztem Gefieder und vorgestrecktem Schnabel aufeinander los. Die Verfolgungsjagd dauert so lange, bis der Eindringling vertrieben ist.

Nestbau und Brutpflege

In einer Hecke formt das Weibchen aus dünnen Zweigen, Grashalmen und feuchter Erde eine Nestmulde, die mit Moos und Laub ausgepolstert wird. In das fertige Nest legt die Amsel vier bis fünf grün-braun gefleckte Eier. Nach zwei Wochen Brutzeit schlüpfen die nackten, blinden und hilflosen Jungvögel. Es sind **Nesthocker.** Sie müssen von den Eltern gefüttert werden. Insekten, Würmer, Spinnen und Raupen dienen als Nahrung. Schon bei der kleinsten Erschütterung des Nestes reißen die Jungvögel die Schnäbel auf. Sie **sperren.**
Nach zwei Wochen verlassen die Jungen das Nest. Sie werden nun flügge. Das heißt, sie beginnen mit den ersten Flugversuchen. Andere Vögel wie Enten oder Hühner können hingegen gleich nach dem Schlüpfen das Nest verlassen und sich selbst ernähren. Sie sind **Nestflüchter.**

Merkmale von Vögeln

Auch andere Vögel wie Kohlmeisen, Zaunkönige, Buntspechte, Buchfinken und Rotkehlchen kannst du das ganze Jahr beobachten. Alle diese Vögel haben viele gemeinsame Körpermerkmale. Ihnen gemeinsam ist ihr Körperbau. Sie haben eine Wirbelsäule, zwei Beine und die vorderen Gliedmaßen sind zu Flügeln umgewandelt. Meist ist ihr Körper stromlinienförmig gebaut. Jedoch können nicht alle Vögel fliegen. Der Vogelkörper ist von Federn bedeckt. Alle Vögel legen Eier, die sie bebrüten und aus denen dann die Jungvögel schlüpfen. Typisch für Vögel ist auch ihr **Schnabel.** Er ist an die jeweilige Ernährungsform angepasst. Mit ihm picken die Vögel die Nahrung auf. Sie öffnen Samen oder fangen Insekten, Fische und andere Beutetiere oder zerreißen Fleisch. Sie können die Nahrung jedoch nicht mit dem Schnabel zerkauen. Aus diesem Grund besitzen Körnerfresser wie der Kernbeißer einen muskulären Kaumagen, in dem die harte Nahrung mithilfe von Steinchen zerrieben wird. Bei fleischfressenden Vögeln zersetzen Säuren die heruntergewürgte Nahrung.

> Du kannst die Merkmale der Vögel benennen. Du kannst typische Verhaltensweisen der Amseln beschreiben. Du kannst den Unterschied zwischen Nesthockern und Nestflüchtern erklären.

Grundbauplan von Blütenpflanzen

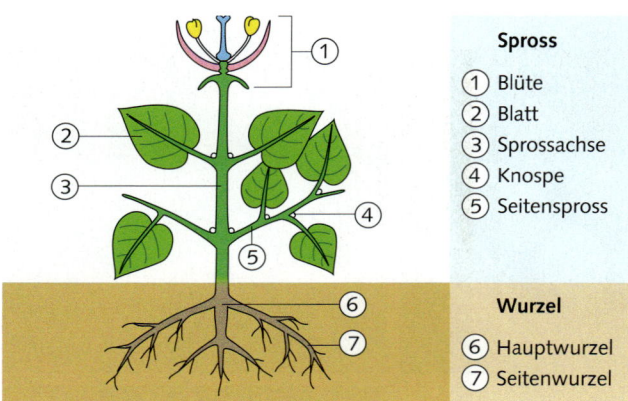

Spross
① Blüte
② Blatt
③ Sprossachse
④ Knospe
⑤ Seitenspross

Wurzel
⑥ Hauptwurzel
⑦ Seitenwurzel

1 Grundbauplan einer Blütenpflanze

1. 🄰
Zeichne den Grundbauplan einer Blüten-pflanze auf ein Blatt und bezeichne die einzelnen Teile mit den richtigen Fach-begriffen.

2. 🄰
Erstelle eine Tabelle mit den Pflanzen-teilen und ihren Aufgaben.

Bauplan von Pflanzen

Pflanzen bestehen aus der **Wurzel** und dem **Spross.** Der Spross ist der Teil der Pflanze, der über der Erdoberfläche wächst. Er besteht aus der Sprossachse und den Seitensprossen mit Laubblättern, Knospen und Blüten. In den Blättern bildet die Pflanze mithilfe des Son-nenlichts energiereiche Nährstoffe. Die Blüten dienen der Fortpflanzung. Aus ihnen entwi-ckeln sich Früchte und Samen. Die Wurzel verankert die Pflanze im Boden. Sie besteht aus Hauptwurzel und Seitenwurzeln. Über die Wurzel nimmt die Pflanze Wasser und darin gelöste Stoffe aus dem Boden auf.

Krautige Pflanzen

Bei krautigen Pflanzen, wie einer Sonnenblu-me, ist meist der ganze Spross grün. Sie leben von einem bis zu mehreren Jahren.

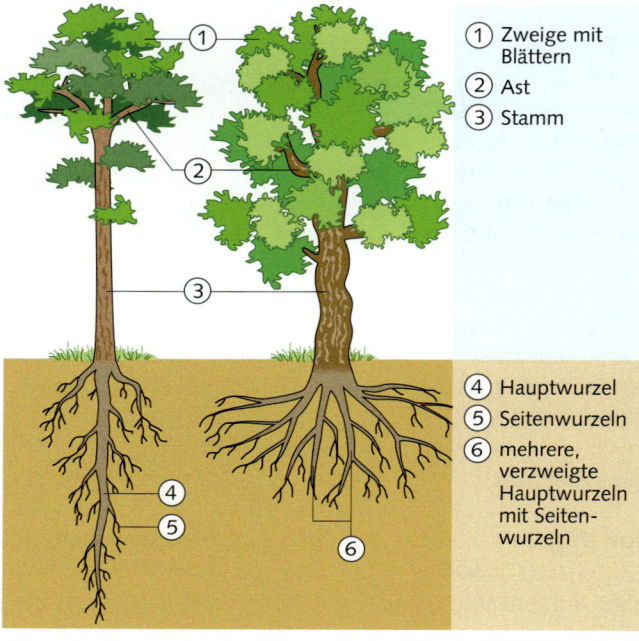

① Zweige mit Blättern
② Ast
③ Stamm

④ Hauptwurzel
⑤ Seitenwurzeln
⑥ mehrere, verzweigte Hauptwurzeln mit Seiten-wurzeln

2 Grundbauplan von Bäumen

Bäume

Bäume wie Eichen oder Kiefern sind Pflanzen, bei denen die Sprossachse **Stamm** genannt wird. Er ist aus Holz. Die Seitensprosse bezeichnet man als Äste, an denen dünnere Zweige mit Blättern wachsen.
Bäume leben viele Jahre. Dabei wird ihr Stamm immer dicker und höher. Eichen können über 1000 Jahre alt und bis zu 50 m hoch werden. Zu den ältesten Bäumen gehö-ren die Mammutbäume. Sie können 4000 Jahre alt und über 100 m hoch werden.

Strauch oder Busch

Ein Strauch oder Busch ist eine Pflanze, bei der sich die Sprossachse direkt über dem Boden in mehrere Holzstämme verzweigt. Von ihnen gehen Zweige mit Blättern aus.

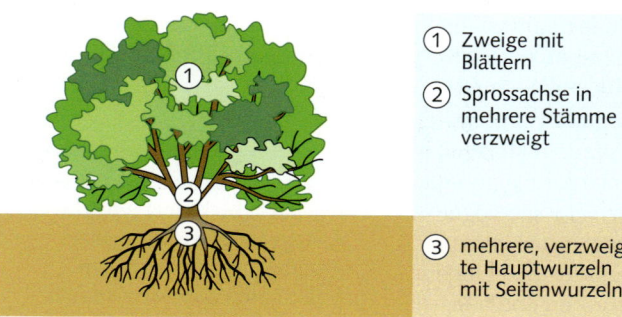

① Zweige mit Blättern
② Sprossachse in mehrere Stämme verzweigt

③ mehrere, verzweig-te Hauptwurzeln mit Seitenwurzeln

3 Grundbauplan eines Strauchs

Sind Pflanzen auch Lebewesen?

1. **A**
Die Abbildung zeigt Gänseblümchen.
a) Beschreibe die Abbildungen.
b) Erläutere, wovon die Veränderung der Blüten abhängig ist.
c) Nenne weitere Beispiele für die hier gezeigten Kennzeichen des Lebendigen.

2. **A**
Eine Buntnessel wurde unter eine Glasglocke gestellt. Das rechte Bild zeigt die Pflanze am folgenden Morgen.
a) Erläutere das Versuchsergebnis.
b) Welches Ergebnis erwartest du, wenn man anstelle der Buntnessel eine künstliche Pflanze aus Stoff verwendet? Stelle eine Vermutung auf und begründe sie.

Pflanzen unterscheiden sich deutlich von Menschen und Tieren. Sie scheinen sich nicht zu bewegen und keine Nahrung zu sich zu nehmen. Sind sie trotzdem Lebewesen? Überprüfen lässt sich diese Frage mithilfe der folgenden **Kennzeichen des Lebendigen**.

Bewegung
Pflanzen können ihren Standort nicht verlassen. Trotzdem bewegen sie sich: Stellt man junge Kressepflanzen ans Fenster, so richten sich die Sprosse mit ihren Blättern zum Licht hin aus. Dreht man die Pflanze anschließend vom Licht weg, so wiederholt sich die Bewegung. Sie verläuft allerdings sehr langsam.

Reizbarkeit
Pflanzen besitzen zwar keine Sinnesorgane wie Augen oder Ohren, dennoch reagieren auch sie auf ihre Umwelt. So erfolgt die Bewegung der Kresse auf den Lichtreiz hin.

Stoffwechsel
Pflanzen nehmen mit den Wurzeln aus dem Boden Wasser und andere Stoffe auf, die sie für ihr Wachstum benötigen. Über die Blätter geben sie Wasser ab und nehmen Stoffe auf. In den grünen Blättern verarbeiten sie diese bei der Fotosynthese mithilfe des Sonnenlichts zu Nährstoffen.

Fortpflanzung
Viele Pflanzen besitzen auffällige Blüten, in denen sich die Geschlechtsorgane befinden. Nach der Befruchtung bilden sich die Samen, aus denen neue Pflanzen entstehen. Daneben gibt es bei Pflanzen auch die ungeschlechtliche Vermehrung, zum Beispiel über Ableger.

Entwicklung
Aus den Samen keimen junge Pflanzen. Sind die Bedingungen günstig, wachsen die Keimlinge heran und entwickeln als ausgewachsene Pflanzen Blüten und später Früchte mit Samen.

Wachstum
Das Wachstum der jungen Pflanzen lässt sich oft gut beobachten. Auch ältere Bäumen wachsen und bilden neue Triebe und Blätter.

> Du kannst begründen, warum Pflanzen Lebewesen sind. Du kannst die Kennzeichen des Lebendigen nennen

Züchtung von Pflanzen

1. ≡ Ⓠ
Nenne Gründe, warum Menschen Tiere und Pflanzen züchten.

2. ≡ Ⓐ
Erkläre die Auslesezüchtung am Beispiel des Kohlrabis.

3. ≡ Ⓐ
Durch Auslesezüchtungen entstanden aus dem Wild-kohl zahlreiche Kohlsorten. Trage in eine Tabelle die abgebildeten Kohlsorten und das geänderte Organ ein. Nimm die Abbildungen der gegenüberliegenden Seite zu Hilfe.

4. ≡ Ⓐ
Die unten stehende Abbildung zeigt eine Kohlsorte, bei der das gleiche Organ wie beim Blumenkohl durch Züchtung verändert wurde.
a) Wie heißt die Kohlsorte?
b) Welches Organ wurde besonders gezüchtet?

vom Wildkohl zum Kohlrabi

5. ≡ Ⓠ
Durch Auslesezüchtung wurden viele Apfelsorten gezüchtet. Allein in Deutschland gibt es über 2000 verschiedene Sorten.
a) Notiert die Sorten in einem Supermarkt.
b) Beschreibt sie und gestaltet ein Plakat.

6. ≡ Ⓠ
Auch bei den Blumen haben Menschen aus Wildformen viele Kulturformen gezüchtet. So gibt es Rosen in vielen Farben und Formen. Fragt in einem Blumenladen, welche Rosensorten es gibt. Wo werden die Rosensor-ten angebaut, die wir in Deutschland kaufen können? Recherchiert im Internet und stellt eure Ergebnisse vor.

Von der Wildpflanze zur Nutzpflanze

Der **Wildkohl**, der in Deutschland heute nur noch auf Helgoland vorkommt, ist ein Beispiel dafür, wie aus einer Wildpflanze eine Nutzpflanze entstanden ist.

Wildkohl wurde schon vor mehr als 4000 Jahren angebaut. Der Mensch bemerkte dabei wahrscheinlich einige Wildkohlpflanzen, die einen dickeren Stängel oder besonders schmackhafte Blätter hatten. Diese Pflanzen wählte er für seine Ernährung aus und baute sie bevorzugt an.

Auslesezüchtung

Die Auslesezüchtung fängt also mit dem Anbau von bestimmten Wildpflanzen an. Nur die Nachkommen der Wildpflanzen, bei denen die gewünschten vorteilhaften Eigenschaften wie zum Beispiel die Größe oder der Geschmack besonders deutlich ausgebildet sind, werden für den weiteren Anbau ausgewählt. Über Samen werden die ausgewählten Pflanzen vermehrt und erneut ausgesät. Dieser Vorgang erfolgt über viele Jahrzehnte.

Der Wildkohl und einige Zuchtformen

Mithilfe der Auslesezüchtung gelang es dem Menschen, zahlreiche neue Kohlsorten zu züchten, die jedoch kaum noch Ähnlichkeit mit dem Wildkohl haben. Aus Wildkohlpflanzen mit besonders wohlschmeckenden Blättern züchtete der Mensch den **Grünkohl**. Aus Pflanzen mit verkürzten und verdickten Nebentrieben entstand der **Rosenkohl**. Bei der Züchtung des **Blumenkohls** und des **Brokkolis** waren Pflanzen mit dickfleischigen Blüten das Zuchtziel. Der **Kohlrabi** wurde aus Formen des Wildkohls gezüchtet, der besonders dicke Stängel ausgebildet hat.

Vielfalt der Sorten

Aus vielen weiteren Wildpflanzen hat der Mensch Nutz- und Zierpflanzen gezüchtet. Aus der Wildform des Apfels entstand durch Auslesezüchtung eine fast unüberschaubare Vielfalt von Apfelsorten. Besonders auffällig ist die Vielfalt der Sorten auch bei Blumen, zum Beispiel bei **Rosen**. Rosen und viele andere Blumenarten werden vor allem in den Entwicklungsländern in Afrika, Asien und Südamerika angebaut.

> Du kannst beschreiben, wie Menschen mithilfe der Auslesezüchtung aus Wildkohl zahlreiche Kohlsorten züchten konnten.

1 Wildkohl und Zuchtformen: **A** Blumenkohl, **B** Rosenkohl, **C** Grünkohl, **D** Kohlrabi

Getreide – Grundlage für viele Lebensmittel

1. ≣ Ⓐ
Beschreibe anhand der Abbildungen und der Texte auf der nebenstehenden Seite die Getreidearten. An welchen Merkmalen kannst du sie unterscheiden?

2. ≣ Ⓐ
Getreidearten liefern die wichtigsten Grundnahrungsmittel für den Menschen. Erstelle eine Mindmap zum Thema „Getreide und daraus hergestellte Produkte". Benutze dazu die Informationen auf der nebenstehenden Seite.

3. ≣ Ⓐ
Welche Teile des Weizenkorns werden für Vollkornmehl verwendet, welche für Auszugsmehl? Welche Vorteile hat Vollkornmehl für die Ernährung? Halte einen kurzen Vortrag.

Fruchtschale
enthält Ballaststoffe, Mineralstoffe

Samenschale
enthält Ballaststoffe, Mineralstoffe

Eiweißschicht
enthält Eiweiß, Mineralstoffe, Vitamine

Mehlkörper
enthält Stärke, Zucker, Eiweiß

Keimling
enthält Fett, Eiweiß, Mineralstoffe, Vitamine

A

B

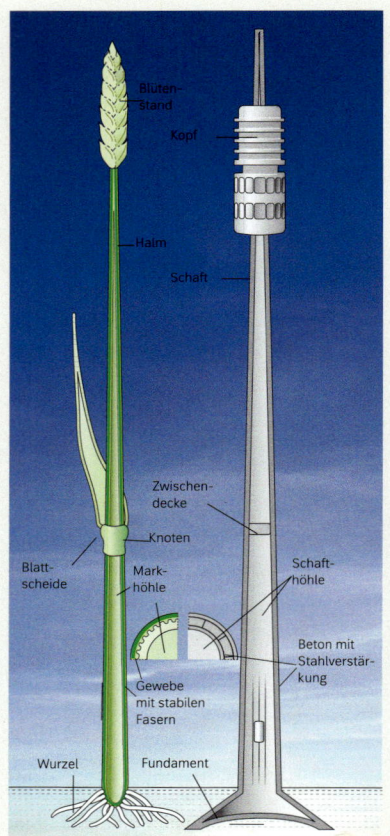

Blütenstand

Kopf

Halm

Schaft

Zwischendecke

Knoten

Blattscheide

Markhöhle

Schafthöhle

Beton mit Stahlverstärkung

Gewebe mit stabilen Fasern

Wurzel

Fundament

4. ≣ Ⓐ
Abbildung A zeigt eine Urform des gezüchteten Weizens (B). Beschreibe und vermute, wie die heutigen ertragreichen Getreidesorten entstanden sein könnten. Welche Merkmale hat der Mensch im Verlauf seiner Zuchtversuche ausgewählt?

5. ≣ Ⓠ
Auch Hirse (C) und Reis (D) zählen zu den Gräsern, die für die menschliche Ernährung von Bedeutung sind. Erstelle Steckbriefe zu beiden Pflanzen.

C

D

1. ≣ Ⓐ
Für Techniker sind Getreidehalme Vorbilder für Bauwerke wie Fernsehtürme. Vergleiche Getreidehalm und Turm. Schreibe auf, welche Ähnlichkeiten bestehen.

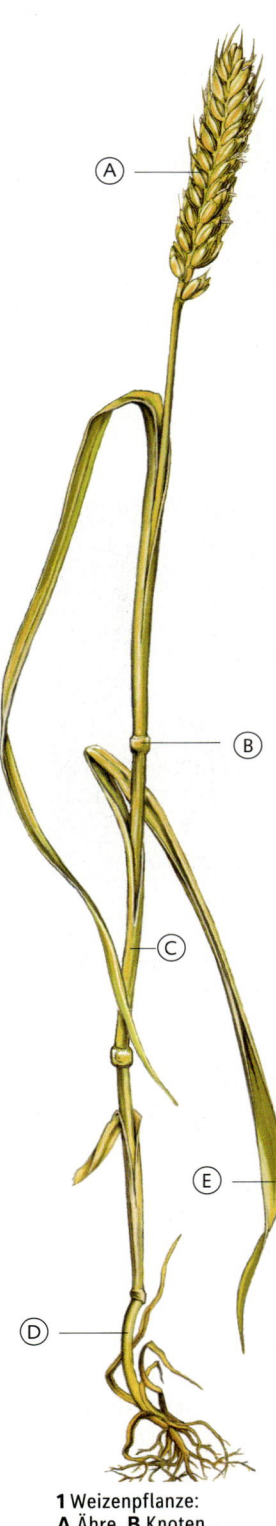

1 Weizenpflanze:
A Ähre, **B** Knoten,
C Blattscheide,
D Halm, **E** Blatt

Körner dienen unserer Ernährung

Seit mehr als 6000 Jahren baut der Mensch **Getreide** an. Genutzt werden vor allem die **Körner**. Mehr als ein Drittel unseres gesamten Nahrungsbedarfs wird aus ihnen gedeckt. Die Körner der Getreidepflanzen speichern Stärke.

Getreide gehört zu den Gräsern

Die Getreidearten gehören zu den **Gräsern**. An einer Weizenpflanze erkennt man alle Merkmale der **Gräser**. Der lange dünne Stängel, der **Halm**, ist wegen seiner elastischen Fasern im Innern so biegsam, dass er an seinem oberen Ende eine große Ähre tragen kann ohne abzuknicken. Er ist innen hohl. Knoten, die dicke Querwände bilden, machen den Halm sehr stabil. Die Umwicklungen des Blattes um den Stängel nennt man **Blattscheiden**. Sie vergrößern die Stabilität zusätzlich.

Vom Korn zum Getreideprodukt

Das aus **Weizen** hergestellte Mehl wird für helles Brot, Nudeln, Gries und Backwaren bevorzugt verwendet. Bei der Mehlherstellung werden Samenschale und Keimling ausgesiebt, man spricht dann vom Auszugsmehl. Beim Sieben gehen viele für die Ernährung wertvolle Bestandteile wie Vitamine, Eiweißstoffe und Ballaststoffe verloren. Dies geschieht nicht, wenn das ganze Korn zu Vollkornmehl vermahlen wird.

Roggen dient ebenfalls als Brotgetreide. Produkte der **Gerste** sind Malz zur Herstellung von Bier und Malzkaffee sowie Graupen. **Hafer** wird zur Herstellung von Haferflocken und als Viehfutter genutzt. In Südostasien gehört **Reis** zu den wichtigsten Grundnahrungsmitteln. Eine weitere Getreideart ist die **Hirse.** Ihre Hauptanbaugebiete liegen in Afrika und Asien. Der **Mais,** eine alte Nahrungspflanze der Indianer, gehört ebenfalls zu den Getreidearten. Er wurde wie die Kartoffel von den Spaniern von Südamerika nach Europa gebracht.

Züchtung und Auslese

Menschen haben gezielt Wildgräser angebaut und daraus erste Kulturformen unserer heutigen Getreidearten gezüchtet. Züchtungsziele waren mehr und größere Körner in einer Ähre auf festem Stängel. Die Körner geeigneter Pflanzen wurden ausgelesen und anschließend weiterkultiviert. So entstanden Getreidearten, die an unterschiedliche Klima- und Bodenbedingungen angepasst sind.

Du kannst erklären, wie die Menschen gezielt Wildgräser angebaut und aus ihnen Kulturformen unserer heutigen Getreidesorten gezüchtet haben.

Roggen

Gerste

Hafer

Mais

2 Getreidearten

Wie Baumdetektive vorgehen

Erste Hinweise

Im Umfeld deiner Schule wachsen viele Bäume und Sträucher. Um ihre Namen herauszufinden, erhältst du hier einige Tipps, die dir die Arbeit erleichtern.

Entscheide zuerst, ob du einen **Baum** mit nur einem Stamm oder einen **Strauch** mit vielen Stämmen vor dir hast.

Manche Bäume oder Sträucher kannst du bereits an ihrer **Wuchsform** erkennen. So hat zum Beispiel eine Eiche eine breit ausladende Krone und knorrige Äste. Eine Fichte dagegen hat eine viel schlankere Krone und ihre Äste wachsen bogenförmig nach oben.

Die Bäume kannst du aufgrund ihrer flachen oder ihrer nadelförmigen Blätter entweder den **Laubbäumen** oder den **Nadelbäumen** zuordnen.

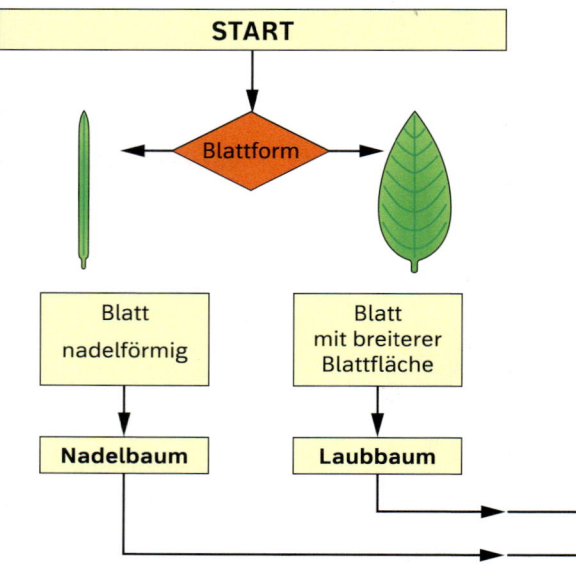

2 Bestimmungsschlüssel für Bäume

Blattgestalt

einfaches Blatt   zusammengesetztes Blatt

paarig gefiedert   unpaarig gefiedert   gefingert

Blattformen

nadel-förmig   läng-lich   lanzett-lich   ellip-tisch   verkehrt eiförmig   herz-förmig   hand-förmig

Blattränder

ganz-randig   wellig   gesägt   doppelt gesägt   gebuchtet   gelappt

1 Blattmerkmale

Blätter verraten viel

Als echter Baumdetektiv wirst du dir dann die **Blätter** genauer ansehen. Entscheide, ob dein Baum **einfache** oder **zusammengesetzte** Blätter hat. Betrachte dann die **Blattformen** genauer und auch die **Blattränder.**

Ermittlungen abschließen

Anhand dieser Merkmale kannst du die Namen einiger einheimischer Bäume herausfinden, wenn du den **Bestimmungsschlüssel** benutzt.

Wenn du die Namen hier nicht findest oder mehr über die Pflanzen herausfinden möchtest, kannst du zusätzlich ein **Bestimmungsbuch** verwenden.

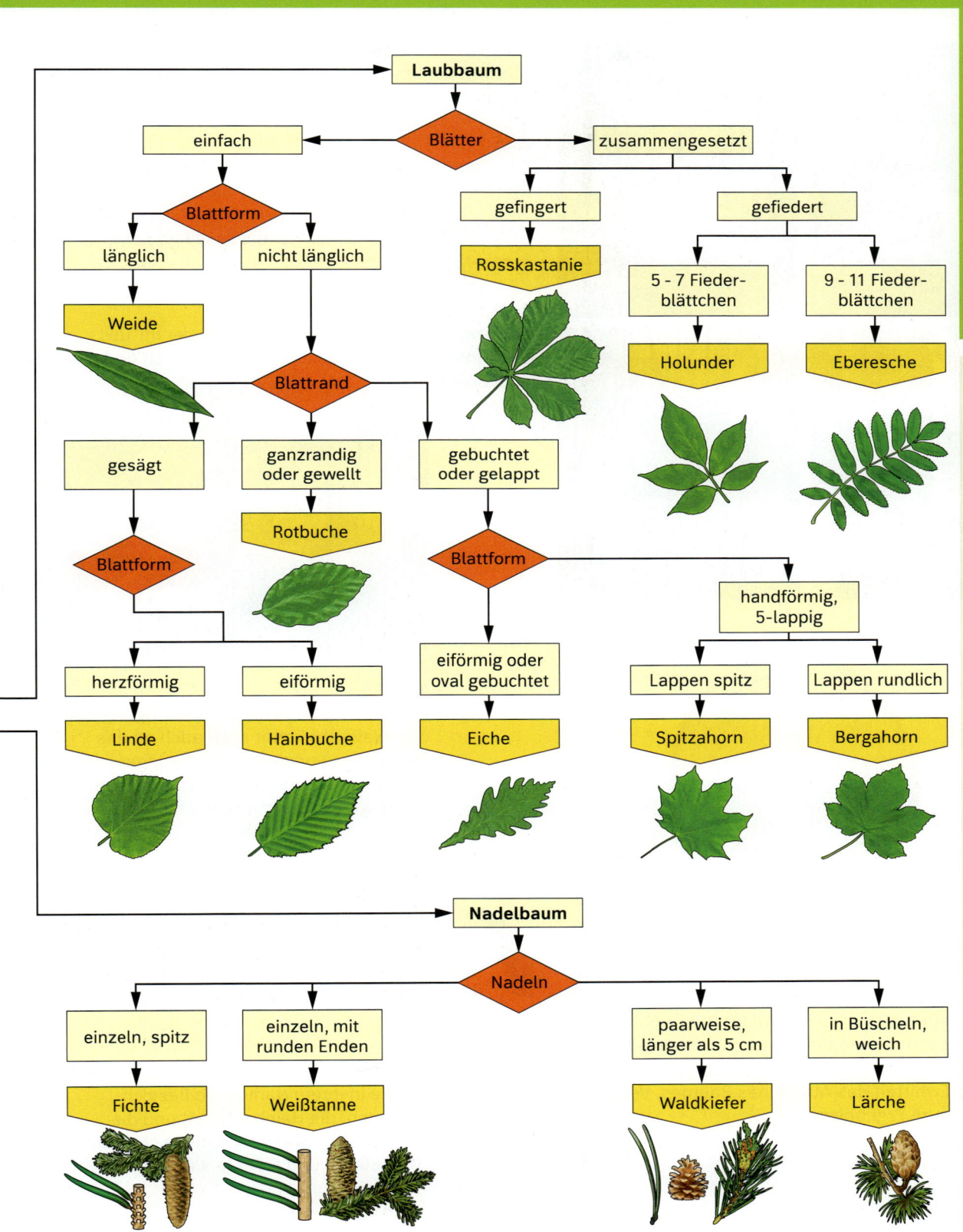

Laubbaum

Blätter

einfach

Blattform

länglich — nicht länglich

Weide

Blattrand

gesägt — ganzrandig oder gewellt — gebuchtet oder gelappt

Rotbuche

Blattform

herzförmig — eiförmig

Linde

Hainbuche

eiförmig oder oval gebuchtet

Eiche

zusammengesetzt

gefingert

Rosskastanie

gefiedert

5 - 7 Fieder-blättchen — 9 - 11 Fieder-blättchen

Holunder

Eberesche

Blattform

handförmig, 5-lappig

Lappen spitz — Lappen rundlich

Spitzahorn

Bergahorn

Nadelbaum

Nadeln

einzeln, spitz — einzeln, mit runden Enden — paarweise, länger als 5 cm — in Büscheln, weich

Fichte

Weißtanne

Waldkiefer

Lärche

Unterwegs im Laubwald

A

B

C

D

1. **A**

Beschreibe den Unterschied zwischen den links abgebildeten Laubwäldern.

2. **A**

Erstelle eine Tabelle zur Schichtung des Waldes.
a) Nenne aus jeder Schicht zwei Pflanzen und zwei Tiere.
b) Erläutere, wie welches Tier die jeweilige Schicht nutzt.

3. **Q**

Recherchiere Informationen zu einem der im Text erwähnten Tiere. Fertige einen Steckbrief an und stelle dein Ergebnis vor.

4. **Q**

Macht mit der Klasse einen Lerngang durch den Wald. Ihr könnt euch auch an das zuständige Forstamt oder die Jägerschaft wenden und einen Termin ausmachen. Überlegt, was ihr mitnehmen müsst.

5. **V**

An einem gefällten Baumstamm könnt ihr das Alter eines Baumes bestimmen. Jeweils ein heller und ein dunkler Ring zusammen entsprechen dem Zuwachs eines Jahres. Der äußere Jahresring ist der jüngste. Ermittelt das Alter eines Baumes. Vergleicht eure Ergebnisse.

A

B

6. **Q**

In Laubwäldern kommen zwei unterschiedliche Baumarten vor, die in ihrem Namen die Bezeichnung „-buche" tragen, die Hainbuche (A) und die Rotbuche (B). Beschreibe die Unterschiede. Achte dabei auf Blätter, Blüten und Früchte. Lege dazu eine Tabelle an.

In jedem Laubmischwald lässt sich eine gewisse Ordnung erkennen, die sich auch bei anderen Waldtypen wiederholt. Die Tiere nutzen die Stockwerke eines Waldes auf unterschiedliche Weise. So können alle gemeinsam darin leben.

Wurzelschicht

In der untersten Schicht des Waldes, der **Wurzelschicht,** sind Bäume und Sträucher in der Erde mit ihren Wurzeln verankert. Sie haben dadurch festen Halt und können über die Wurzeln Wasser und Mineralstoffe aufnehmen. Die Wurzelschicht ist mit Laub bedeckt, das von Regenwürmern und anderen Bodenlebewesen zersetzt wird. Dadurch entsteht ständig neue mineralstoffreiche Erde. Wildschweine suchen im Laub nach Eicheln und Bucheckern. Sie durchwühlen diese Schicht und mischen sie dabei mit dem Waldboden. Unter der Erdoberfläche leben zum Beispiel Rötelmäuse und Käferlarven.

Moosschicht

Auf dem Waldboden in der **Moosschicht** wachsen verschiedene Moosarten und Pilze. Moose werden zwar nur wenige Zentimeter hoch, erfüllen im Wald aber wichtige Aufgaben. Sie speichern Regenwasser und geben es nur langsam an den Boden ab. Viele Kleintiere wie Schnecken, Käfer, Spinnen und Ameisen suchen hier Nahrung und Unterschlupf.

Krautschicht

Die **Krautschicht,** in der verschiedene Gräser und Wildkräuter zu finden sind, wird etwa 1 m hoch. Auch Farne und Keimlinge von Bäumen wachsen hier. Die Zusammensetzung der Kräuter hängt von den jeweiligen Lichtver-

1 Stockwerke im Laubmischwald

hältnissen ab. Pflanzen wie das Buschwindröschen blühen bereits früh im Frühling.
Insekten wie Wildbienen, Fliegen und Schmetterlinge finden in den Blüten Nahrung.

Strauchschicht

In der **Strauchschicht** leben nur Arten, die Schatten vertragen, zum Beispiel Hasel, Holunder, Faulbaum und junge Laubbäume. Je mehr Licht durch die Baumkronen dringt, umso üppiger wachsen sie. Die Sträucher erreichen eine Höhe von etwa 5 m. Besonders auffällig ist eine schmale Zone von Sträuchern am Waldrand. Sie bremst den Wind und schützt den Wald so vor dem Austrocknen. Einige Vogelarten wie Amsel, Buchfink und Zilpzalp nisten in dieser Schicht. Raupen, die sich von den Blättern ernähren, sind eine willkommene Beute für sie.

Baumschicht

Die **Baumschicht** überragt alle anderen Stockwerke des Waldes. Sie kann bis zu 40 m hoch werden. Die Baumkronen der Eichen und Rotbuchen sind häufig höher als die der anderen Baumarten wie Hainbuche, Feldahorn oder Bergahorn. Ganz oben in den Wipfeln nisten Habicht und Mäusebussard. Hier sind sie vor Feinden wie dem Baummarder meist geschützt. In der Baumrinde finden Kleiber und Baumläufer Insekten und andere Kleintiere als Nahrung. Der Buntspecht holt mit seiner klebrigen Zunge Käfer und Larven aus Bohrgängen im Holz.

> Du kannst für jede Schicht des Laubmischwaldes mindestens eine Tierart nennen. Du kannst beschreiben, wie diese Art die Schicht nutzt.

Der Baum als Lebensraum

1. ☰ **Q**

a) Fertige nach den Mustern in Bild 1 die noch fehlenden Kurzsteckbriefe an.

b) Zeichne auf eine große Pappe den Umriss eines Baumes. Gestaltet aus den Steckbriefen und weiterem Bildmaterial eine Collage vom „Lebensraum Baum".

2. ☰ **A**

Beschreibe, wie Eichhörnchen, Eichelhäher, Eichenwickler und Eichengallwespe den Lebensraum Eiche nutzen.

3. ☰ **A**

Stelle in einer Tabelle zusammen, wie unterschiedliche Tierarten die Eiche als Lebensraum nutzen, ohne sich dabei gegenseitig Konkurrenz zu machen.

Teil der Eiche	genutzt von	genutzt als
Baumkrone	Trauerschnäpper	Ausguck zur Insektenjagd
Baumstamm		

4. ☰ **V**

Untersuche im Sommer oder Frühherbst Eichengallen. Zeichne und beschrifte einen Querschnitt.

Schwanz
Rücken
Wange
Scheitel
Flügelbinde
Schnabel
Kehle
Bein
Brust
Bauch

5. ☰ **V**

Beobachte Vögel von einer ruhigen Position aus – möglichst mit dem Fernglas. Nutze die Methode: „Tiere beobachten wie die Profis".

6. ☰ **A**

a) Beschreibe einem Lernpartner einen Vogel, der auf dieser Doppelseite abgebildet ist. Benutze dabei die links angegebenen Begriffe. Dein Lernpartner soll den Vogel erkennen und benennen.

b) Übt dasselbe in getauschten Rollen auch mit Vögeln aus anderen Lebensräumen.

7. ☰ **Q**

Die vom Grünspecht gezimmerten Bruthöhlen finden schon bald „Nachmieter". Recherchiere und beschreibe, wie andere Tiere verlassene Spechthöhlen nutzen.

Lebensraum Baum

Jeder Baum, ob im Wald, im Park, am Straßenrand oder im Garten, bietet vielen Tieren **Nahrung, Unterschlupf** und **Brutraum.**

Die Eiche

Auf einer Eiche finden beispielsweise Eichhörnchen und Eichelhäher nahrhafte Eicheln. Die Raupen des Braunen Bärs oder des Eichenwicklers ernähren sich von Eichenblättern. Eichengallwespen legen ihre Eier in Eichenblätter, die daraufhin die Larven über Eichengallen ernähren.

Konkurrenz vermeiden

Viele Tiere sind auf besondere Bereiche der Eiche **spezialisiert.** So machen sie sich untereinander weniger **Konkurrenz:**

- Der Trauerschnäpper nutzt die obersten Äste der Baumkrone und fängt von dort aus Insekten im Flug.
- Die Blaumeise sammelt in der Baumkrone Insekten von den Blättern ab.
- Der Maikäfer frisst bevorzugt junge Eichenblätter.
- Der nachtaktive Waldkauz nutzt die Eiche am Tag als Ruheplatz.
- Der Baumläufer läuft am Baumstamm empor und sucht in den Ritzen der Borke nach Insekten und deren Larven.
- Die Waldmaus legt ihren Bau im dichten Geflecht der Wurzeln an.

Du kannst an Beispielen beschreiben, wie verschiedene Tiere den Lebensraum Eiche nutzen, ohne sich dabei Konkurrenz zu machen.

Trauer-schnäpper

Baummarder

Blaumeise

Waldkauz

Maikäfer

Brauner Bär

Singdrossel

Waldmaus
Lebensraum: Boden
Nahrung: Insekten, Samen, Früchte
Besonderheiten: klettert und springt gut
Feinde: Eule, Katze, Hermelin

Baumläufer
Lebensraum: Baumstamm
Nahrung: Insekten, Spinnen
Besonderheiten: läuft am Stamm nur aufwärts
Feinde: Sperber, Baummarder

1 Lebensraum Eiche

Tiere beobachten wie die Profis

Vorbereitung

Zur Beobachtung von Tieren müsst ihr euch gut vorbereiten. Drei Dinge solltet ihr vor der Beobachtung klären:

1. Welche Tiere sollen beobachtet werden und wo finde ich sie?
2. Wann ist die beste Beobachtungszeit (Tages- und Jahreszeit)?
3. Welche Kleidung brauche ich (zum Beispiel feste Schuhe oder Regenkleidung)?
4. Welche Ausrüstung brauche ich?

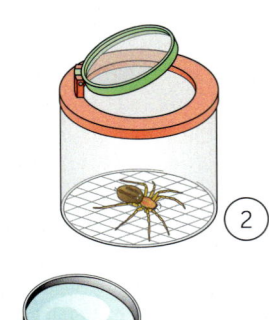

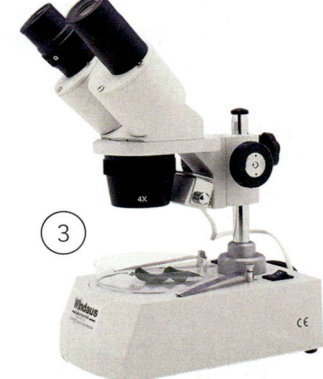

Ausrüstung

Vögel und Säugetiere sind häufig nur auf größere Entfernung zu beobachten. Mit einem **Fernglas** kann man sie „näher" heranholen und so ungestört betrachten. Kleinere Tiere lassen sich mit einer Lupe bestens beobachten. Eine **Leselupe** ① erfüllt häufig schon diesen Zweck. Da viele Tiere wie Insekten oder Spinnen versuchen zu entkommen, eignen sich **Becherlupen** ② hierzu besonders gut. Wenn ihr spezielle Einzelheiten wie Insektenaugen oder Spinnenhaare erkennen wollt, benötigt ihr eine **Stereolupe** ③, die eine starke Vergrößerung ermöglicht. Dieses Instrument ist sehr empfindlich und schwer zu transportieren. Deshalb sollte es besser im Unterrichtsraum verwendet werden. Geräusche oder Tierstimmen wie den Gesang verschiedener Vögel könnt ihr mit dem **Smartphone** oder **MP3-Aufnahmegerät** aufzeichnen und später auswerten.

Verhalten beim Beobachten

Tiere in der freien Natur sind häufig sehr scheu. Deshalb solltet ihr darauf achten, dass ihr sie nicht verscheucht. Wenn ihr euch ruhig verhaltet und keine hastigen Bewegungen macht, habt ihr gute Chancen, Tiere über einen längeren Zeitraum beobachten zu können.

Dokumentation

Kurze, aber exakte Notizen helfen euch, die in der Natur gemachten Beobachtungen zu dokumentieren. Praktisch ist ein **Beobachtungsbogen.**
Bei der Auswertung tragt ihr eure Ergebnisse zusammen und überlegt, wie ihr sie euren Mitschülern mitteilen wollt. Ihr könnt einen **Steckbrief** von Tieren erstellen und Zeichnungen oder Fotos hinzufügen. Ihr könntet auch **Plakate** gestalten, die informativ sind und zugleich das Klassenzimmer verschönern. Zusätzliche Informationen aus Bestimmungsbüchern oder dem Internet können eure Forschungsergebnisse ergänzen.

Beobachtungsbogen
von:
Datum: Uhrzeit:
Wetter:
Tierart:
Lebensraum:

Verhalten/Tätigkeit:

Besondere Beobachtung:

Grasfrosch

Wie Tierdetektive vorgehen

Im Umfeld eurer Schule begegnen euch viele Tiere. Je genauer ihr hinschaut, desto mehr Arten werdet ihr entdecken. Aber wie bekommt ihr heraus, wie sie heißen? Das ist ein Fall für Tierdetektive. Wichtig ist, dass ihr die Tiere möglichst genau betrachtet.

Dabei ermittelt ihr, ob es sich um ein **Wirbeltier** oder ein wirbelloses Tier handelt. Alle Wirbeltiere besitzen ein gegliedertes **Skelett** aus Knochen oder Knorpeln, das sie stützt. Als Hauptstütze dient ihnen eine Wirbelsäule. Alle Fische, Amphibien, Reptilien, Vögel und Säugetiere sind Wirbeltiere.

Kleiber

Maulwurf

Bachforelle

Ringelnatter

Tiere bestimmen

Tiere, die keine Wirbelsäule besitzen, heißen **Wirbellose.** Bei ihnen werden die weichen Körperteile oft durch eine äußere Hülle geschützt und in einer stabilen Form gehalten. So eine Außenhülle kann ein Panzer (zum Beispiel bei Käfern), eine Schale (zum Beispiel bei Schnecken) beziehungsweise eine mehr oder weniger feste Haut (zum Beispiel bei Regenwürmern) sein.

Ein wichtiges Merkmal, das Tierforscher bei der Bestimmung wirbelloser Tiere nutzen, ist die Anzahl der Beine.

Beispielsweise haben alle Insekten sechs Beine und Spinnentiere acht. Ermittelt also zunächst die Anzahl der Beine, um euer Tier zu bestimmen. Der untenstehende **Bestimmungsschlüssel** hilft euch dabei. Um eure Detektivarbeit fortzuführen, benötigt ihr weitere Informationen, die ihr aus bebilderten **Bestimmungsbüchern** oder im Internet beziehen könnt.

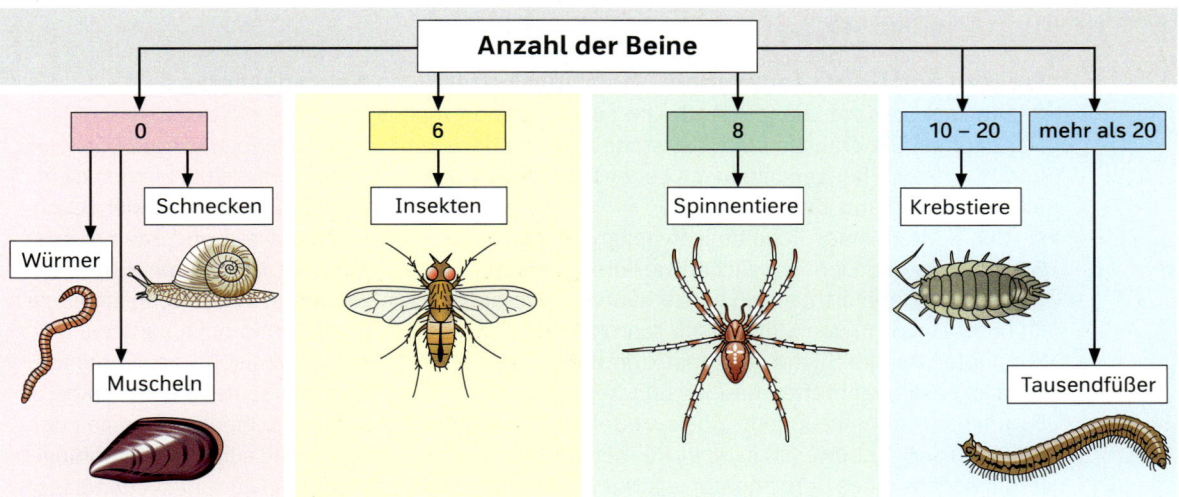

1 Einfacher Bestimmungsschlüssel für Wirbellose

Nahrungsbeziehungen im Wald

1. ≡ Ⓐ
a) Beschreibe die Nahrungskette in Abb.1.
b) Erkläre, warum am Anfang einer Nahrungskette immer grüne Pflanzen stehen.
c) „Auch fleischfressende Tiere sind auf grüne Pflanzen angewiesen." Erläutere diese Aussage.

2. ≡ Ⓐ
a) Zeichne drei Nahrungsketten aus dem Nahrungsnetz in Abb. 2 heraus.
b) Zeige anhand deiner Beispiele, wie Nahrungsketten miteinander verknüpft sind.

3. ≡ Ⓠ
Das Nahrungsnetz in Abb. 2 ist eine vereinfachte Modellvorstellung, die eine von vielen Möglichkeiten beschreibt.
a) Recherchiere weitere Nahrung und weitere Feinde von Blaumeise, Eichhörnchen und Sperber.
b) Nenne Unterschiede zu der Darstellung in Abb. 2.
c) Erläutere, warum man trotz der Abweichung von den tatsächlichen Verhältnissen solche Modellvorstellungen benutzt.

1 Nahrungskette: ──▶ wird gefressen von

Fressen und Gefressenwerden – Nahrungsketten

Pflanzen nutzen die Energie der Sonne zur Produktion von Nährstoffen. Sie brauchen die Nährstoffe zum Überleben und Wachsen. Pflanzen bilden die Lebensgrundlage für alle Menschen und Tiere.
An den Blättern einer Eiche fressen hellgrüne Raupen. Sie sind aus den Eiern des Eichenwicklers geschlüpft. Dass die Raupen nicht gleich ganze Bäume kahl fressen, ist unter anderem den Blaumeisen zu verdanken. Sie hüpfen auf der Suche nach Insekten von Ast zu Ast, entdecken die nahrhaften Raupen und fressen sie. Blaumeisen stehen auf dem „Speisezettel" des Sperbers. Befinden sich Lebewesen in einer Räuber-Beute-Beziehung, sodass eines dem anderen als Nahrung dient, nennt man dies eine **Nahrungskette.**

Nahrungsnetze

Blaumeisen fressen neben Raupen auch Spinnen und Pflanzensamen. Sie selbst werden nicht nur vom Sperber, sondern auch von Waldkauz und Baummarder erbeutet. Der Baummarder wiederum frisst neben Singvögeln auch Eichhörnchen und Waldmäuse. Meist hat ein Tier also mehrere Beutetiere und selbst auch verschiedene Fressfeinde. Diese vielseitigen Verknüpfungen einzelner Nahrungsketten bilden ein **Nahrungsnetz.**

4. ≡ Ⓠ
Recherchiere und erstelle jeweils einen Steckbrief zu Traubeneiche, Grünen Eichenwickler, Blaumeise und Sperber. Nimm den Steckbrief zum Kleiber als Vorlage.

Name:	Kleiber
Aussehen:	kräftiger Schnabel, ...
Nahrung:	in Rindenspalten verborgene Insekten und Insekten-larven; benötigt im Winter ausreichend Baumsamen
Fressfeinde:	zählt zur Nahrung von Sperber und Waldkauz
Brutraum:	Altbaumbestände mit hoch gelegenen Bruthöhlen
Spezialisierung:	kann kopfüber den Stamm hinunterklettern
Überwinterung:	Jahresvogel (Standvogel)

5. ≡ Ⓐ
In manchen Jahren entwickeln sich die Grünen Eichenwickler sehr stark. Stelle Vermutungen an, welche Auswirkungen das auf ihre Fressfeinde, und sie selbst haben wird.

Räuber-Beute-Beziehung

Innerhalb eines Nahrungsnetzes beeinflussen sich Jäger und Gejagte gegenseitig. Vermehren sich zum Beispiel in einem Gebiet Waldmäuse besonders stark, machen ihre Jäger viel Beute und vermehren sich ebenfalls stark. Durch die vielen Jäger sinkt dann wieder die Zahl der Waldmäuse. Durch das geringere Angebot an Beutetieren sinkt anschließend die Zahl der Jäger. Daraufhin steigt die Zahl der Waldmäuse wieder an. Man nennt diese gegenseitige Abhängigkeit **Räuber-Beute-Beziehung.**

> Du kannst die Begriffe Räuber und Beute erklären. Du kannst verschiedene Nahrungsketten des Waldes nennen und sie zu einem Nahrungsnetz zusammenfügen.

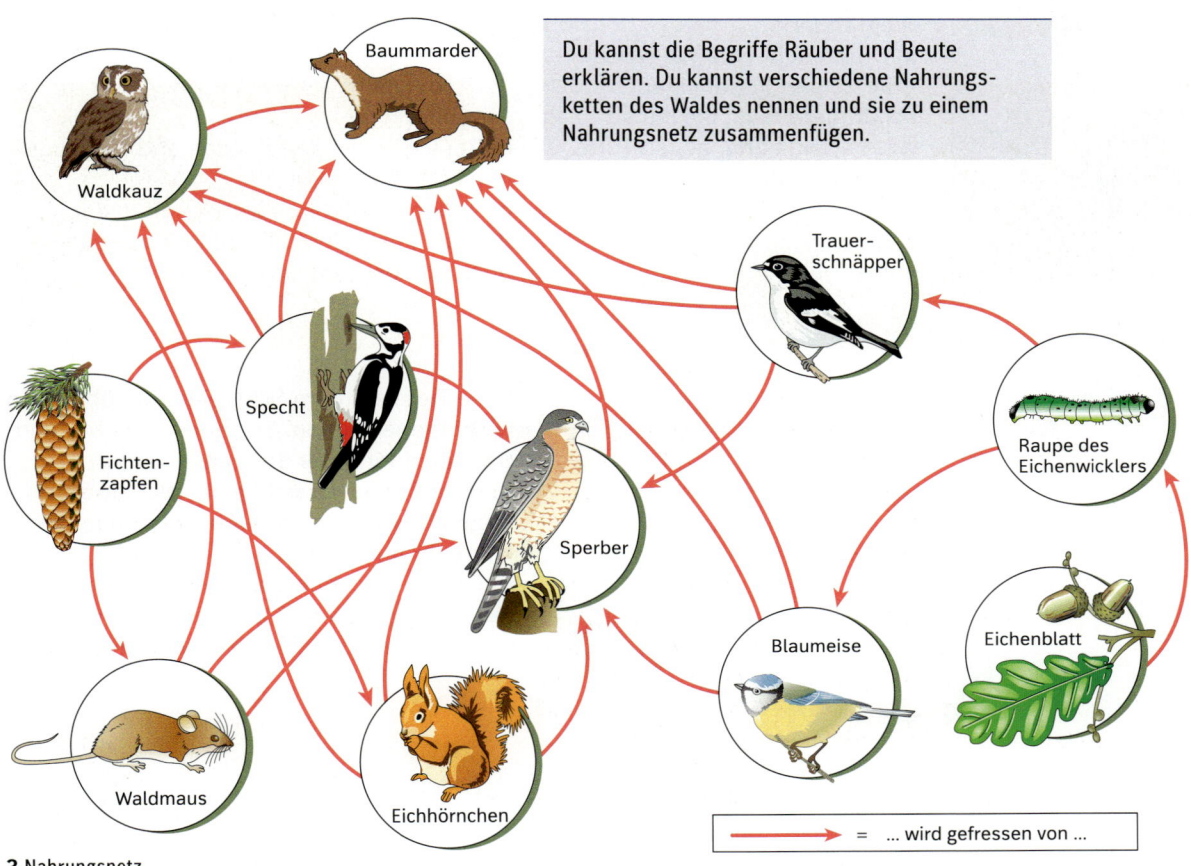

| | = ... wird gefressen von ... |

2 Nahrungsnetz

Was gibt es auf dem Schulgelände?

1. ☰ Ⓐ
a) Die Fotos links zeigen Lebensräume, die auf dem Schulgelände oft zu sehen sind. Benenne sie.
b) Überlege, welche Lebensbedingungen an den unterschiedlichen Standorten herrschen. Nenne Unterschiede.
c) Berichte, über welche Lebensräume euer Schulgelände verfügt.

2. Ⓥ
Bildet Gruppen und untersucht einzelne Lebensräume genauer.
a) Untersucht Lebensbedingungen wie Licht oder Schatten, Temperatur, Bodenfeuchtigkeit oder Wind.
Tipp: Verwendet Messgeräte. Lasst euch die Bedienung von eurer Lehrkraft zeigen.

Lebens-raum	Licht	Tempe-ratur	Feuch-tigkeit	Boden
Rasen	sonnig/ halbschattig	warm/ heiß	gering	...
Pflaster				

b) Bestimmt einige Pflanzen und Tiere aus den Lebensräumen.
c) Nennt besondere Eigenschaften der Pflanzen und Tiere, die ihnen das Leben in dem Lebensraum erleichtern.

3. ☰ Ⓥ
Den links abgebildeten Breitwegerich findet man als typische „Trittpflanze" an Wegrändern.
a) Untersucht eine Wegerich-Pflanze und findet Eigenschaften heraus, die ihn so widerstandsfähig gegen Tritte machen.
b) Sammelt weitere Trittpflanzen. Nennt gemeinsame Merkmale.

4. Ⓥ
Viele Tiere auf dem Schulgelände führen ein verborgenes Leben. Sie leben in Ritzen und Spalten oder unter Steinen.
a) Hebt Steine vorsichtig an. Welche hier abgebildeten Tiere aus der Abbildung links könnt ihr entdecken?
b) Fertigt Steckbriefe an. Erkundet, welche Bedingungen diese Tiere bevorzugen. Denkt an Feuchtigkeit, Temperatur und Helligkeit.

Schnellkäfer

Schnurfüßer

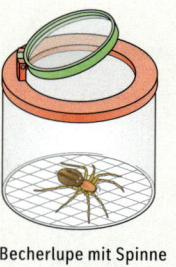
Becherlupe mit Spinne

Kellerassel

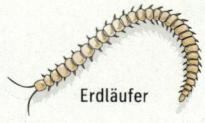
Erdläufer

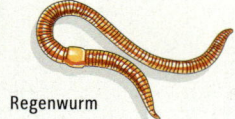
Regenwurm

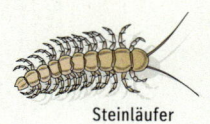
Steinläufer

Ohrwurm

5. ≣ **Ⓥ**

Tragt in eine Zeichnung eures Schulge-
ländes ein, wo sich Grünflächen wie
Rasen oder eine Wiese befinden. Wo
wachsen Kletterpflanzen die Wände
empor? Wo wachsen Laub- und Nadel-
bäume?
Benutzt für die Kartierung Symbole wie in
der Abbildung unten. Erfindet bei Bedarf
weitere eigene Symbole.

6. ≣ **Ⓥ**

Untersucht in Kleingruppen einen
Rasen und eine Wiese. Vergleicht beide
Lebensräume.
a) Ermittelt, wie viele unterschiedliche
Pflanzenarten jeweils auf einem Quad-
ratmeter wachsen.
b) Beobachtet an einem sonnigen Tag,
wie viele Insekten jeweils im gleichen
Zeitraum als Blütenbesucher kommen.
c) Benennt Lebensbedingungen, die
Rasen und Wiese unterschieden.
d) Bewertet die Artenvielfalt beider
Lebensräume.

1 Ein Schulgelände

Lebensräume auf dem Schulgelände

Ein Schulgelände ohne Pflanzen und Tiere ist undenkbar.
Auch dort, wo scheinbar Beton und Stein das Bild bestimmen, finden sich viele verschiedene Lebensräume in
unmittelbarer Nähe eures Klassenzimmers:
Pflasterritzen und Wegränder, Rasen oder Wiesen, einzelne Bäumen oder Hecken, Mauern oder begrünte Hauswän-
de oder sogar ein Schulteich. Dies alles sind Lebensräume,
die ihr erforschen könnt.

Als **Lebensraum** bezeichnet man ein Gebiet, das durch
seine Lebensbedingungen wie Feuchtigkeit, Licht, Boden
und Temperatur von der Umgebung abgegrenzt ist. In
jedem Lebensraum ist eine besondere **Lebensgemein-
schaft** von Pflanzen und Tieren zu finden. Diese sind an
die Bedingungen in ihrem Lebensraum gut angepasst.

Lebensräume untersuchen

Zur Untersuchung und Beschreibung eines Lebensraums
bieten sich viele Möglichkeiten:
- Lage und allgemeine Eigenschaften beschreiben,
  fotografieren oder zeichnen,
- Pflanzen beschreiben und Tiere beobachten und ihr Verhalten beschreiben,
- Lebensbedingungen wie Temperatur, Licht und Feuchtigkeit messen,
- einige Pflanzen und Tiere bestimmen, also mithilfe von
  Bestimmungsbüchern oder anderen Bestimmungshilfen
  die Namen herausfinden.

Um Untersuchungen zu dokumentieren, könnt ihr Plakate
oder Sachmappen gestalten, eine Ausstellung vorbereiten
oder andere Formen der Präsentation wählen.

> Du kannst Lebensräume in der Umgebung der Schule untersu-
> chen. Du kannst Lebensbedingungen und einige Pflanzen und
> Tiere der Lebensgemeinschaft nennen und beschreiben.

Wirbellose Tiere in unserem Umfeld

1. ≡ **A**

Hier sind viele wirbellose Tiere abgebildet. Die Tierarten oder Tiergruppen sind nummeriert. Ordne den im Text genannten Wirbellosen die richtigen Ziffern zu.

2. ≡ **Q**

Nicht zu allen abgebildeten wirbellosen Tieren befinden sich im nebenstehenden Text entsprechende Hinweise. Bestimme die fehlenden Tiere, zum Beispiel Tier 7, mithilfe von Bestimmungsbüchern.

3. ≡ **A**

Im Informationstext werden sechs Gruppen wirbelloser Tiere beschrieben, die du auch in den Abbildungen wiederfindest. Nenne einen Vertreter für jede Gruppe, zu dem es auch eine Abbildung gibt.

4. ≡ **V**

a) Bildet Teams zum Kennenlernen von wirbellosen Tieren. Stellt zusammen, welches Untersuchungsmaterial ihr benötigt. Sucht euch einen Lebensraum in eurer Umgebung aus und ermittelt die dort vorkommenden wirbellosen Tiere.
b) Erstellt zu einigen Arten Steckbriefe. Nutzt das Internet.
c) Tragt eure Ergebnisse der Klasse vor.

Wirbellose Tiere

Wenn Menschen nach Tierarten gefragt werden, denken viele zuerst an Wirbeltiere wie Säugetiere oder Vögel. Doch nur etwa 5 % aller Tierarten gehören zu den Wirbeltieren. 95 % aller Tierarten gehören zu den **wirbellosen Tieren.**

Insekten

Bei einem Gang entlang einer Wiese kann man verschiedene wirbellose Tiere beobachten. Es gibt dort Schmetterlinge, Honigbienen und Hummeln, die von Blüte zu Blüte fliegen. Schwebfliegen „stehen" wie Hubschrauber über den Pflanzen und landen plötzlich auf einer Blüte. Libellen mit großen Augen und schlankem Hinterleib fliegen über die Wiese. Sie jagen kleine Beutetiere. Marienkäfer fressen Blattläuse. Eine Streifenwanze saugt Pflanzensäfte aus einem Pflanzenstängel. Ein Grünes Heupferd stößt sich mit den beiden kräftigen Sprungbeinen und ausgebreiteten Flügeln ab und landet ein paar Meter weiter auf einer anderen Pflanze. Im Gras sitzt ein metallisch grünblau gefärbter Moschusbock. So verschieden die Tiere auch aussehen, sie alle sind Insekten und haben sechs Beine. Weltweit kennt man etwa 1,5 Millionen Arten und ständig werden neue entdeckt.

Spinnentiere

Am Wegrand springt ein kleines Tier fort, das zunächst wie ein Insekt aussieht. Bei genauem Hinsehen entdeckt man jedoch acht Beine. Dies ist ein Kennzeichen für Spinnentiere. Es handelt sich um eine Springspinne. Sie baut kein Fangnetz, sondern erbeutet ihre Opfer im Sprung.

Krebstiere

Unter Steinen verborgen sitzen lichtscheue 5 mm bis 15 mm große Asseln, die vorwiegend von Pflanzenresten leben. Der ursprüngliche Lebensraum dieser Krebstiere dürfte vor vielen Millionen Jahren das Wasser gewesen sein. Auch der Wasserfloh gehört zu den Krebstieren.

Tausendfüßer

Ebenfalls unter Steinen leben Steinläufer. Sie gehören zu den Tausendfüßern. Ihr Körper ist in Kopf und Rumpf gegliedert. Jeder ihrer 15 Körperringe besitzt ein Beinpaar. Steinläufer sind Räuber, die Asseln und Spinnentiere erbeuten. Sandschnurfüßer dagegen haben etwa 50 Körperringe mit jeweils zwei Beinpaaren. Sie ernähren sich von Planzen- und Tierresten.

Weichtiere

An einem feuchten Ort kriecht eine Bänderschnecke. Sie gehört wie Wasserschnecken und Teichmuscheln zu den Weichtieren, die eine Kalkschale bilden.

Ringelwürmer

Der Regenwurm mit dem aus einzelnen Ringen bestehenden Körper lebt im Boden. Er gehört zu den Ringelwürmern.

> Du kannst Beispiele für wirbellose Tiere nennen und sie unterschiedlichen Gruppen und Lebensräumen zuordnen.

2 Wirbellose Tiere:
A Marienkäfer, **B** Springspinne,
C Assel, **D** Steinläufer,
E Bänderschnecke,
F Regenwurm

1 Wirbellose Tiere in ihren Lebensräumen

Der Teich als Lebensraum

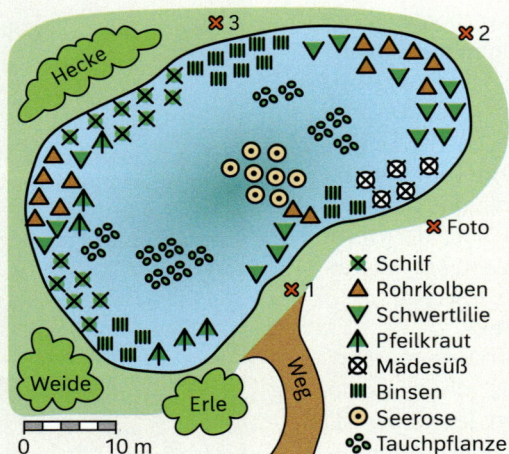

Schilf, Rohrkolben, Schwertlilie, Pfeilkraut, Mädesüß, Binsen, Seerose, Tauchpflanze

0   10 m

1. Ⓥ
Gestaltet in Teams Sachmappen zu einem Teich im Umfeld eurer Schule.
a) Sucht einen nicht zu großen Teich. Zeichnet den Grundriss des Teiches so genau wie möglich auf.
b) Fotografiert charakteristische Merkmale des Teichs und schreibt kurze Erläuterungen zu den einzelnen Fotos. Tragt in eure Zeichnung ein, wo die Fotos gemacht wurden.
c) Legt nun Uferabschnitte fest und bestimmt mithilfe eines Bestimmungsbuchs besonders auffällige oder besonders häufige Pflanzen. Tragt in eure Grundrisszeichnung ein, wo die Pflanzen wachsen. Verwendet für die einzelnen Pflanzenarten jeweils ein anderes farbiges Symbol.
d) Beobachtet, welche Tiere sich an eurem Teich aufhalten und wie sie sich verhalten. Bestimmt einige mithilfe eines Bestimmungsbuchs und notiert die Namen.
e) Fertigt von einigen der von euch gefundenen Pflanzen- und Tierarten Steckbriefe an.

2. Ⓥ
Bildet Teams, um Kleintiere des Teichs zu fangen und zu bestimmen. Hierfür benötigt ihr Kescher, Gläser (zum Beispiel Petrischalen oder kleine Bechergläser), Pinsel, Lupen und Bestimmungsbücher.
a) Zieht den Kescher mehrmals durch das Wasser und übertragt die gefangenen Kleintiere mit dem Pinsel vorsichtig in die mit etwas Wasser gefüllten Gläser. Betrachtet die Tiere mit einer Lupe.
b) Bestimmt einige der Tiere. Schreibt ihre Namen auf. Notiert, ob die Tiere häufig vorkommen oder ob ihr nur wenige Exemplare gefunden habt. Setzt die Tiere anschließend wieder in den Teich zurück.
c) Berichtet in der Klasse, welche Tiere ihr gefunden habt. Erstellt eine Liste aller Tiere geordnet nach der Häufigkeit ihres Vorkommens. Formuliert Vermutungen, warum manche Tierarten so häufig vorkommen.

3. ☰ Ⓐ
Benenne die Pflanzenzonen, die du auf dem Foto erkennst. Schreibe zu jeder Zone mindestens drei unterschiedliche Pflanzenarten auf, die dort wachsen.

Lebensraum Teich

Teiche sind wertvolle Lebensräume mit besonderen Pflanzen- und Tierarten, die wir meist nur an stehenden Gewässern finden. Am Ufer und im Wasser wachsen typische Pflanzen, die man einzelnen Zonen zuordnen kann.

Pflanzen der Röhrichtzone

Den Teich umgibt ein Gürtel verschiedener Pflanzenarten. Hier wachsen zum Beispiel Sumpfdotterblume, Schilfrohr, Rohrkolben, Froschlöffel und Pfeilkraut. Diese Pflanzen sind an das Leben am und im Wasser angepasst. Viele dieser **Sumpfpflanzen** besitzen ausladende oder tiefe Stängel- und Wurzelsysteme, mit denen sie sich im schlammigen Untergrund verankern. Selbst wenn der Wasserspiegel im Sommer sinkt, vertrocknen die Pflanzen nicht. Ihre Blätter sind meist großflächig, dünn und weisen kaum einen Verdunstungsschutz auf.

Tiere der Röhrichtzone

Zwischen den im Wasser stehenden Stängeln findet man im Frühsommer frisch geschlüpfte Molche und Kaulquappen von Fröschen und Kröten. Auch viele Insektenarten wie Libellen leben hier. Die Blaugrüne Mosaikjungfer zum Beispiel erreicht eine Länge von 8 cm und eine Flügelspannweite zwischen 2 cm und 11 cm. Paarungsbereite Libellen vereinigen sich zu einem Paarungsrad und lassen sich an einem Pflanzenstängel nieder. Das Weibchen legt seine Eier dicht unter der Wasseroberfläche an Wasserpflanzen ab. Auf der Wasseroberfläche leben Wasserläufer. Ihre Beine tragen am Ende viele kleine Härchen, die es ihnen ermöglichen, auf dem Wasser zu laufen.

1 Rohrkolben mit Libellen (Paarungsrad)

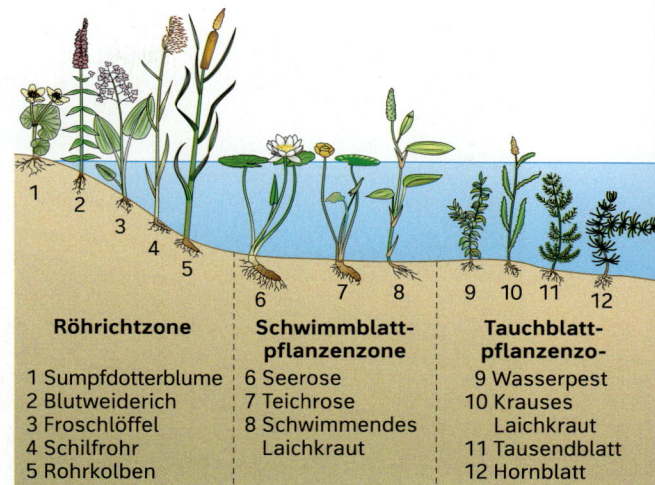

2 Pflanzenzonen eines Teichs

Röhrichtzone	Schwimmblatt-pflanzenzone	Tauchblatt-pflanzenzo-
1 Sumpfdotterblume	6 Seerose	9 Wasserpest
2 Blutweiderich	7 Teichrose	10 Krauses
3 Froschlöffel	8 Schwimmendes	Laichkraut
4 Schilfrohr	Laichkraut	11 Tausendblatt
5 Rohrkolben		12 Hornblatt

Lebewesen der Schwimmblattzone

Die auffälligsten Pflanzen der Schwimmblattzone sind die See- und Teichrosen. Ihre Blätter enthalten luftgefüllte Hohlräume, sodass sie wie ein Schlauchboot auf dem Wasser schwimmen können. Von den Blättern führen lange Stängel zu den Wurzeln, mit denen sie sich im Teichboden verankern. In dieser Zone sind auch Froschbiss und Teichlinsen zu finden. Im Schutz dieser Pflanzen verstecken sich Fische und Molche. Frösche sitzen auf Seerosenblättern, um Insekten zu fangen. Wasserschnecken raspeln von den Pflanzen den Algenbewuchs ab. Im Wasser leben Kleinkrebse wie Wasserflöhe oder Hüpferlinge und viele Insektenlarven.

Lebewesen der Tauchblattzone

In diesem Bereich ist vom Ufer aus kein Pflanzenwuchs erkennbar. Doch gibt es unterhalb der Wasseroberfläche Pflanzen wie Kammlaichkraut, Hornblatt oder Tausendblatt. Sie betreiben wie viele winzige Grünalgen Fotosynthese und liefern den Tieren unter Wasser den lebensnotwendigen Sauerstoff.

> Du kannst die Pflanzenzonen eines Teichs beschreiben und einige der dort jeweils vorkommenden Pflanzen- und Tierarten benennen. Du kannst am Beispiel von Sumpfpflanzen typische Angepasstheiten dieser Pflanzen an ihren Standort darstellen.

Amphibien lieben es feucht

A

1. ≡ Ⓐ
Beschreibe die Fortbewegung der
Frösche im Wasser und auf dem Land.

2. ≡ Ⓐ
a) Beschreibe anhand der Abbildung 2,
auf welche Weise der Frosch Beute fängt.
b) Eine Fliege sitzt still auf einem Seero-
senblatt in Reichweite eines Frosches.
Sie wird nicht gefressen. Erkläre.

3. ≡ Ⓐ
Erläutere, warum du einen Wasserfrosch
nur in der Nähe von Tümpeln, Teichen,
Gräben und feuchten Wiesen findest.

4. ≡ Ⓠ
a) Vergleiche das Skelett des Frosches
mit dem von Eidechsen und Fischen.
b) Zeige, wie das Skelett des Frosches an
seine Lebensweise angepasst ist.

B

C

1 Wasserfrosch:
A Lebensraum,
B Schwimmen und Sprin-
gen,
C Schallblasen

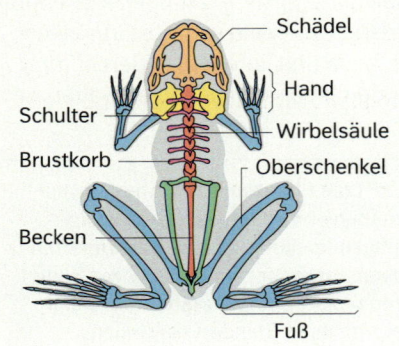

Schädel
Hand
Schulter
Wirbelsäule
Brustkorb
Oberschenkel
Becken
Fuß

Leben zwischen Wasser und Land

An warmen Frühsommerabenden kann man häufig in der
Nähe von Teichen und Tümpeln das laute Quaken von **Wasser-
fröschen** hören. Schallblasen seitlich am Kopf verstärken
die Geräusche. Männchen des Wasserfrosches versuchen
mit ihrem „Froschkonzert" die Weibchen zur Paarung ins
Wasser zu locken. Nähert man sich einem Frosch, springt
er ins Wasser und taucht unter.

Schutz vor Feinden

Wasserfrösche sind hervorragend an ihre Umgebung angepasst. Wenn sie still auf dem Blatt einer Seerose sitzen und auf Beute lauern, erkennt man sie kaum. Wegen ihrer **Tarnfärbung** werden Frösche häufig von ihren Fressfeinden übersehen. Gleichzeitig nimmt der Frosch jede Annäherung eines Feindes wahr. Frösche können gut hören und spüren Erschütterungen des Bodens. Die großen Augen sitzen oben auf dem Kopf und ermöglichen einen guten Rundumblick.

Fortbewegung an Land und im Wasser

An Land bewegen sich Frösche meist hüpfend oder springend vorwärts. Bei Sprüngen drücken sie die langen Hinterbeine kräftig gegen den Boden ab und strecken den Körper. So können sie bis zu einem Meter weit springen. Bei der Landung federn die vorgestreckten kurzen Vorderbeine den Sprung ab. Beim Schwimmen ziehen sie beide Hinterbeine gleichzeitig an und stoßen sie dann kräftig nach hinten. Zwischen den fünf Zehen spannen sich dabei die **Schwimmhäute.** Die kurzen Vorderbeine sind eng an den Körper angelegt. Der Froschkörper nimmt so eine stromlinienförmige Gestalt an.

Frösche „schießen" ihre Beute ab

Die Hauptnahrung der Frösche sind Insekten und Würmer. Die Beute muss aber die passende Größe haben und sich bewegen. Hat ein hungriger Frosch eine Fliege erblickt, verfolgt er sie zunächst mit den Augen. Befindet sie sich im richtigen Abstand, schleudert er blitzschnell seine Zunge heraus. Die Fliege bleibt an der klebrigen **Klappzunge** haften. Anschließend wird die Zunge zurückgezogen und die Beute unzerkaut verschluckt. Frösche haben keine Zähne.

2 A – B: Beutefang beim Wasserfrosch

Wie Frösche atmen

Frösche können lange Zeit tauchen. Im Wasser gelangt der Sauerstoff direkt durch die dünne Haut in die Blutgefäße. Eine solche Atmung bezeichnet man als **Hautatmung.** An Land atmen die Frösche zusätzlich mit der Lunge. Dabei saugen sie die Luft durch die Nasenlöcher in den Mundraum. Anschließend wird die Luft in die Lungen heruntergeschluckt. Frösche sind also auch **Lungenatmer.** So können sie im Wasser und auf dem Land leben.

Frösche sind Amphibien

Frösche gehören wie Kröten, Unken, Salamander und Molche zu den Amphibien. Man nennt diese Tiergruppe auch **Lurche.** Frösche halten sich wie alle anderen Lurche außerhalb des Wassers meist dort auf, wo es feucht ist. Der Schleim aus den Schleimdrüsen schützt die dünne, empfindliche Haut und ermöglicht die Hautatmung. Daher werden Lurche auch als **Feuchtlufttiere** bezeichnet. Ihre Körpertemperatur passt sich der Umgebungstemperatur an. Lurche sind **wechselwarme Tiere.**

> Du kannst typische Merkmale der Amphibien am Beispiel eines Frosches benennen. Du kannst Körperbau und Lebensweise der Frösche beschreiben.

Basiskonzept S. 199

Aus Kaulquappen werden Frösche

1. ≡ Ⓐ
Stelle in einem Verlaufsschema dar, wie sich aus Froschlaich Frösche entwickeln. Nutze die Abbildung 1 und den Informationstext.

2. ≡ Ⓐ
Kaulquappen müssen etwa ab der 10. Woche öfter zur Wasseroberfläche schwimmen. Erläutere.

3. ≡ Ⓐ
Vergleiche Körperbau, Fortbewegung, Atmung und Ernährung von einem Frosch und einer Kaulquappe. Fertige dazu eine Tabelle nach folgendem Muster an.

	Frosch	Kaulquappe
Körperbau		
Fortbewegung		

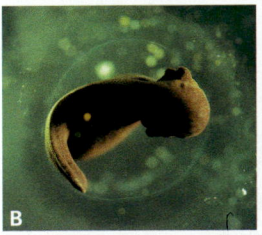

1 Grasfrosch:
A Paarung,
B Embryo,
C Kaulquappe (etwa zwei Wochen),
D Kaulquappe (etwa zehn Wochen),
E junger Frosch

Fortpflanzung der Grasfrösche

Grasfrösche werben im Frühjahr lautstark um Weibchen. Wird ein Weibchen angelockt, springt das Männchen auf dessen Rücken und umklammert es mit den Vorderbeinen. Kurz darauf legt das Weibchen bis zu 4000 Eier ins Wasser ab, den Laich. Gleichzeitig stößt das Männchen Spermienflüssigkeit aus, die die Eier befruchtet. Dies geschieht außerhalb des Körpers des Weibchens. Es handelt sich um eine **äußere Befruchtung.** Jedes Ei ist von einer Gallerthülle umgeben, in der sich der Embryo entwickelt.

Kaulquappen leben im Wasser

Nach ein bis zwei Wochen schlüpft eine etwa 6 mm lange Larve, die **Kaulquappe.** Zunächst ernährt sie sich von der Eihülle. Mit zunehmender Größe wächst ihr Ruderschwanz, mit dem sie sich fortbewegt. Sie atmet mithilfe büschelartiger Außenkiemen am Kopf. Nach etwa drei Wochen entstehen Innenkiemen wie bei Fischen. Mit feinen Hornzähnchen raspelt die Kaulquappe den Algenbelag von Pflanzen und Steinen ab. Nach gut fünf Wochen ist sie etwa 4 cm lang. Die Hinterbeine beginnen zu wachsen. Erst danach entwickeln sich die Vorderbeine. Bei Molchen entwickeln sich zuerst die Vorderbeine. Danach bilden sich die Kiemen zurück, und die Lungen beginnen zu atmen.

Vom Wasser ans Land – der Frosch

Nach etwa zwölf Wochen hat sich aus der Kaulquappe ein etwa 2 cm langer Frosch entwickelt. Diesen Gestaltwandel bezeichnet man als **Metamorphose.** Der junge Frosch geht jetzt an Land. Er ernährt sich von Insekten, Würmern und Schnecken. Nach drei Jahren können sich Grasfrösche fortpflanzen. Sie werden über zehn Jahre alt.

> Du kannst die Fortpflanzung und Entwicklung eines Grasfrosches beschreiben. Du kannst den Begriff Metamorphose am Beispiel des Grasfrosches erklären.

Tiere bestimmen: Amphibien

Wenn du den Namen einer Tierart bestimmen willst, kannst du einen **Bestimmungsschlüssel** benutzen. Dieser enthält Beschreibungen besonderer Merkmale und manchmal auch Abbildungen.

Wie gehst du vor, wenn du zum Beispiel den Namen einer Lurchart bestimmen willst? Beginne beim Startpunkt. Du kannst dich dann jeweils zwischen zwei Möglichkeiten entscheiden. Erkennst du die Merkmale richtig, gelangst du von Entscheidung zu Entscheidung schließlich zum Namen der Tierart.

METHODE

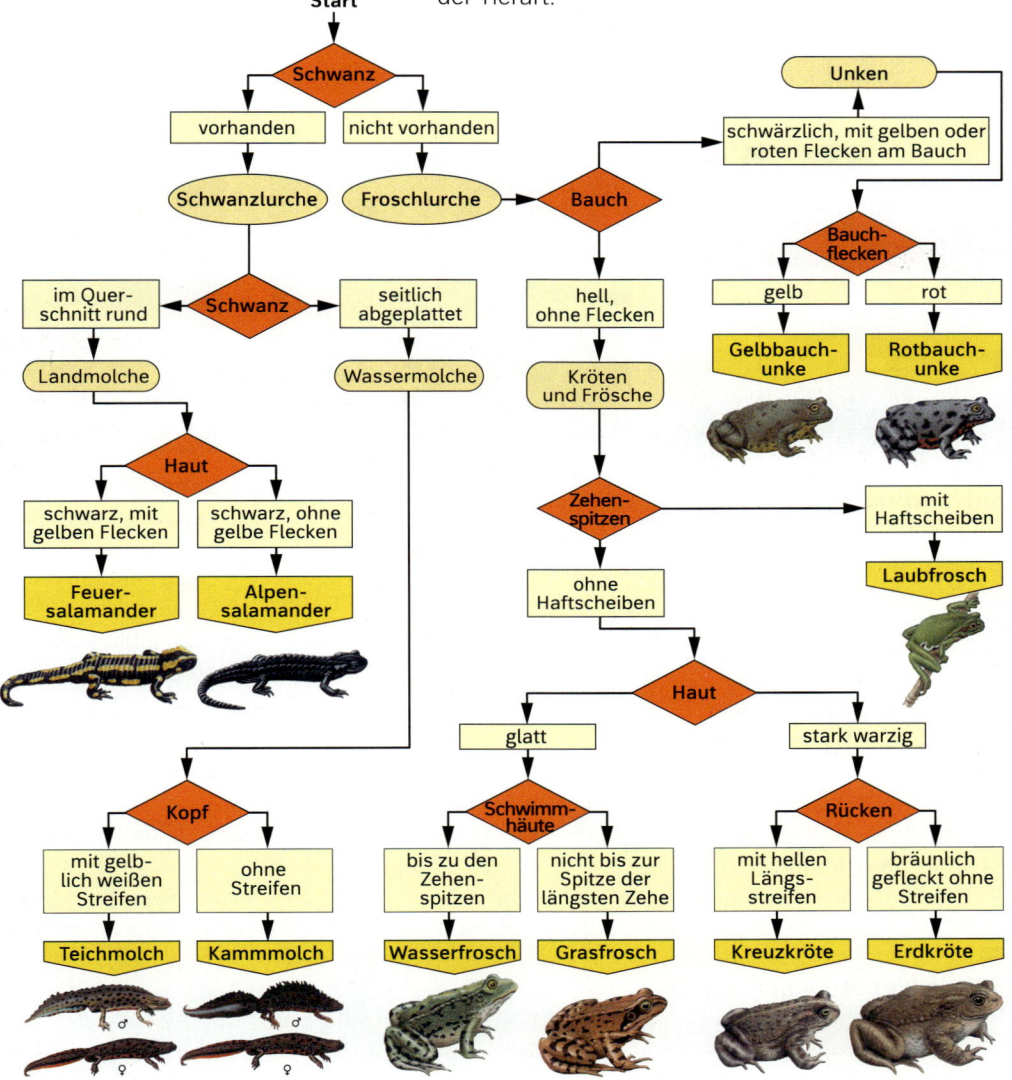

♀ weiblich
♂ männlich

---

1. ☰ Ⓐ
Arbeitet paarweise zusammen und betrachtet die beiden Pinnwände Froschlurche und Schwanzlurche.
a) Bestimmt mithilfe dieses Bestimmungsschlüssels die Artnamen der dort abgebildeten Lurche.
b) Schreibt einen Bestimmungsweg für den Bergmolch. Notiert jede einzelne Entscheidung.

2. ☰ Ⓐ
Gib an, wodurch sich Schwanzlurche von Froschlurchen unterscheiden.

3. ☰ Ⓐ
Nenne ein Merkmal, durch das sich Frösche und Kröten unterscheiden.

Basiskonzept S. 199

Gefahren für Amphibien

Straßen in Laichgebieten

Während der Laichwanderung ziehen Amphibien von den Winterquartieren zu den Laichgewässern. Oft müssen sie dabei vielbefahrene Straßen überqueren. Dabei werden jedes Jahr Tausende von Amphibien überfahren.

Schutzmaßnahmen

Straßensperren und Krötenzäune verhindern, dass die Amphibien überfahren werden. An den Zäunen müssen die Tiere eingesammelt und über die Straße getragen werden. Langfristig helfen Tunnelröhren, die unter der Straße hindurchführen.

Tourismus und Freizeitsport

Amphibien werden durch Freizeitaktivitäten wie Baden und Camping gestört oder vertrieben. Viele ursprüngliche Uferlandschaften wurden zerstört.

Schutzmaßnahmen

Uferzonen können als Naturschutzgebiete ausgewiesen werden. Tiere dürfen nicht gestört werden. Das Fangen von Amphibien ist verboten. Auch ihr Laich darf nicht entfernt werden.

Trockenlegen von Feuchtgebieten

Durch Industriegebiete, Wohnsiedlungen und intensiv betriebene Landwirtschaft wurden viele Feuchtgebiete vernichtet. Dünger und Pflanzenschutzmittel reichern sich in Böden und Gewässern an.

Schutzmaßnahmen

Den Amphibien müssen Ersatzlebensräume angeboten werden. Dazu gehören auch Schul- oder Gartenteiche. Informationen dazu gibt es bei Naturschutzbehörden, den Stadt- oder Gemeindeverwaltungen oder bei Umweltschutzgruppen.

1. ≣ Ⓐ
Begründe, warum heute die meisten Amphibienarten gefährdet sind.

2. ≣ Ⓠ
a) Nenne für bestimmte Amphibienarten die Lebensräume, die sie im Laufe eines Jahres benutzen.
b) Erkläre, welche besonderen Gefährdungen sich daraus ergeben.

3. ≣ Ⓐ
a) Beschreibe mithilfe der nebenstehenden Abbildung die Wanderung der Grasfrösche.
b) Begründe ihr Wanderungsverhalten.

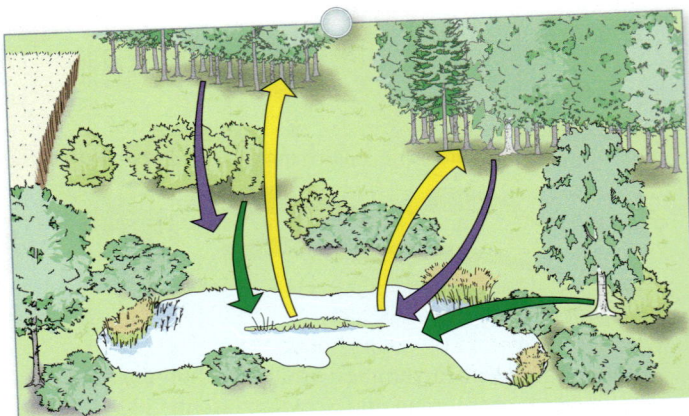

Wanderung der Grasfrösche

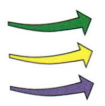

→ Laichwanderung im März
→ Sommerwanderung im Mai
→ Herbstwanderung im September

Wir schützen Amphibien

1 Wandernde Erdkröten

Die meisten Amphibien wandern im Frühling von ihren Winterquartieren zu den Laichgewässern. Viele von ihnen werden dabei überfahren. Um den Lurchen zu helfen, könnt ihr mit der Naturschutzbehörde oder einer Naturschutzgruppe (NABU oder BUND) zusammenarbeiten. Erkundigt euch nach Betreuern eines Krötenzaunes. Überlegt euch, wie ihr über eure Arbeit berichten könnt. Ihr könnt zum Beispiel Plakate erstellen. Verwendet dazu eure Steckbriefe, Notizen, Zeichnungen, Karten und Fotos.

TEAM ❶
Lurche bestimmen

Begleitet die Betreuer eines Krötenzauns bei der Arbeit. Helft beim Einsammeln und Bestimmen der Amphibien. Zeichnet oder fotografiert die Tiere. Fertigt Steckbriefe an. Folgende Fragen helfen euch bei der Arbeit:

- Wie lassen sich verschiedene Arten unterscheiden?
- Welche auffälligen Merkmale weisen sie auf?
- Welche Unterschiede gibt es zwischen männlichen und weiblichen Tieren?

TEAM ❷
Einen Krötenzaun erkunden

Befragt einen Betreuer, der sich um den Krötenzaun kümmert, über die Anlage eines solchen Zaunes. Macht euch Notizen, fertigt Zeichnungen an oder fotografiert. Folgende Fragen könnten gestellt werden:

- Wie werden Amphibien gefangen?
- Wie viele Tiere sind es zum Beispiel in einer Woche?
- Warum steht der Fangzaun nur auf einer Straßenseite?
- Welchen Einfluss hat das Wetter auf die Wanderung der Amphibien?

TEAM ❸
Den Lebensraum der Amphibien erkunden

Durchstreift mit einem Betreuer die Landschaft beiderseits der Straße, an der ein Krötenzaun aufgebaut ist. Sucht nach am Boden wandernden Amphibien. Passt auf, dass ihr nicht auf die Tiere tretet. Lasst euch das Winterquartier und das Laichgewässer zeigen. Macht euch Notizen, fotografiert und zeichnet Karten.
Folgende Fragen helfen euch bei der Arbeit:

- Wie weit liegen Winterquartier und Laichgewässer auseinander?
- Wie sieht das Laichgewässer aus?
- An welchen Stellen wurde der Laich abgelegt?
- Wie sieht der Laich aus?
- Wie verhalten sich männliche und weibliche Amphibien?

> **HINWEIS**
> Denkt daran: Bei der Arbeit an Straßen immer eine Warnweste anziehen!

2 A – C Arbeit am Krötenzaun

LERNEN IM TEAM

Basiskonzept S. 199

Naturschutz fängt vor der Haustür an

1. ≡ Ⓐ
a) Betrachte den Oberlauf und den Unterlauf des Baches in Abbildung 1. Notiere die Unterschiede.
b) Beurteile die Lebensqualität für Pflanzen und Tiere in beiden Lebensräumen.

2. ≡ Ⓐ
Erkläre, warum die Arbeit von Naturschutzverbänden so wichtig ist.

3. Ⓠ
Drei Schüler stehen vor einem verwitterten Schild. Es ist nicht mehr zu lesen, wie Besucher sich im Wald verhalten sollen. Entwirf ein neues Schild mit den wichtigsten Hinweisen.

4. Ⓠ
a) Wähle ein gefährdetes heimisches Wildtier, zum Beispiel Biber (A), Luchs (B), Wolf (C) oder Fischotter (D). Finde heraus, weshalb sein Bestand gefährdet ist und schlage geeignete Schutzmaßnahmen vor.
b) Überlege, wer sich durch diese Schutzmaßnahmen beeinträchtigt fühlen könnte und begründe dies.

5. Ⓠ
Zeichne einen Garten, in dem sich Igel, Frösche, Kröten, Insekten und verschiedene Vögel wohlfühlen. Informiere dich zuerst über die Lebensweise und die Bedürfnisse dieser Tiere.

6. Ⓠ
a) Stelle ein Naturschutzgebiet in deiner Umgebung vor. Berichte, welche besonderen Regeln in diesem Gebiet gelten.
b) Erkläre, warum dieser Lebensraum unter besonderem Schutz steht.

Bach ist nicht gleich Bach

Wenn du dem Bachlauf auf dieser Seite folgst, siehst du in Abbildung 1B, dass der Bach in diesem Bereich, dem **Unterlauf,** sehr gradlinig verläuft. Die Ufer sind gemäht und das Wasser kann sehr schnell fließen. Rechts und links liegen Viehweiden und stark gedüngte Wiesen. Die Ausscheidungen der Tiere und Düngerreste werden mit dem Regen in den Bach gespült. Lebewesen sind in diesem Teil kaum zu finden, da sie diese Verschmutzung nicht vertragen.

Abbildung 1A zeigt den **Oberlauf** des Baches. Auch er war früher begradigt. Vor Jahren hat jedoch eine Naturschutz-organisation in mühevoller Arbeit den Bach **renaturiert,** das heißt, wieder in seinen alten Zustand versetzt. Der Bach schlängelt sich jetzt natürlich durch die Landschaft. Steine liegen im Bachbett. Die angrenzenden Flächen werden weder als Viehweide noch als Ackerfläche genutzt. Damals haben Schülerinnen und Schüler einer benachbar-ten Schule Schwarzerlen gepflanzt. Die Wurzeln befestigen das Ufer und bieten gleichzeitig Halt und Versteckmöglich-keiten für Fische und andere Bachbewohner. Die Baumkro-nen spenden Schatten. Das Laub bietet eine Nahrungs-grundlage für Tiere im Bach.

Naturschutzarbeit ist notwendig

Natürliche Lebensräume verschwinden, wenn neue Gebäude oder Straßen gebaut werden. So werden natürli-che Lebensräume von Pflanzen und Tieren eingeschränkt oder vernichtet. Hier setzt **Naturschutzarbeit** an. Manche Menschen machen auf diese Entwicklung aufmerksam und sorgen sich um die Pflege und den Erhalt von Lebensräu-men. Sie setzen sich dafür ein, dass die natürliche Vielfalt der Pflanzen und Tiere in ihren Lebensräumen erhalten bleibt.

Selbst aktiv werden

Auch du kannst dich in Naturschutzprojekten engagieren und dazu beitragen, dass Lebensräume für Pflanzen und Tiere geschützt und erhalten werden. Umwelt- und Natur-schutzverbände wie der NABU und der BUND bieten Aktionen für Kinder und Jugendliche an: So werden bei-spielsweise Gärten naturnah gestaltet und bieten Igeln und anderen Tieren Nahrung und Überwinterungsmöglich-keiten. Selbst gebaute und aufgehängte Fledermauskästen bieten den Tieren ungestörte Schlafplätze.

> Du kannst erklären, warum Naturschutzarbeit wichtig ist und Schutzmaßnahmen für einheimische Wildtiere beschreiben.

1 Bachlauf: **A** renaturierter Oberlauf, **B** begradigter Unterlauf

Basiskonzept S. 199

Reptilien – einmal mit, einmal ohne Beine

1. ≡ Ⓐ
Beschreibe anhand der Abbildung, wie sich Eidechsen fortbewegen.

2. ≡ Ⓐ
Die Abbildungen rechts zeigen Stationen aus der Entwicklung von Zauneidechsen. Beschreibe die Abbildungen.

A   B   C

3. ≡ Ⓠ
Informiere dich in Tierbüchern, Lexika und im Internet.
a) Erstelle einen Steckbrief von der Zauneidechse, in dem besonders die Merkmale der Angepasstheit an den Lebensraum enthalten sind.

b) In warmen Ländern gibt es mehr und größere Reptilienarten als bei uns. Nenne Gründe für diese Erscheinung und nenne Beispiele dafür.

4. ≡ Ⓐ
Vergleiche das Skelett einer Schlange (A) mit dem Skelett einer Eidechse (B). Welche Gemeinsamkeiten, welche Unterschiede kannst du feststellen? Fertige eine Tabelle an.

5. ≡ Ⓐ
Eidechsen und Schlangen sind Wirbeltiere. Erkläre diese Aussage anhand der Abbildungen A und B.

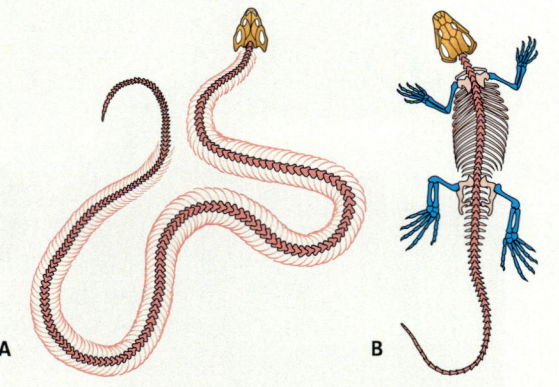

A   B

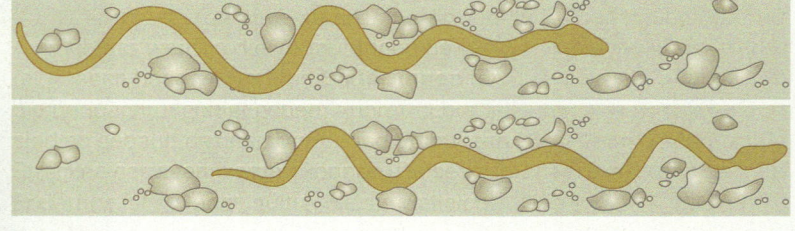

6. ≡ Ⓐ
Beschreibe anhand des Informationstextes und der Abbildungen oben, wie sich die Ringelnatter fortbewegt.

1 Zauneidechsen: Männchen oben, Weibchen unten

Was sind Eidechsen?

An warmen und trockenen Sommertagen kann man manchmal **Zauneidechsen** beobachten, wie sie sich schnell fortbewegen. Die kurzen Beine stehen seitlich am Körper, der Bauch berührt fast den Boden. Mit schlängelnden Körperbewegungen kriechen die Eidechsen flink auf dem Boden und auch an Mauern und Bäumen. Eidechsen werden der Klasse der **Reptilien** zugeordnet. In unserer Heimat leben hauptsächlich die Zauneidechse und die Waldeidechse.

Eidechsen sind wechselwarme Tiere

Eidechsen haben eine Haut aus festen Hornschuppen. Sie schützt vor Austrocknung und Verletzungen. Weil dieser Schuppenpanzer nicht mitwächst, müssen sich Eidechsen von Zeit zu Zeit häuten. Unter der abgestreiften Haut hat sich bereits die neue Haut gebildet.
Bei warmem sonnigem Wetter können sich Eidechsen schnell und ausdauernd bewegen. Bei niedrigen Temperaturen ist auch ihr Körper kalt und sie liegen starr in ihrem Versteck. Die Körpertemperatur der Eidechsen ist von der Umgebungstemperatur abhängig, sie sind somit wechselwarm. Den Winter überstehen sie in Winterstarre in einem Versteck.

Wovon ernähren sich Eidechsen?

Eidechsen können gut sehen und hören. Besonders gut entwickelt ist ihr Geruchssinn. Mit ihrer Zunge, die sie in kurzer Abfolge hervorstrecken, können sie Beutetiere riechen. Haben sie durch das „Züngeln" eine Beute wahrgenommen, stoßen die Eidechsen blitzschnell zu und verschlingen sie unzerkaut. Zauneidechsen fressen Fliegen, Heuschrecken, Würmer und Spinnen.

Fortpflanzung

Zauneidechsen leben als Einzelgänger. Nur zur Fortpflanzungszeit sind Weibchen und Männchen für kurze Zeit zusammen. Etwa vier Wochen nach der Paarung legt das Weibchen an einer warmen Stelle im Boden fünf bis 15 Eier ab. Anschließend verscharrt es das Gelege. Die Eier werden durch die Wärme des Bodens ausgebrütet. Sie sind von einer weichen, schützenden Haut umgeben. Die Entwicklung dauert etwa acht Wochen.

Nach dem Schlüpfen sind die jungen Zauneidechsen sofort selbstständig und können alleine nach Nahrung suchen.

2 Haut der Zauneidechse: **A** Häutung, **B** Haut

Auch Schlangen sind Reptilien

Ebenso wie die Eidechsen gehören auch **Schlangen** zu den **Reptilien.** Die häufigsten Schlangen bei uns sind Ringelnatter, Schlingnatter und Kreuzotter. Aber auch sie sind selten geworden und stehen unter Naturschutz.

Wird eine Schlange beim Sonnenbaden überrascht, schlängelt sie sich lautlos davon. Wie kann sie sich ohne Beine so wendig fortbewegen?

Schlangen laufen auf den Rippen

Schlangen haben eine Wirbelsäule mit vielen beweglichen Wirbeln und Rippenpaaren. Seitlich am Körper verlaufen starke Muskeln. Sie bewegen beim „Schlängeln" die Rippen nacheinander nach vorne. Dabei werden die Schuppen auf der Bauchseite aufgerichtet, in den unebenen Boden gestemmt und verankert. Werden die Schuppen anschließend wieder angelegt, schiebt sich der Schlangenkörper nach vorn.

Schlangen brauchen also eine raue Oberfläche zur Fortbewegung. Auf Glas würden sie hin und her rutschen, ohne vorwärts zu kommen.

Ringelnattern

Ringelnattern erkennt man an den hellen Flecken hinter dem Kopf. Sie können nicht nur auf dem Boden kriechen, sondern auch in Sträuchern und Bäumen klettern und ausgezeichnet mit seitlichen Schlängelbewegungen schwimmen und tauchen.

Ringelnattern verschlingen Frösche

Ringelnattern leben meist in feuchten Gebieten. Sie ernähren sich hauptsächlich von Fröschen, Molchen und kleineren Fischen. Hat eine Ringelnatter beispielsweise einen Frosch wahrgenommen, nähert sie sich lautlos und stößt dann plötzlich mit dem Kopf zu. Die nach hinten gerichteten Zähne packen den Frosch fest. Die Beute wird unzerkaut verschlungen.

Kreuzottern sind Giftschlangen

Eine **Kreuzotter** erkennt man am dunklen Zickzackband auf dem Rücken. Sie ist eine Giftschlange. Meist lauert die Kreuzotter unbeweglich auf Beute, zum Beispiel eine Maus. Kommt ein Beutetier in ihre Reichweite, beißt die Kreuzotter mit ihren Giftzähnen blitzschnell zu. Bevor sie zubeißt, richten sich in ihrem Oberkiefer zwei Giftzähne auf, die sonst in einer Hautfalte verborgen sind. Beim Biss wird Gift durch eine kleine Öffnung in den Zähnen in die Beute gespritzt. Das Gift ist für die Maus tödlich.

Die Kreuzotter verschlingt auch Beutetiere, die größer als ihr Kopf sind. Dazu kann sie Ober- und Unterkiefer „aushängen". Das ist nur möglich, weil die beiden Hälften ihres Unterkiefers vorn nur durch ein elastisches Band miteinander verbunden sind. Sie können deshalb seitlich auseinanderweichen und unabhängig voneinander bewegt werden. Auf diese Weise kann sich das Maul so vergrößern, dass das Beutetier durchpasst. Durch schiebende Bewegungen wird das Beutetier nach und nach verschlungen.

Die Kreuzotter gehört zu den **lebend gebärenden** Reptilien. Die Jungen besitzen schon bei der Geburt voll entwickelte Giftdrüsen und Giftzähne.

> Du kannst typische Merkmale der Reptilien benennen.
> Du kannst Körperbau und Lebensweise von Zauneidechsen, Ringelnattern und Kreuzottern beschreiben.

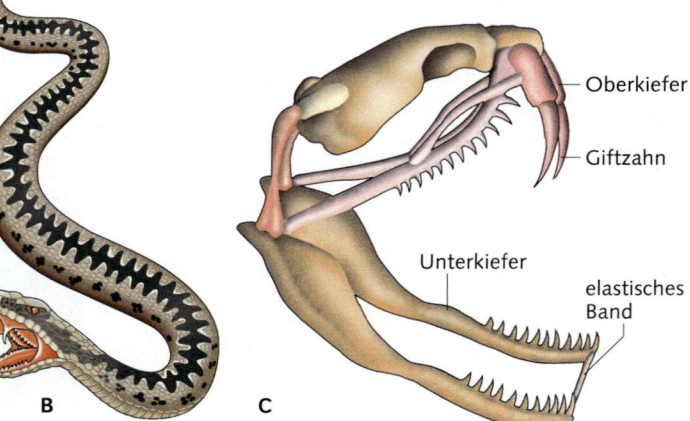

Oberkiefer

Giftzahn

Unterkiefer

elastisches Band

B

C

3 Kreuzotter: **A** Kopf mit Giftzähnen, **B** Schlängelbewegung, **C** Kopfskelett

Tiere bestimmen: Reptilien

Wenn du wissen möchtest, wie ein Tier heißt, kannst du einen **Bestimmungsschlüssel** benutzen. Hier werden besondere Merkmale von Tieren genau beschrieben. Manchmal helfen dir auch Abbildungen.

So gehst du vor: Beginne beim Startpunkt. Du kannst dich dann jeweils zwischen zwei Möglichkeiten entscheiden. Erkennst du die Merkmale richtig, gelangst du von Entscheidung zu Entscheidung schließlich zum Namen der Tierart.

METHODE

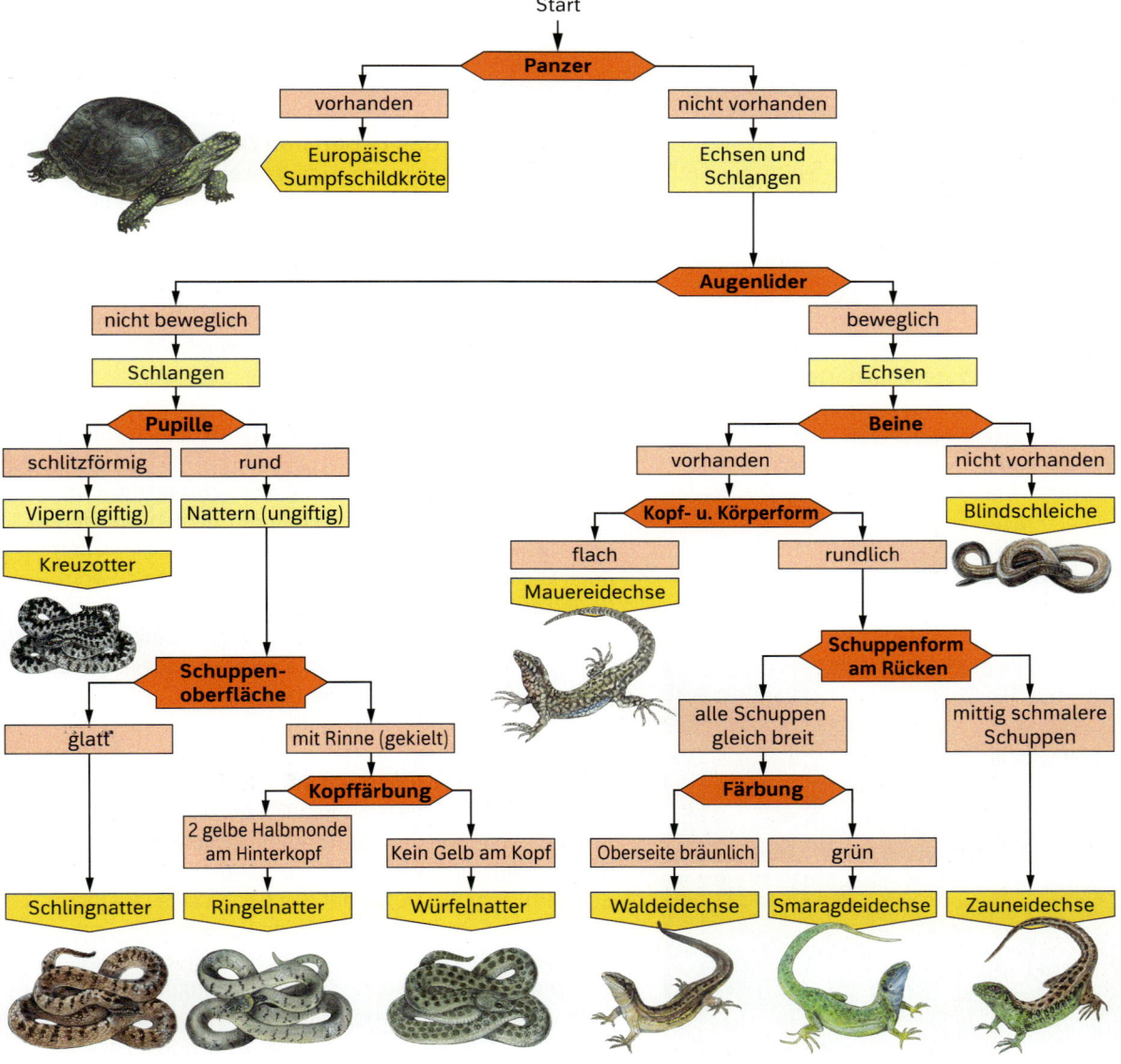

Start

Panzer
- vorhanden → Europäische Sumpfschildkröte
- nicht vorhanden → Echsen und Schlangen

Augenlider
- nicht beweglich → Schlangen
- beweglich → Echsen

Pupille
- schlitzförmig → Vipern (giftig) → Kreuzotter
- rund → Nattern (ungiftig)

Beine
- vorhanden → Kopf- u. Körperform
- nicht vorhanden → Blindschleiche

Kopf- u. Körperform
- flach → Mauereidechse
- rundlich → Schuppenform am Rücken

Schuppenoberfläche
- glatt → Schlingnatter
- mit Rinne (gekielt) → Kopffärbung

Kopffärbung
- 2 gelbe Halbmonde am Hinterkopf → Ringelnatter
- Kein Gelb am Kopf → Würfelnatter

Schuppenform am Rücken
- alle Schuppen gleich breit → Färbung
- mittig schmalere Schuppen → Zauneidechse

Färbung
- Oberseite bräunlich → Waldeidechse
- grün → Smaragdeidechse

1. ≡ **A**
Schreibe einen Bestimmungsweg für die Ringelnatter. Notiere jede einzelne Entscheidung.

2. ≡ **A**
Gib an, wodurch sich Eidechsen von Schlangen unterscheiden.

3. ≡ **Q**
Recherchiere Informationen zur Blindschleiche und erstelle einen Steckbrief. Erkläre auch, warum sie keine Schlange ist.

Lebensweise und Ernährung von Fischen

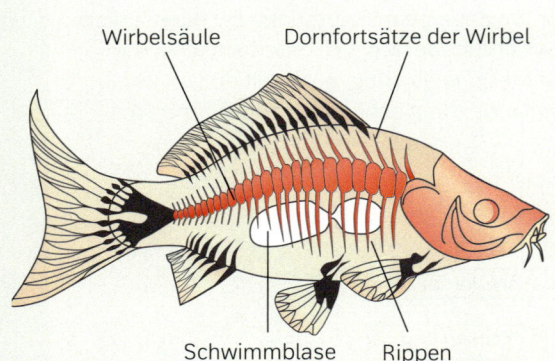

Wirbelsäule | Dornfortsätze der Wirbel

Schwimmblase | Rippen

1. ☰ 🅐
Fische sind Wirbeltiere. Begründe.

2. ☰ 🅐
Erstelle einen Steckbrief zu einer der unten abgebildeten Fischarten.

3. ☰ 🅐
Der Schwarm bietet Fischen Schutz vor Räubern. Erkläre.

4. ☰ 🅐
Beschreibe den Unterschied zwischen einem Friedfisch und einem Raubfisch.

1 Fische:
A Hecht,
B Heringe,
C Karpfen

Lebensräume von Fischen

Fische sind die älteste und artenreichste Wirbeltiergruppe. Schon vor 450 Millionen Jahren besiedelten sie die Ozeane. Heute leben mehr als 20 000 verschiedene Arten in Bächen, Flüssen und Ozeanen. Im eiskalten Nordpolarmeer, in den warmen Gewässern der Tropen, in der dunklen Tiefsee oder in flachen Tümpeln – Fische sind an die unterschiedlichsten Lebensräume angepasst.

Angepasst an das Leben im Wasser

Fische sind wechselwarme, im Wasser lebende **Wirbeltiere** mit Kiemen und Schuppen. Anders als die meisten Landwirbeltiere bewegen sich Fische durch eine seitliche Schlängelbewegung ihrer Wirbelsäule fort. **Knochenfische** haben eine Schwimmblase. Sie reguliert den Auftrieb im Wasser. Der Fisch kann gezielt Gas in die Blase hineinpumpen oder herauslassen. **Knorpelfische** wie Haie und Rochen haben keine Schwimmblase.

Ernährung von Fischen

Fische nutzen ganz unterschiedliche Nahrungsquellen. **Friedfische** wie der Karpfen ernähren sich überwiegend von Algen und kleinen Pflanzenteilen. Sie fressen aber auch kleine Tiere wie Würmer oder Larven, die sie vom Boden aufsammeln.
Raubfische wie der Hecht fressen hauptsächlich andere Fische. Neben Fischen werden aber auch andere Wassertiere wie Vögel oder Frösche erbeutet.

Einzelgänger und Schwarmfische

Der Hecht lebt wie viele andere Fische als **Einzelgänger.** Andere Fische wie der Hering leben im **Schwarm.** Der Schwarm bietet ihnen Schutz vor Räubern. So wird der Schwarm sehr viel früher auf das Nahen eines Räubers aufmerksam als ein Einzelfisch, denn viele Augen sehen mehr als zwei. Wenn aber ein Räuber in einen Schwarm eindringt, wird er von den schnellen Bewegungen der vielen Fischleiber verwirrt. Dadurch fällt es ihm schwer, einen einzelnen Fisch zu erkennen, zu verfolgen und zu fangen.

Du kannst an Beispielen die Lebensweise und Ernährung von Fischen beschreiben. Du kannst erläutern, dass Fische zu den Wirbeltieren gehören.

Wie Fische sich fortpflanzen

1. ☰ Ⓐ
Erkläre die Begriffe Laich, Embryo und Fischlarve.

2. ☰ Ⓐ
Beschreibe die einzelnen Stadien der Entwicklung von Fischen am Beispiel der Bachforelle. Fertige zu jedem Entwicklungsschritt eine Skizze an. Nutze dazu auch Abbildung 2.

3. Ⓠ
Wie die Bachforelle legen die meisten Fische Eier. Manche Fischarten zeigen aber Besonderheiten bei der Fortpflanzung. Recherchiere Beispiele und stelle deine Ergebnisse vor.

1 Einige Haiarten wie der Zitronenhai bringen lebende Junge zur Welt.

4. ☰ Ⓠ
Erläutere die Vorteile, die es für den Hai hat, lebende Junge zur Welt zu bringen.

Bachforellen zur Laichzeit

Bachforellen leben als Einzelgänger in klaren, sauerstoffreichen Gewässern. Von Oktober bis Januar finden sich Weibchen und Männchen zur Fortpflanzung zusammen. Mit kräftigen Schlägen der Schwanzflosse gräbt das Weibchen eine Mulde im Bachbett. In diese Bodenvertiefung legt es etwa 2000 Eier, die man als **Laich** bezeichnet. Unmittelbar danach gibt das Männchen über dem Laich seine Spermienflüssigkeit ab. Die Befruchtung der Eier findet außerhalb des Körpers des Weibchens statt. Dies nennt man **äußere Befruchtung.**

Vom Ei zum Jungfisch

In befruchteten Eiern entwickelt sich ein Embryo. Nach etwa zwei Monaten schlüpfen die jungen Forellen. Zunächst nennt man sie **Larven,** weil sie noch nicht die Gestalt eines erwachsenen Fisches haben. In einem **Dottersack** am Bauch der Larven ist ein Nahrungsvorrat für die ersten Tage enthalten. Innerhalb von sechs Wochen sind die Larven zu voll ausgebildeten Jungfischen herangewachsen, die sich selbstständig ernähren.

Du kannst beschreiben, wie sich Bachforellen fortpflanzen und entwickeln.

2 Entwicklung der Bachforelle: **A** Bachforellenpaar, **B** Eier, **C** schlüpfende Larve, **D** Larven mit Dottersack, **E** Jungforelle

Wie Biologen Tiere ordnen

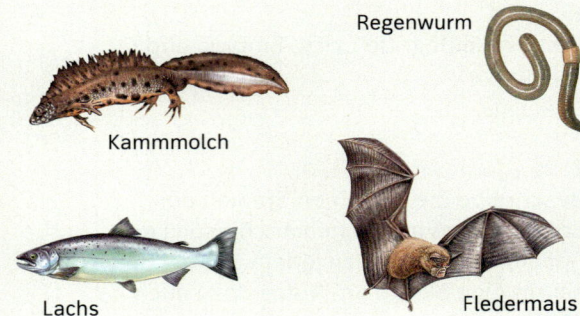

Gans

Fliege

Kammmolch

Regenwurm

Mauereidechse

Heupferd

Lachs

Fledermaus

1. ☰ **Ⓐ**

a) Suche aus den abgebildeten Tieren die Wirbeltiere heraus.
b) Nenne das Merkmal, das du beim Zuordnen benutzt hast.

2. ☰ **Ⓐ**

Ordne jeder der fünf Wirbeltierklassen eines der abgebildeten Tiere zu und begründe deine Zuordnung mithilfe typischer Merkmale, die du von den Tieren kennst.

3. ☰ **Ⓐ**

Ordne alle abgebildeten Wirbeltiere den Wirbeltierklassen zu und begründe deine Zuordnung.

4. **Ⓠ**

Sammle aus Zeitschriften oder Internetseiten Abbildungen von Wirbeltieren. Ordne sie den Wirbeltierklassen zu. Nenne typische Merkmale, die die Zuordnung begründen.

5. ☰ **Ⓐ**

a) Beschreibe und vergleiche die Wirbeltierklassen jeweils in Bezug auf ein Merkmal, zum Beispiel die Atmung oder die Fortpflanzung und Entwicklung.
b) Finde und beschreibe Zusammenhänge zwischen den Merkmalen und den bevorzugten Lebensräumen Wasser, Land und Luft.

> Du kannst Wirbeltiere von wirbellosen Tieren unterscheiden und Vertreter der Wirbeltiere begründet den fünf Wirbeltierklassen zuordnen.

	Fische
Klasse	
Fortbewegung	schwimmen
Atmung 🟦 Luftwege 🟥 Gewebe für den Gasaustausch	Kiemenatmung
Körperbedeckung	Knochenschuppen in drüsenreicher Haut
Körpertemperatur	wechselwarm
Fortpflanzung / Entwicklung	Befruchtung außerhalb des Körpers; aus Eiern entwickeln sich Larven

Kreuzotter

Hirschkäfer

Teichfrosch

Gorilla

Schnecke

Aal

Zaunkönig

Tintenfisch

Amphibien	Reptilien	Vögel	Säugetiere
springen, kriechen, schwimmen	laufen, kriechen, schwimmen	fliegen, laufen, schwimmen	laufen, schwimmen, fliegen
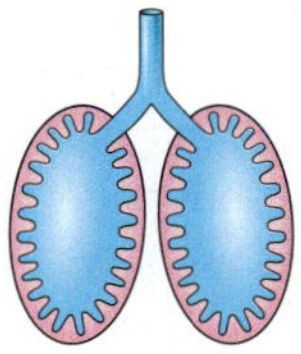 Kiemenatmung bei Larven, Lungen- und Hautatmung bei erwachsenen Tieren	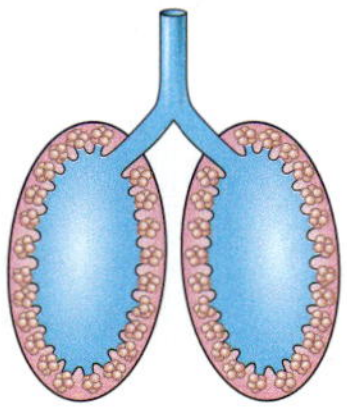 Lungenatmung	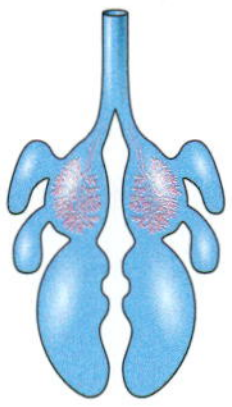 Lungenatmung	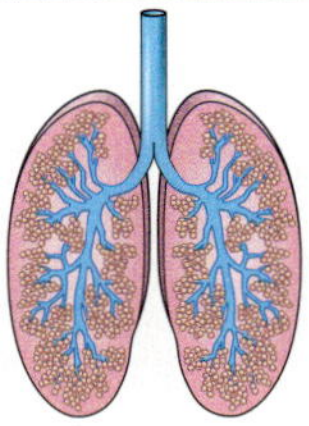 Lungenatmung
 schleimbedeckte, drüsenreiche Haut	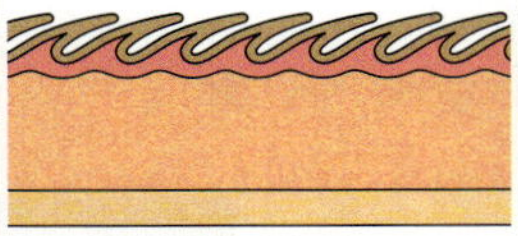 drüsenreiche Haut mit Hornschuppen	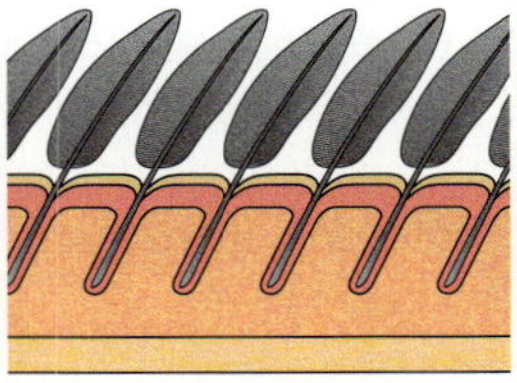 drüsenreiche Haut mit Federn	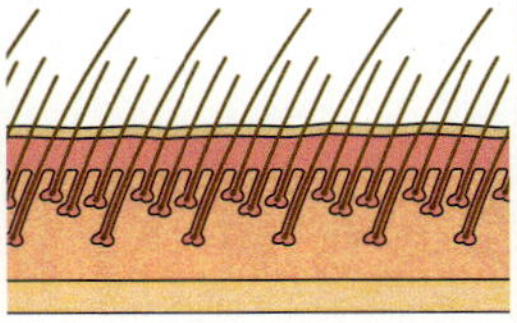 drüsenreiche Haut mit Haaren
wechselwarm	wechselwarm	gleichwarm	gleichwarm
 innere Befruchtung bei Schwanzlurchen, äußere bei Froschlurchen; aus Eiern entwickeln sich Larven, Metamorphose	 innere Befruchtung; Eier mit pergamentartiger Schale werden im Boden vergraben	 innere Befruchtung; Eier mit harter Kalkschale werden ausgebrütet	 innere Befruchtung; Embryo entwickelt sich im Mutterleib; lebendgebärend; Jungen werden gesäugt

Tiere, Pflanzen, Lebensräume

Habicht

Eichelhäher

Baumschicht

Baummarder

Buntspecht

Kleiber

Strauchschicht

Zilpzalp

Buchfink

Wildschwein

Krautschicht

Moosschicht

Rötelmaus

Wurzelschicht

Lebensräume

Lebensräume sind Gebiete, die sich durch ihre Besonderheiten wie Feuchtigkeit, Temperatur, Licht- und Bodenverhältnisse mit ihrer jeweils eigenen Tier- und Pflanzenwelt von ihrer Umgebung abgrenzen.

Ein Baum als Lebensraum

Bäume gehören zum Lebensraum vieler Tierarten. Mit einer ausgewachsenen Eiche stehen über 250 Vogel-, Säugetier- und Insektenarten in Beziehung. Sie nutzen auf, an und in ihr unterschiedliche Bereiche zur Nahrungssuche, als Rast- und Brutraum und als Unterschlupf.

Lebensraum Wald

Wälder bestehen aus verschiedenen Pflanzen wie Bäumen, Sträuchern und Kräutern. Sie spenden Schatten, filtern Luft, sorgen für Luftfeuchtigkeit, produzieren Sauerstoff und schützen vor Lärm.

Laubmischwälder setzen sich aus verschiedenen Baumarten zusammen. Der Wald ist in verschiedene Stockwerke aufgeteilt. Sie gehören zum Lebensraum verschiedener Tiere, die an diesen Lebensraum angepasst sind.

Nahrungsbeziehungen

Über das Prinzip „Fressen und Gefressenwerden" oder auch Räuber-Beute-Beziehung sind die Lebewesen in Nahrungsketten und Nahrungsnetzen miteinander verbunden. Pflanzen bilden den Anfang jeder Nahrungskette.

Naturschutz

Der Naturschutz sichert die Lebensgrundlage für Pflanzen, Tiere und Menschen. Wer die Natur achtet, sorgt für die Zukunft vor. Naturschutzgebiete erhalten natürliche Lebensräume. Pflanzen und Tiere sollen sich darin entfalten können.

Tierhaltung

Menschen halten Haustiere wie Hunde, Katzen, Hamster oder Vögel. Nutztiere wie Rinder, Schweine oder Hühner liefern den Menschen viele Produkte. Durch Züchtung können gewünschte Eigenschaften bei Tieren verstärkt werden. Die Haltung muss artgerecht und nachhaltig sein.

Züchtung von Nutzpflanzen

Die Auslesezüchtung beginnt mit dem Anbau von Wildpflanzen. Von diesen werden dann die Samen der Pflanzen mit den gewünschten Eigenschaften ausgewählt und für den weiteren Anbau verwendet. So entwickeln sich schließlich Pflanzen, bei denen die gewünschten Eigenschaften deutlich ausgeprägt sind.
Unsere Getreidearten gehören zu den ältesten Kulturpflanzen der Erde. Sie wurden aus Wildgräsern zu den heutigen Formen gezüchtet.

System

Struktur Eigenschaft Funktion

Entwick-lung

System,
Entwicklung

2. ≡ (A)

Begründe, warum es wichtig ist, die Lebensräume seltener Tiere und Pflanzen zu schützen.

➜ S. 186 – 189

System

1. ≡ (A)

Obwohl er keine Pflanzen frisst, würde ein Sperber ohne Pflanzen verhungern.
a) Erkläre diesen scheinbaren Widerspruch und zeige, wie die verschiedenen Pflanzen und Tiere eines Waldes zu einem System verbunden sind.
b) Nenne verschiedene Nahrungsketten, die du im gezeigten Nahrungsnetz entdecken kannst.
c) Benenne, welche Lebewesen sich in einer Räuber-Beute-Beziehung befinden.

➜ S. 174 - 175

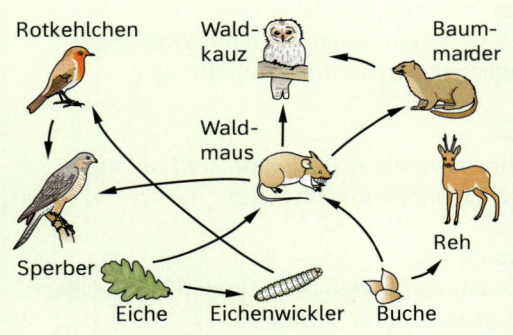

Rotkehlchen — Wald-kauz — Baum-marder — Wald-maus — Reh — Sperber — Eiche — Eichenwickler — Buche

Struktur – Eigenschaft – Funktion

1. ≡ (A)

a) Benenne die mit Ziffern gekennzeichneten Teile des Skeletts eines Frosches.
b) Nenne Merkmale, die einen Frosch als Wirbeltier kennzeichnen.
c) Erkläre, wie das Skelett des Frosches an die Fortbewegung an Land und im Wasser angepasst ist.

➜ S. 184 – 186

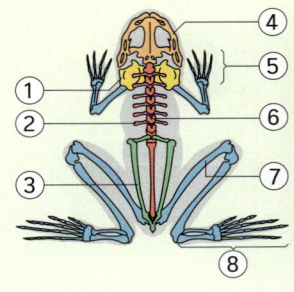

BASISKONZEPTE

Pflanzen, Tiere, Lebensräume

Merkmale und Lebensbedingungen von Pflanzen

Kannst du schon ...

... begründen, warum Pflanzen auch Lebewesen sind? (S. 161)

... den Bau einer Blütenpflanze beschreiben und ihre Organe benennen? (S. 160)

... die Funktionen der einzelnen Organe einer Blütenpflanze erklären? (S. 160)

... beschreiben, dass Menschen verschiedene Wildpflanzen angebaut haben und daraus unsere heutigen Getreidearten oder Kohlsorten gezüchtet haben? (S. 162 – 165)

Merkmale und Lebensbedingungen von Tieren

Kannst du schon ...

... die Ansprüche einzelner Tierarten in Hinblick auf eine artgerechte Haltung nennen? (S. 132, 154)

... angemessene Haltungsbedingungen von Nutztieren anhand eines Beispiels beschreiben? (S. 154 – 155)

... verschiedene Formen der Tierhaltung beschreiben und bewerten? (S. 154 – 155)

... die fünf Wirbeltierklassen beschreiben und typische Vertreter nennen? (S. 196)

Zeig, was du kannst!

1. ☰ Ⓐ
Nenne Eigenschaften und Fähigkeiten von Pflanzen, die zeigen, dass Pflanzen auch Lebewesen sind.

2. ☰ Ⓐ
Benenne die Pflanzenteile aus dem Schema und beschreibe jeweils ihre Funktionen.

3. ☰ Ⓐ
Zeige in einem Kurzvortrag, welche Sorten aus Wildkohl entstanden sind und welche Teile uns als Nahrung dienen.

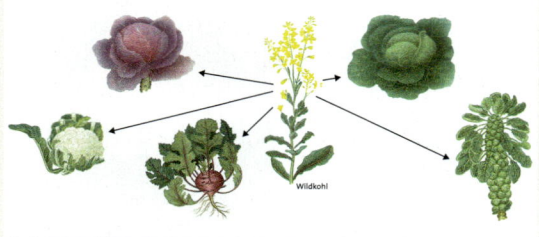

Wildkohl

Zeig, was du kannst!

4. ☰ Ⓐ
Beschreibe am Beispiel einer Tierart, warum wir Menschen diese als Nutztier halten.

5. ☰ Ⓐ
Begründe, warum sich Hunde im Gegensatz zu Katzen leichter dem Menschen unterordnen.

6. ☰ Ⓐ
Erkläre für ein Haustier deiner Wahl eine möglichst artgerechte Tierhaltung.

7. ☰ Ⓐ
Nenne mindestens drei Vor- und Nachteile einer Hähnchenmastanlage.

8. ☰ Ⓐ
Bei Kälte begegnen dir im Freien keine Eidechsen. Nenne dafür Gründe.

9. ☰ Ⓐ
Ein Frosch springt ins Wasser und taucht erst nach 50 min auf. Erkläre, wie das möglich ist.

Pflanzen und Tiere in ihren Lebensräumen

Kannst du schon ...

... beschreiben, wie Lebensräume von Tieren auf unterschiedliche Weise genutzt werden? (S. 168 – 171)

... die Begriffe Räuber und Beute erklären? (S. 174 – 175)

... die verschiedene Nahrungs ketten des Waldes nennen und sie zu einem Nahrungsnetz zusammenfügen? (S. 174 – 175)

... am Beispiel von Sumpfpflanzen typische Angepasstheiten dieser Pflanzen an ihren Standort darstellen? (S. 180 – 181)

Zeig, was du kannst!

10. ≡ Ⓐ
a) Benenne die zwei abgebildeten Vogelarten.
b) Erkläre, wie beide Vögel eine Eiche als Lebensraum nutzen können, ohne sich Konkurrenz zu machen.

A   B

11. ≡ Ⓐ
Benenne die Schichten des Waldes und ordne ihnen folgende Arten zu: Fliegenpilz, Frauenhaarmoos, Wurmfarn, Holunder, junge Eiche, alte Eiche, Sauerklee, Springschwanz.

12. ≡ Ⓐ
Unterteile das Teichufer vom Land zum Wasser in unterschiedliche Zonen und nenne für jede Zone eine typische Pflanzenart.

13. ≡ Ⓐ
Nenne die Angepasstheiten von Schwimmblättern und Tauchblättern bei Wasserpflanzen an ihren Lebensraum.

Schutz von Lebensräumen

Kannst du schon ...

... Beispiele für gefährdete heimische Wildtiere und -pflanzen nennen? (S. 188 – 189)

... an Beispielen die Arbeit von Naturschutzverbänden beschreiben? (S. 188 – 189)

... Beispiele für Naturschutzprojekte von Kindern und Jugendlichen beschreiben? (S. 188 – 189)

Zeig, was du kannst!

14. ≡ Ⓐ
Nenne vier heimische Wildtiere, deren Bestand gefährdet ist.

15. ≡ Ⓐ
Erkläre an einem Beispiel die Arbeit eines Naturschutzverbandes.

16. ≡ Ⓐ
Stelle ein Naturschutzprojekt des NABU oder des BUND vor, welches speziell für Kinder und Jugendliche angeboten wird.

Wichtige Begriffe

- Blatt, Spross, Wurzel
- Wachstum, Fortpflanzung, Stoffwechsel, Reizbarkeit, Bewegung
- krautige Pflanze, Strauch, Baum
- Haustiere, Nutztiere, artgerechte Haltung
- Züchtung
- Lebensraum
- Angepasstheit, Umweltbedingungen
- Artenvielfalt
- Nahrungskette, Nahrungsnetz, Ökosystem
- Wirbeltiere, Fische, Amphibien, Reptilien, Vögel, Säugetiere, Wirbellose

Stichwortverzeichnis

Stichwortverzeichnis

Namensverzeichnis

Übersicht

Stoffliste

Stoff	GHS-Symbol	Signalwort	H-Sätze	P-Sätze
Alaun (Kalium-aluminiumsulfat)	⚠	**Achtung**	H315–H319–H302	P301+P312–P302+P352–P280–P305+P351+P338
Benzin (Waschbenzin)	🔥 ⚠ ☠ 🌿	**Gefahr**	H225–H304–H315–H336–H361–H373–H411	P210–P261–P273–P281–P301+P310–P331
Blutlaugensalz, gelb (Kaliumhexa-cyani-doferrat(II))	–	–	H412	P273
Brennspiritus	🔥	**Gefahr**	H225	P210
Butan	🔥 ⬦	**Gefahr**	H220–H280	P201–P210–P281–P308 +313–P381–P403 +410
Calciumchlorid	⚠	**Achtung**	H319	P305+P351+P338
Calciumnitrat	🔥 ⚠	**Achtung**	H272–H319	P210–P221–P305+351+338
Citronensäure	⚠	**Achtung**	H319	–
Chrom(III)-chlorid	⚠	**Achtung**	H302	P262
Eisen(III)-chlorid	🌿 ⚠	**Gefahr**	H302-H315-H318	P280–P302+P352–P305+P351+ P338–P313
Eisensulfat	⚠	**Achtung**	H302-H315-H319	P305+P351+P338–P302+P352
Eisenwolle	🔥	**Achtung**	H228	–
Indigo	⚠	**Achtung**	H228	–
Iod-Kaliumiodid-lösung	☠	**Achtung**	H373	P260–P314
Kalium-permanganat	🔥 ⚠ 🌿	**Gefahr**	H272–H302–H410	P210–P273
Kohlenstoffdioxid	⬦	**Achtung**	H280	P410+P403
Kupfer(II)-chlorid	⚠ 🌿	**Achtung**	H302-H315-H319	P280–P273–P301+P310–P305+P351+P338–P337+P313–P302+P352
Kupfersulfat	⚠ ⚠	**Achtung**	H302–H315–H319–H410	P273–P305+P351+P338–P302+P352
Magnesiastäbchen	–	–	–	P260
Malachit	⚠	**Achtung**	H302–H315–H319–H335	P201–P305+P351+P338
Mangansulfat	🌿 ☠ 🌿	**Gefahr**	H318-H373-H411	P260–P273–P280–P305+P351+P338–P314–P501–P310–P391
Sauerstoff	🔥 ⚠	**Gefahr**	H270–H280	P220–P244–P403+P410
Schwefel	⚠	**Achtung**	H315	P302+P352
Zinkoxid	🌿	**Achtung**	H410	P273

GHS-Gefahrenhinweise: H-Sätze und P-Sätze

H-Sätze

Physikalische Gefahren

H220 Extrem entzündbares Gas.
H225 Flüssigkeit und Dampf leicht entzündbar.
H228 Entzündbarer Feststoff.
H270 Kann Brand verursachen oder verstärken; Oxidationsmittel.
H272 Kann Brand verstärken; Oxidationsmittel.
H280 Enthält Gas unter Druck; kann bei Erwärmung explodieren.

Gesundheitsgefahren

H302 Gesundheitsschädlich bei Verschlucken.
H304 Kann bei Verschlucken und Eindringen in die Atemwege tödlich sein.
H315 Verursacht Hautreizungen.
H318 Verursacht schwere Augenschäden.
H319 Verursacht schwere Augenreizung.
H332 Gesundheitsschädlich bei Einatmen.
H335 Kann die Atemwege reizen.
H336 Kann Schläfrigkeit und Benommenheit verursachen.
H361 Kann vermutlich die Fruchtbarkeit beeinträchtigen oder das Kind im Mutterleib schädigen.
H373 Kann die Organe schädigen bei längerer oder wiederholter Exposition.

Umweltgefahren

H410 Sehr giftig für Wasserorganismen mit langfristiger Wirkung.
H411 Giftig für Wasserorganismen, mit langfristiger Wirkung.
H412 Schädlich für Wasserorganismen, mit langfristiger Wirkung.

P-Sätze

Prävention

P201 Vor Gebrauch besondere Anweisungen einholen.
P210 Von Hitze / Funken / offener Flamme / heißen Oberflächen fernhalten. Nicht rauchen.
P220 Von Kleidung / ... / brennbaren Materialien fernhalten / entfernt aufbewahren.
P221 Mischen mit brennbaren Stoffen / ... unbedingt verhindern.
P244 Druckminderer frei von Fett und Öl halten.
P260 Staub / Rauch / Gas / Nebel / Dampf / Aerosol nicht einatmen.
P261 Einatmen von Staub / Rauch / Gas / Nebel / Dampf / Aerosol vermeiden.
P262 Nicht in die Augen, auf die Haut oder auf die Kleidung gelangen lassen.
P273 Freisetzung in die Umwelt vermeiden.
P280 Schutzhandschuhe / Schutzkleidung / Augenschutz / Gesichtsschutz tragen.
P281 Vorgeschriebene persönliche Schutzausrüstung verwenden.

Reaktion

P301 Bei Verschlucken:
P302 Bei Berührung mit der Haut:
P305 Bei Kontakt mit den Augen:
P308+P313 Bei Exposition oder falls betroffen: Ärztlichen Rat einholen / ärztliche Hilfe hinzuziehen.
P310 Sofort Giftinformationszentrum oder Arzt anrufen.
P312 Bei Unwohlsein Giftinformationszentrum oder Arzt anrufen.
P313 Ärztlichen Rat einholen / ärztliche Hilfe hinzuziehen.
P314 Bei Unwohlsein ärztlichen Rat einholen / ärztliche Hilfe hinzuziehen.
P331 Kein Erbrechen herbeiführen.
P337+P313 Bei anhaltender Augenreizung: Ärztlichen Rat einholen / ärztliche Hilfe hinzuziehen.
P338 Eventuell vorhandene Kontaktlinsen nach Möglichkeit entfernen. Weiter ausspülen.
P351 Einige Minuten lang behutsam mit Wasser ausspülen.
P352 Mit viel Wasser und Seife waschen.
P370 Bei Brand:
P378 ... zum Löschen verwenden.
P301+P310 Bei Verschlucken: Sofort Giftinformationszentrum oder Arzt anrufen.
P301+P312 Bei Verschlucken: Bei Unwohlsein Giftinformationszentrum oder Arzt anrufen.
P302+P352 Bei Kontakt mit der Haut: Mit viel Wasser und Seife waschen.
P305+P351+P338 Bei Kontakt mit den Augen: Einige Minuten lang behutsam mit Wasser ausspülen. Eventuell vorhandene Kontaktlinsen nach Möglichkeit entfernen. Weiter ausspülen.
P370+P378 Bei Brand: ... zum Löschen verwenden.
P381 Alle Zündquellen entfernen, wenn gefahrlos möglich.
P391 Verschüttete Mengen aufnehmen.

Aufbewahrung

P403 An einem gut belüfteten Ort aufbewahren.
P410 Vor Sonnenbestrahlung schützen.
H411 Giftig für Wasserorganismen, mit langfristiger Wirkung.
P410+P403 Vor Sonnenbestrahlung geschützt an einem gut gut belüfteten Ort aufbewahren.
P501 Inhalt / Behälter ... zuführen.

Hinweis: Es werden nur die für die im Schulbuch verwendeten Stoffe relevanten GHS-Gefahrstoff-hinweise aufgeführt.

Bildquellenverzeichnis

|A1PIX - Your Photo Today, Ottobrunn: BIS 52. |action press - die bildstelle, Hamburg: Rex Features Ltd. 51. |adpic Bildagentur, Köln: K. Brümmer 34. |akg-images GmbH, Berlin: 111, 111; IAM / World History Archive 30. |alamy images, Abingdon/Oxfordshire: A & J Visage 192; Arterra Picture Library 170; Beth Dixson 155; Dirk v. Mallinckrod 186; flowerphotos 65; FLPA 159; Hugh Clark 16; imagebroker 94; Naturepix 118; Papilio 179; Photoshot Holdings Ltd. 184, 194; Premaphotos 179; Steve Taylor ARPS 115; tbkmedia.de 166. |alimdi.net, Deisenhofen: Heiner Heine 53; Klaus Rainer Krieger 87. |allesalltag, Hamburg: 108. |Arco Images GmbH, Lünen: G. Lenz 87; NPL 55, 158, 195. |Arnold, Peter, München: John Cancalosi 51. |Astrofoto, Sörth: 73, 76, 76, 79; NASA 77, 80, 80; Schatzmann, Bernd 56; Van Ravenswaay 75. |Avalon Licensing Ltd., Berlin: Gerard Lacz 138; Kim Taylor 141. |Barth, Wera, Rangsdorf: 6. |BilderBox Bildagentur GmbH, Breitbrunn/Hörsching: Erwin Wodicka 162. |Blickwinkel, Witten: A. Hartl 184, 197; Hecker/Sauer 63. |Blinde Kuh e.V. / www.blinde-kuh.de, Hamburg: 12. |Brey, Lothar, Landshut: 27. |Caro Fotoagentur, Berlin: Sorge 168; Trappe 34. |Daimler AG, Stuttgart: 117. |ddp images GmbH, Hamburg: Silz, Torsten 152. |Deutsches Museum, München: Archiv BN03665 28; Archiv BN07906 30. |dieKLEINERT.de, München: Enno Kleinert 170. |Dobers, Joachim, Göttingen: 165. |dreamstime.com, Brentwood: Caraman 36. |emo-pictures, Weinbergen: 87. |Ernst, Beat, Basel: 163. |F1online, Frankfurt/M.: André Skonieczny 179; F. Rauschenbach 183; Johnér RF 52; Rauschenbach, F. 183; sodapix 141. |Fabian, Michael, Hannover: 27, 39, 39, 42. |Focus Photo- u. Presseagentur GmbH, Hamburg: Meckes/eye of science 65. |fotolia.com, New York: Aleksander Bolbot 168; Alenavlad 18; Alexander Erdbeer 171; Alexander Hoffmann 27; aquariagirl1970 86; benschonewille 54; borissos 27; coco 166; connel_design 94; contrastwerkstatt 21; det-anan sunonethong 86; digitalstock 94; djama 104; Doris Heinrichs 90; dreamer82 108; Eisenhans 91; Erni 97, 171; estivillml 6; eyetronic 65; fabianammer 174; Firma V 24; forcdan 6; Givaga 163; hansen, benno 171; igor 90; Jacek Chabraszewski 91, 125; Karina LS 136; Kletr 194; lenets_tan 44; Lucky Dragon 106; marioArte 14, 200; Martin_P 146; mdennah 188; meryll 21; Michael Rosskothen 124; Michael Tieck 179; Mikhail Kondrashov 149; milicanistoran 21; Mingis 104; nspooner 146; Pahham, Pete 56; pololia 24; RbbrDckyBK 118; Robert Neumann 149; Sanders, Gina 95; sarawutnirothon 21; sborisov 128; Schulz-Design 20; Serg Zastavkin 21; Simon Kraus 49; stuporter 143; Syda Productions 108; TwilightArtPictures 18, 22; vladimirfloyd 45; Wolfgang Jargstorff 95; Wolfilser 20; YK 159. |Freundner-Huneke, Imme, Neckargemünd: 40, 66. |Getty Images, München: Stephen Dalton/Minden Pictures 110. |Glow Images GmbH c/o Regus, München: Christian GUY 194; Konrad Wothe 119; Marko König 149; Michael Krabs 130; Michael Weber 136; Ottfried Schreiter 139; Sirko Hartmann 134. |Gremme, Tobias, Köln: 121. |Helga Lade Fotoagenturen GmbH, Frankfurt/M.: H. R. Bramaz 40; M. Laemmerer 96. |Interfoto, München: imageBROKER/Dieter Hopf 22; Mary Evans / Natural History Museum 97. |iStockphoto.com, Calgary: Titel; abzee 164; Alasdair Thomson 162; Alina Solovyova-Vincent 163; alle12 24; AndreiRybachuk 168; Andrew_Howe 201; BasieB 176; CathyDoi 114, 114; daniel rodriguez 48; Eduardo Luzzatti Buyé 15; Enskanto 132; Floortje 163; GlobalP 201, 201; Hachey, Stephane 188; IS_ImageSource 168; jimkruger 188; JohnCarnemolla 97; Josef Hanus 82; Kaphoto 51; knorre 176; Kondor83 148; lubilub 180; mihailomilovanovic 106; PeopleImages 90; PieroAnnoni 128; Tommousney 60; tommygun714 149; Tree4Two 171; Vitelle 4, 129; vora 168; Wildroze 139. |Johannes Lieder GmbH & Co. KG, Ludwigsburg: 56, 65. |JOKER: Fotojournalismus, Bonn: Mark Bugnaski 142. |juniors@wildlife Bildagentur GmbH, Hamburg: 130; Harms, D. 174; Manfred Danegger 33; O. Giel/Juniors 131; U.Schanz 137. |KAGE Mikrofotografie GbR, Lauterstein: 65. |Keystone Pressedienst, Hamburg: Volkmar Schulz 162. |kleine Holthaus, Thorsten, Düsseldorf: 86. |Kriete, Guido Dr. - Georg-August-Universität, Schwann-Schleiden-Forschungszentrum, Göttingen: 62. |Kruse, Wankendorf: 171. |Kurt Fuchs - Presse Foto Design, Erlangen: 51. |laif, Köln: Teichmann 180. |LKA Niedersachsen, Hannover: Scheerle 144. |Lyß, Dr. Guido, Wolfenbüttel: 18, 24, 43. |Mathias, Erhard, Reutlingen: 61. |mauritius images GmbH, Mittenwald: 98; Dirk von Mallinckrodt 110; Hubatka, Jiri 98; imagebroker. net/Klaus-Peter Wolf 3, 19; imagebroker/König, Marco 152; imageBROKER/Michael Weber 20; imagebroker/Schauhuber, Alfred 143; imageBROKER/Wilmshurst, Roger/FLPA 159; Kunst & Scheidulin/age 52; Ladislav Havel 170; Photononstop 112; Phototake 65; Ritschel, Bernd 82; Rosenfeld 165; Science Faction 122; Stella 49. |Medenbach, Dr. Olaf, Witten: 70, 70. |Minkus Images Fotodesignagentur, Isernhagen: 12, 12, 15, 22, 34, 38, 42, 61, 67, 100, 104, 104, 106, 109, 109, 109, 109, 109, 125, 125, 125, 125, 125, 148. |naturganznah, Falkenfels: 196. |OKAPIA KG - Michael Grzimek & Co., Frankfurt/M.: B. Roth 143; Danegger 139; Danegger, Manfred 151; Dr. Bieri, Naturbild 165; Dr. Eric Dragesco 135; G.I. Bernard/OSF 52, 53; Hans Reinhard 110; Hapo 165; Hartl 195, 195; J.C. Révy/ISM 81; Klein & Hubert 134; Manfred Uselmann 117; NAS/Biophoto Associates 81; NAS/Clutter 195; NAS/New York Public Library 30; Parks 157; Reinhard 14, 119; Roth 157. |PantherMedia GmbH (panthermedia.net), München: ALFREDO COSENTINO 90; Berg, Martina 176; carmen rieb 151; Dieter Mindach 199; Don Schmitt 132; dzmitri mikhaltsow 91; gemenacom 138; Gerald Kiefer 179; Jan Köhl 163; ktsdesign 115; Nailia Schwarz 130; nikonaft 100; Schrader, Edgar 122; Uwe Landgraf 200; Walter, Helga 121. |Pferdefotoarchiv Lothar Lenz, Dohr: 171. |PHYWE Systeme GmbH & Co. KG, Göttingen: 35. |Picture Press Bild- und Textagentur GmbH, Hamburg: Dietmar Nill 153. |Picture-Alliance GmbH, Frankfurt/M.: Arco Images 96, 144, 154, 155; Bildagentur Huber 126; Braun, C./ Arco Images 198; chromorange 132; Design Pics/John Short 122; dpa 109, 134, 154; dpa-Zentralbild 131, 186; dpa/Ingo Wagner 4, 83; Geisler-Fotopress 187; Johannes Simon/SZ Photo 187; MMS/SPL 108; Pattyn, W./blickwinkel 187; Süddeutsche Zeitung Photo 133. |Premium Stock Photography GmbH, Düsseldorf: Delphoto 50; Rueb 82; Woike 174. |Preuß, Ulrike, Hilden: 133. |Reinhard-Tierfoto, Heiligkreuzsteinach: 33, 157, 157, 190. |Roeder, Jan, Krailling: 48. |Schneider, M., Braunschweig: 66, 66, 66. |Science Photo Library, München: Claude Nuridsany & Marie Perennou 65; Claude Nuridsany & Marie Perennou/SPL 65; Isley/SPL 121; SPL/Babak Tafreshi 3, 57; SPL/Innerspace Imaging 65; SPL/Steve Gschmeissner 65. |Seilnacht, Thomas - www.seilnacht. com, Bern: 70. |Shutterstock.com, New York: 86; Alexruss 130; Andrew M. Allport 115; Ariene Studio 154; belobaba 111; branislavpudar 154; CandyBox Images 48; D Russell 78 104; De Visu 26; Elena Elisseeva 22; Elnur 116, 116; Em-Jott 171; Ewa Studio 91; GeptaYs 98; Hong Vo 116; ittipon 95; Jakkrit Orrasri 116; Janelle Lugge 97; japansainlook 136; Jeroen van den Broek 134; Karramba Production 134; Konstantin L 177; KOO 159, 171; kzww 168; LMPphoto 130; Marina Jay 152; Martin Fowler 170; Maurice Volmeyer 142; maximult 141; Milan Vachal 184; Mircea BEZERGHEANU 114; Mirek Kijewski 188; monticello 154; NagyDodo 130; Patryk Kosmider 94; Pavel Kovacs 168; Pukhov Konstantin 147; Rihardzz 117; Rob Hainer 136; S.Cooper Digital 171; SasinTipchai 48; Slavoljub Pantelic 111; Sopon Phutthima 131; stock_shot 128; Stubblefield Photography 97; Super3D 111; Svietlieisha Olena 170; Syda Productions 108; TessarTheTegu 182; Tobyphotos 170; Toome, Maksim 143; valdis torms 35; wiwsphotos 131; Ysbrand Cosijn 134. |Stills-Online Bildagentur, Schwerin: 40. |stock.adobe.com, Dublin: Barth, Heiko 176; Gucio_55 184; Häßler, K.-U. 182; Jähne, Karin 96; saccobent 197; vaclav 197; valleyboi63 197; yspbqh14 168. |Studio Schmidt-Lohmann, Gießen: 27. |Tegen, Hans, Hambühren: 11, 11, 11, 28, 28, 28, 29, 29, 29, 29, 29, 29, 29, 32, 32, 33, 33, 34, 36, 37, 37, 37, 40, 46, 47, 55, 58, 58, 58, 68, 68, 68, 69, 69, 70, 70, 71, 71, 71, 74, 74, 79, 81, 123, 123. |Tierbildarchiv Angermayer, Holzkirchen: 137, 137, 179, 191, 195; Hans Pfletschinger 187; Pfletschinger 171, 184, 190, 191; Reinhard 125, 195; Rudolf Schmidt 174. |Tönnies, Frauke, Laatzen: 147. |TV-yesterday, München: W. M. Weber 27; Wolfgang Maria Weber 42. |u-connect - Joachim Keil, Mannheim: 138, 138, 191. |vario images, Bonn: 52, 53, 121; Frank and Helena/Cultura 49; Hill Street Studios/blend 77; Tetra images 52. |W. Nachtigall und A. Wisser, St. Ingbert: Buch "Faszination Bionik" 121, 121. |Wefringhaus, Klaus, Braunschweig: 122, 122, 122. |Wegler, Monika, Gröbenzell: 140, 140, 140. |Wellinghorst, Rolf, Quakenbrück: 186. |Wenderoth, Dirk, Braunschweig: 60, 61. |Werner, Oliver, Münster: 34. |Windaus (www.windaus.de), Clausthal-Zellerfeld: 59, 172. |www.openclipart.org: B.Lachner - gemeinfrei/Creative Commons Zero 1.0 Public Domain 100. |www. roggenthin.de, Nürnberg: 43.

Formelsammlung

Physikalische Größen, Einheiten und Gesetze

Name	Größe	Name der Einheit	Einheit	Gesetz	Umrechnungen
Länge Weg, Strecke	ℓ s	Meter	m		1 km = 1000 m; 1 m = 100 cm; 1 cm = 10 mm; 1 mm = 1000 µm = 1000000 nm
Zeit	t	Sekunde	s		1 h = 60 min = 3600 s; 1 min = 60 s
Geschwindigkeit	v	Meter je Sekunde Kilometer je Stunde	$\frac{m}{s}$ $\frac{km}{h}$	$v = \frac{s}{t}$	$1 \frac{m}{s} = 3{,}6 \frac{km}{h}$
Volumen	V	Kubikmeter Liter	m³ l	$V = \ell \cdot b \cdot h$	1 m³ = 1000 dm³; 1 dm³ = 1 l; 1 l = 1000 ml; 1 ml = 1 cm³
Masse	m	Kilogramm	kg		1 kg = 1000 g; 1 g = 1000 mg
Dichte	ρ	Kilogramm je Kubik- meter; Gramm je Kubikzentimeter; Gramm je Liter	$\frac{kg}{m^3}$ $\frac{g}{cm^3}$ $\frac{g}{l}$	$\rho = \frac{m}{V}$	$1 \frac{g}{cm^3} = 1 \frac{kg}{dm^3} = 1000 \frac{kg}{m^3}$ $1 \frac{kg}{m^3} = 0{,}001 \frac{g}{cm^3}$
Temperatur	T	Grad Celsius Kelvin	°C K		−273,15 °C = 0 K 0 °C = 273,15 K
Brennweite	f	Meter	m		1 m = 100 cm = 1000 mm
Frequenz	f	Hertz	Hz		$1 \text{ Hz} = \frac{1}{s}$
Lautstärke		Dezibel	dB(A)		
Energie	E	Joule	J		1000 J = 1 kJ

Astronomische Konstanten, Einheiten und Werte

Besondere Daten

Name der Einheit	Umrechnungen
Astronomische Einheit	1 AE = 149,6 · 10⁶ km
Lichtjahr	1 Lj = 9,4605 · 10¹² km

Ereignis	Zeitraum
Frühling	20. März – 21. Juni
Sommer	21. Juni – 22. September
Herbst	22. September – 21. Dezember
Winter	21. Dezember – 20. März

Planeten des Sonnensystems

Planet	Mittlere Bahn- geschwindigkeit in $\frac{km}{s}$	Mittlere Entfernung von der Sonne in 10⁶ km	Äquator- durchmesser in km	Masse in Erdmassen (5,976 · 10²⁴ kg)	Mittlere Dichte in $\frac{g}{cm^3}$
Merkur	47,8	57,9	4878	0,06	5,43
Venus	35,03	108,2	12104	0,82	5,24
Erde	29,79	149,6	12756	1	5,52
Mars	24,13	227,9	6794	0,11	3,93
Jupiter	13,06	778,3	143600	317,9	1,31
Saturn	9,64	1427	120000	95,15	0,69
Uranus	6,81	2869,6	50800	14,54	1,3
Neptun	5,43	4496,7	49500	17,20	1,71